古代歷史文化 研究輯刊

十一編

王明蓀 主編

第16冊

《春秋》及「三傳」歷史觀研究

邱 鋒 著

國家圖書館出版品預行編目資料

《春秋》及「三傳」歷史觀研究／邱鋒 著 — 初版 — 新北市：
花木蘭文化出版社，2014〔民103〕
目 2+240 面；19×26 公分
（古代歷史文化研究輯刊 十一編；第 16 冊）
SBN：978-986-322-578-2（精裝）
1. 春秋（經書） 2. 春秋三傳 3. 研究考訂
618   103000958

ISBN-978-986-322-578-2

9 789863 225782

古代歷史文化研究輯刊
十一編　第十六冊　　　　　　　　ISBN：978-986-322-578-2

《春秋》及「三傳」歷史觀研究

作　　者　邱　鋒
主　　編　王明蓀
總 編 輯　杜潔祥
副總編輯　楊嘉樂
編　　輯　許郁翎
出　　版　花木蘭文化出版社
社　　長　高小娟
聯絡地址　235 新北市中和區中安街七二號十三樓
　　　　　電話：02-2923-1455／傳眞：02-2923-1452
網　　址　http://www.huamulan.tw 信箱 hml 810518@gmail.com
印　　刷　普羅文化出版廣告事業
初　　版　2014 年 3 月
定　　價　十一編 24 冊（精裝）新台幣 46,000 元

《春秋》及「三傳」歷史觀研究

邱　鋒　著

作者簡介

邱鋒，男，1976 年 5 月生，山東青島人。蘭州大學歷史文化學院史學理論及史學史研究所副教授。2004 年與 2007 年，先後獲得蘭州大學、北京師範大學歷史學碩士與博士學位。研究領域主要涉及中國古代史學史與經學史。在《史學史研究》、《史學理論與史學史學刊》、《蘭州大學學報》、《天津社會科學》等學術期刊發表論文近 20 篇。

提　　要

　　《春秋》經傳反映了先秦史學在歷史觀上從重視天命到注重人事的一個重要的轉折。在社會歷史變化動因問題上，比之殷周時期的天命史觀，《春秋》在歷史觀上反映出注重人事的趨向。《左傳》雖然並未完全割捨有關災異、神鬼的記載，但從全書敘述的重心所在來看，突出的都是人的存在而不是神鬼的內容。在天人關係上，《左傳》通過大量歷史人物言語和作者本人的評價表達出對「天命」的懷疑和對人事在歷史中作用的重視。

　　《春秋》與《周易》是中國古代通變思想的兩個重要來源，《周易》對歷史之「變」重在哲理上的抽象與思辨，而《春秋》之「變」則貫穿於對世事變遷的記載與議論當中。《左傳》通過大量的史料，詳盡、深刻且生動地記述了春秋時期二百多年來社會的變遷。《公羊傳》「三世異辭」的說法，已經揭示出《春秋》的文辭會隨著時代的不同而有所變化的道理。此後經過西漢董仲舒和東漢何休等人的不斷發揮，這種思想最終發展成為一種「三世」遞進的歷史學說，從而成為中國古代歷史哲學的一個重要內容。此外《公羊傳》中的經權思想和《穀梁傳》對「順勢」的強調，也蘊含著對歷史之「常」與「變」以及歷史發展趨勢的思考。

　　對「禮」的強調，也是《春秋》的一個重要思想。在《左傳》當中，禮作為一種「社會法則」不僅是歷史評價的重要標準，而且更加突出了其作為社會規範和政治秩序的意義和價值。「尊王」是貫穿《公羊傳》、《穀梁傳》始終的主張，它們以尊奉周天子來表達實現「大一統」的政治理想。《公羊傳》不只提倡「尊王」，而且還有限制君權的思想；《穀梁傳》不但強調「尊王」，並且有將君主權力絕對化的傾向。

　　發端於《春秋》經傳的「大一統」思想及其建立在文化發展程度上的夷夏觀，是解釋中國統一多民族國家的傳統之所以形成、發展並且能夠一直延續至今的一個重要因素。

本書為教育部人文社會科學研究一般項目
「《春秋》經傳與中國古代歷史觀的形成」
（項目號：11XJC770004）的最終成果

目

次

緒　論：「六經皆史」與《春秋》經傳 ………………… 1

　第一節　「六經皆史」與史學研究 …………………… 1

　第二節　《春秋》經傳的史學地位 …………………… 7

　　一、《春秋》在古代史學發展中的地位 …………… 7

　　二、「三傳」的史學價值 …………………………… 13

　　三、《春秋》經傳歷史觀念的表現形式 ………… 16

第一章　歷史動因和社會主體的觀點 …………………… 21

　第一節　天命史觀的產生和演變 …………………… 21

　　一、天命史觀的產生 ……………………………… 21

　　二、殷周之際的天命可變思想 …………………… 25

　　三、西周末年天命史觀的動搖 …………………… 29

　第二節　輕天命重人事思想的出現 ………………… 33

　　一、「天」與「天道」觀的新發展 ……………… 33

　　二、言天道神鬼未嘗廢人事 ……………………… 39

　　三、重賢才與譏世卿 ……………………………… 45

　第三節　作為社會主體的「民」 …………………… 51

　　一、「民」與「民本」 …………………………… 51

　　二、民為神之主 …………………………………… 56

　　三、民為君之本 …………………………………… 58

　　四、恤民、利民與民生 …………………………… 64

第二章　社會歷史變化的觀點 …………………………… 69

　第一節　《春秋》與《周易》的通變思想 ………… 69

　第二節　《左傳》的歷史變易思想 ………………… 74

一、關於王室衰微的認識 ………………………… 74

二、關於大國爭霸的評論 ………………………… 78

三、「社稷無常奉，君臣無常位」 ……………… 81

四、時代變動與政治倫理 ………………………… 85

第三節 「三世說」的形成和特點 ……………… 89

一、「三世說」的緣起 …………………………… 89

二、「三世說」的形成 …………………………… 93

三、歷史與學說的矛盾 ………………………… 102

四、「新王」論與讖緯的影響 ………………… 105

五、太平思想與漢末清流思潮 ………………… 108

第四節 歷史中的「常」與「變」 …………… 117

一、「反經」與「行權」 ……………………… 117

二、「貴時」與「順勢」 ……………………… 121

第三章 社會政治秩序的多重思考 ……………… 125

第一節 「禮」的標準與政治秩序 …………… 127

一、「禮」——價值評判與歷史思考 ………… 127

二、關於「禮」的新認識 ……………………… 133

第二節 《公羊》《穀梁》的「尊王」思想 … 137

一、關於「尊王」思想 ………………………… 137

二、君權觀念的比較 …………………………… 142

第三節 崇霸思想和對於霸者的評判 ………… 165

一、「王霸」之論 ……………………………… 165

二、《左傳》對霸者的評判 …………………… 168

三、《公羊》、《穀梁》對霸者的尊崇 ……… 172

第四章 大一統與夷夏觀 ………………………… 177

第一節 統一意識的萌生和發展 ……………… 177

第二節 《春秋》與「大一統」 ……………… 185

一、「大一統」思想之由來 …………………… 185

二、「大一統」思想中「名」與「實」的矛盾 191

第三節 華夷之辨及其文化含義 ……………… 196

一、「諸夏」與「夷狄」 ……………………… 196

二、華夷之別與文化認同 ……………………… 205

餘論：《春秋》經傳歷史觀的歷史地位和影響 … 213

參考文獻 …………………………………………… 229

後　記 ……………………………………………… 239

緒　論
「六經皆史」與《春秋》經傳

　　「六經皆史」是清代史家章學誠的著名論斷，雖然在此之前，前代學者也曾有過不少類似的表述〔註1〕，但自近代以來備受中外學人關注的卻是他提出的這個富於啓示性的命題〔註2〕。從這個共識出發或者以這一共識爲基礎，討論《春秋》經傳在史學上的價值，尤其是其在歷史觀發展上的價值，一則表明中國古代學術史上的經史關係問題，二則表明本書在研究方向上的史學旨趣。

第一節　「六經皆史」與史學研究

　　關於「六經皆史」問題，這裡主要是梳理前人和時賢的有關論述，同時闡述自己的認識，目的在於爲本書的論述提供一個學術史的依據。

〔註1〕參見錢鍾書《談藝錄》附說二十，北京：三聯書店，2001 年版，第 263～266 頁。

〔註2〕參見胡適《章實齋先生年譜》（《胡適全集》，合肥：安徽教育出版社 2003 年版），張舜徽《史學三書平議》（北京：中華書局，1983 年版），倉修良《章學誠和文史通義》（北京：中華書局，1984 年版），〔美〕倪德衛（David.S. Nivison）《章學誠德生平與思想》（王順彬、楊金榮等譯，北京：方志出版社，2003 年版），余英時《論戴震與章學誠》（北京：三聯書店，2000 年版），羅炳良《傳統史學理論德終結與嬗變──章學誠史學德理論與價值》（濟南：泰山出版社，2005 年版），〔日〕山口久和《章學誠的知識論》（王標譯，上海：上海古籍出版社，2006 年版）等。

　　章學誠在《文史通義》卷首《易教上》開篇第一句話就講道：「六經皆史。古人不著書，古人未嘗離事而言理，六經皆先王之政典也」〔註3〕。從而指出「六經」是古人制法行政的歷史記錄和先王的政教典章。這種說法自是針對著空談性命的理學家和專務考據的漢學家們的學風而發，是他的一種創見。按照這種看法，他所說的史也不以「六經」為限，而是「以爲盈天地間，凡涉著作之林，皆是史學」〔註4〕。不過在章學誠看來，「六經」在諸史當中卻有著特殊的地位：

　　　　三代以上之爲史，與三代以下之爲史，其同異之故可知也。三代以上，記注有成法，而撰述無定名；三代以下，撰述有定名，而記注無成法。夫記注無成法，則取材也難；撰述有定名，則成書也易。成書易，則文勝質矣。取材難，則偽亂眞矣。偽亂眞而文勝質，史學不亡而亡矣。良史之才，間世一出，補偏救弊，憊且不支。非後人學識不如前人，《周官》之法亡，而《尚書》之教絕，其勢不得不然也。〔註5〕

可見在他的心目中不止以爲「六經」是古代的史書，而且是爲後世所不能企及的最高標準的史書。所以他的「六經皆史」，「明爲尊史，實爲尊經」〔註6〕，更是藉此來闡明經史的關係。

　　中國古代史學和經學的關係是在歷史上形成的。先秦學術中雖還沒有經史的區分，但經學和史學卻都發源於此時。「六經」之說，至少在戰國中葉就已形成〔註7〕，伴隨著《春秋》、《左傳》等儒家典籍的出現，史學也加快了其發展的腳步。到了西漢，漢武帝採納董仲舒的建議「罷黜百家，獨尊儒術」，樹立了儒家經學在中國古代社會意識形態當中的正統地位。此後經學的思想和原則也逐漸滲透到史學之中，成爲支配史學的指導思想，從而對史學的發展產生了極大的影響。正因爲如此，經史的分合與經史之關係也就成爲中國古代史學當中的一個重要問題。

〔註3〕《文史通義・易教上》。
〔註4〕《文史通義・報孫淵如書》。
〔註5〕《文史通義・書教上》。
〔註6〕柴德賡《論章學誠的學術思想》，見氏著《史學叢考》，北京：中華書局，1982年版，第302頁。
〔註7〕《莊子・天運》記載：「孔子謂老聃曰：丘治《詩》、《書》、《禮》、《樂》、《易》、《春秋》六經。」郭店楚簡《六德》亦載：「觀諸《詩》、《書》，則亦在矣；觀諸《禮》、《樂》，則亦在矣；觀諸《易》、《春秋》則亦在矣。」

早在《史記・太史公自序》中，司馬遷就傳述其父司馬談的遺願說：

先人有言：「自周公卒五百歲而有孔子。孔子卒後至於今五百歲，有能紹明世，正《易傳》，繼《春秋》，本《詩》、《書》、《禮》、《樂》之際？」意在斯乎！意在斯乎！小子何敢讓焉。

他自己更是把「成一家之言，厥協六經異傳，整齊百家雜語」〔註8〕，作為撰述《史記》的意旨。此後劉歆也指出：「古之王者世有史官。君舉必書，所以慎言行，昭法式也。左史記言，右史記事，事為《春秋》，言為《尚書》，帝王靡不同之。」〔註9〕從而將《春秋》、《尚書》作為史書來看待。雖然在漢代學術當中經史之別尚未分明，但他們這些思想卻是「六經皆史」說的濫觴。

自魏晉以降，史學有了長足的發展，逐漸脫離了經學的藩籬而獨立存在。「史部」作為目錄學上一個單獨門類的出現，就是其重要的標誌。經與史的分離雖然在形式上得到了明確，但史學卻始終居於經學之後，重經輕史的傾向在人們的認識當中比較普遍。在此情況下，一些史家對經學與史學關係也作出了新的思考。唐代史學家劉知幾對此有著獨到的見解。在《史通》一書中，他雖然沒有專門論述經史關係問題，但卻經常將經書直接作為史書來引用或評論。例如他提出：

古往今來，質文遞變，諸史之作，不恒厥體。權而為論，其流有六：一曰《尚書》家，二曰《春秋》家，三曰《左傳》家，四曰《國語》家，五曰《史記》家，六曰《漢書》家〔註10〕。

明確地將《尚書》、《春秋》和《左傳》作為史學源流中的三家加以評論。在《二體》中，他更將《春秋》和《左傳》視為編年體史書的典範。唐初修訂《五經正義》，《尚書》、《春秋》和《左傳》在人們心中的地位幾同於聖典，劉知幾卻將它們當作史書來看待。雖然他還沒有明確地提出經即是史的觀點，但實際上已經蘊含了這種思想。

對於《尚書》和《春秋》這兩部儒家經典，劉知幾更是敢於大膽懷疑它們的不實與虛飾。在《疑古》中他條列《尚書》有可疑者十條，來說明其記載與史實的不符。在《惑經》中他又指出《春秋》有「未諭者十二」、「虛美

〔註8〕 《史記・太史公自序》。
〔註9〕 《漢書・藝文志》。
〔註10〕 《史通・六家》。

者五」，從而質疑了《春秋》和孔子。應該說劉知幾的這些觀點並不含有反儒或薄經的意思，他只是站在史家嚴肅的角度上把它們作爲史書來考察和評論。所以在他看來，這兩部書不但違反了「簡而能要」的修史原則，也不具備「愛而知其丑、憎而知其善的」治史態度。這就剝去了《春秋》和《尚書》神聖的外衣，把它們和一般的史著置於平列的地位來加以分析了。《史通》中的這些評論，在儒家思想占統治地位的時代的確是大膽的言論，因此也招致了後人的許多非議。人們一面攻擊他「誣妄聖哲」〔註11〕，另一面又指責他「但曉史法，不通經義」〔註12〕。劉知幾雖不以經學名家，但也絕非不通經義，只是比之其他的學者，他更具有一種懷疑和批判的精神罷了。從他對《春秋》的評論來看，劉知幾並不是像那些今文經學家所說的那樣不明義例，只是他不拘泥於以往經師們解說的種種「義例」，而是從史學的角度來看待和審視《春秋》。也正是從傳統的《春秋》學當中，劉知幾提煉出了諸如史法、史例和史義等一些極可珍視的史學見解。

自劉知幾之後，歷代學者對於經史關係都有著廣泛的討論〔註13〕。而章學誠提出的「六經皆史」，則從史學的角度更加全面而深刻地闡釋了這個問題。對比前人，章學誠對於史學的作用有著特別的認識。如他指出：

> 《易》曰：「形而上者謂之道，形而下者謂之器。」道不離器，
> 猶影不離形。後世服夫子之教者自六經，以爲六經載道之書也，而
> 不知六經皆器也。〔註14〕

「道」是普遍的真理，「器」只是個別存在，但「道」卻不能離開「器」獨立存在，而是要通過「器」得以顯現。在章學誠看來，經書中所記載的不完全的真理（道），不過是聖人治世時代的歷史事實，所以「道」也只能在流變的過程中（即歷史中）才能把握。章學誠將原道納入史的範疇，認爲其方法是要訴諸於史的途徑，而不能偏枯於音韻與訓詁的經學方法，確實顯示出他的卓識。這種認識，對於突破傳統上「史」與「經」的藩籬，扭轉重經輕史的

〔註11〕晁公武《郡齋讀書志》卷5引柳璨《史通析微》，孫猛校證本，上海：上海古籍出版社，1990年版，第296頁。

〔註12〕皮錫瑞《經學通論·春秋》，「論劉知幾詆毀《春秋》並及孔子由誤信杜預孔穎達不知從《公》《穀》以求聖經」條，北京：中華書局，1954年版。

〔註13〕參見李宗侗《中國史學史》，臺北：華岡出版有限公司，1979年版，第178頁。

〔註14〕《文史通義·原道》。

傾向，有很大的意義〔註15〕。

當然，如果從史學的角度來看，僅將章學誠的「六經皆史」解釋爲歷史著作，顯然是不易說通的，因爲在這其中除了《春秋》和《尙書》外，對於其他的幾部經書，只能作爲歷史資料來看待，還說不上是嚴格意義上的史書〔註16〕。但如果說它們當中都蘊含了關於歷史的深刻見解和思想，卻是可以成立的〔註17〕。比如《周易》當中就包含有豐富的歷史通變思想，在三《禮》中也有許多關於制度演變沿革的思想。「六經」作爲中國上古文化的集中體現，此後史學當中的主要思想和基本觀念，都可以在它們那裡追尋到其最初的源頭。站在今天史學史研究的角度上來看待「六經皆史」，它能給予我們最大的啓示，正是提示我們要重視「六經」當中的思想蘊含和史學價值。

對於《春秋》在史學上的影響和價值，我們在章學誠反覆強調的「義」中，也能夠獲得一些有益的啓發。章學誠著《文史通義》，其主旨就在於「通」與「義」。爲此他曾自豪地指出：

> 吾於史學，蓋有天授，自信發凡起例，多爲後世開山。而人乃
> 擬吾於劉知幾。不知劉言史法，吾言史意；劉議管局纂修，吾議一
> 家著述；截然兩途，不相入也。〔註18〕

雖然劉知幾和章學誠都很重視「通」，但和前者相比章學誠顯然更加重視「史

〔註15〕 與章學誠同時代的一些學者，都曾表達過類似的觀點。如錢大昕在爲趙翼《廿二史札記》所作的序中就曾說道，「經與史豈有二學哉」，「予謂經以明倫，虛靈玄妙之論，似精實非精也。經以致用，迂闊深刻之談，似正實非正也」（王樹民《廿二史札記校證》後附，北京：中華書局，1984年版，第885頁）。已經對前人重經輕史的做法提出質疑。而此後段玉裁更是呼籲將《國語》、《史記》、《漢書》和《通鑒》四部史書立於經書之列（段玉裁《十經齋記》，見段玉裁《經韻樓集》卷九，北師大圖書館古籍部藏《經韻樓叢書》）。作爲戴震姻親兼弟子段玉裁，雖然還堅持認爲爲學求諸於經足矣，而與章學誠有著不同的學術旨趣。但他主張的諸史入經和章學誠所說的「六經皆史」確也有一致之處，即都是要將史書提高到經的地位上來。

〔註16〕 如金毓黻就曾指出：「是故謂《尙書》、《春秋》爲史，可也。謂《易》、《詩》、《禮》、《樂》爲史，不可也。」見氏著《中國史學史》，北京：商務印書館，1999年版，第311頁。

〔註17〕 吳懷祺先生在談到「六經」與「史」的關係時曾指出，「這主要不是從歷史編纂學上說。也不是著重從史料學上說，應當從歷史意識上、從史學思想上來理解這個問題。中國的史學思想的主要思潮，溯源探流，都可以追尋到《六經》那裡。」見氏著《中國史學思想史》，合肥：安徽人民出版社，1996年版，第15頁。

〔註18〕 《文史通義・家書二》。

意」即「義」的內涵，強調「史家著述之道」是要以「義意所歸」即一定的思想境界為追求。他之所以要寫《易教》、《書教》、《禮教》和《詩教》諸篇，其中一個重要目的也就是要說明「六經」中所蘊含的這種「義意」。雖然章學誠並未就此專門寫出一篇《春秋教》〔註19〕，但在他看來，《春秋》中的史義更是對於後來的史學起到了決定性的作用。如他指出：

> 載筆之事，有志《春秋》之業，固將惟義之求，其事與文，所以藉為存義之資也。〔註20〕

又說：

> 孔子作《春秋》，蓋曰其事則齊桓、晉文，其文則史，其義則孔子自謂有取乎爾。夫事，即後事考據家之所尚也；文，即後世詞章家之所重也。然夫子所取，不在此而在彼，則史家著述之道，豈可不求義意所歸乎？〔註21〕

事、文、義是《春秋》當中的三個要素，但史事和文采只是反映一定歷史思想的途徑和形式，是存義的材料和工具，「史義」卻代表史家的思想體系，是史學研究中頭等重要的大事。在《答客上》中，章學誠對此更復申明道：

> 史之大原本乎《春秋》，《春秋》之義昭乎筆削。筆削之義，不僅事具始、文成規矩已也，以夫子義則竊取之旨觀之，固將綱紀天人，推明大道，所以通古今之變而成一家之言，必有詳人之所略，異人之所同，重人之所輕，而忽人之所謹，繩墨之所不可得而拘，類例之所不可得而泥，而後微茫眇忽之際有以獨斷於一心；及其書之成也，自然可以參天地而質鬼神，契前修而俟後聖，此家學之所以貴也。〔註22〕

這就是將為史之義，歸本於孔子《春秋》之義。這種「義意」，不僅是用來剪裁史料，刪削文字，更重要的是「推明大道，通古今之變而成一家之言」。章學誠對「義」所作的發揮當然不僅限於《春秋》，而是包含著對於司馬遷、杜佑、司馬光、鄭樵、袁樞等史家思想的總結〔註23〕。但他所說的《春秋》「綱

〔註19〕關於章學誠為何沒有寫《春秋教》的原因，可參見錢穆《兩漢經學古今文平議》，北京：商務印書館2001年版，第299～304頁。

〔註20〕《文史通義·浙東學術》。

〔註21〕《文史通義·申鄭》。

〔註22〕《文史通義·答客問》。

〔註23〕參見《文史通義·釋通》。

紀天人」和「古今之變」確實也道出了中國古代歷史觀念中的兩個最為重要的問題。這對於我們今天重新審視和發掘《春秋》經傳當中的史學價值，無疑具有極大的啓發性。

第二節 《春秋》經傳的史學地位

一、《春秋》在古代史學發展中的地位

作為史書的《春秋》，早在孔子之前既已有之。《楚語上》記載申叔時回答楚莊王如何教育太子所列九種文獻，其中之一就是《春秋》：

> 教之《春秋》，而為之聳善抑惡焉，以戒勸其心。

楚莊王是公元前六世紀楚國的君主，這說明至少在當時楚國就有這類史書，並被運用於貴族子弟的教育。據《晉語》、《左傳》、《墨子》、《孟子》、《禮記》等記載，春秋時期各諸侯國一般都有本國的「春秋」〔註24〕。這些史書除了《魯春秋》外都沒有能夠流傳下來，但對照西晉太康初年出土戰國時魏國的史書《竹書紀年》來看，它們應該也是屬於以編年紀事為主的一類史書〔註25〕。

至於它們為什麼會被叫作「春秋」，歷史上曾有過多種解釋〔註26〕，人們通常習慣遵循杜預的說法，認為這是錯舉春秋二季以代表一年。這種解釋不

〔註24〕參見《晉語七》、《左傳》昭公二年、《墨子·明鬼》、《孟子·離婁下》、《禮記·坊記》，此外《隋書·李德林傳》亦載《墨子》佚文曰：「吾見百國《春秋》。」

〔註25〕杜預《春秋經傳集解後序》：(《竹書紀年》)「其文意大似《春秋經》，推此足見古者國史策書之常也。」見阮元校刻《十三經注疏》，北京：中華書局影印本，1980年版，第2187頁。

〔註26〕據金景芳考證，關於《春秋》的名稱有四種說法：(1)春作秋成說。《公羊傳》徐彥疏引《春秋說》曰：「哀公十四年春，西狩獲麟，作《春秋》，九月書成。以其書春作秋成，故云《春秋》。」(2)「法陰陽之中」說。《公羊傳》疏引《三統曆》說：「春為陽中，萬物以生，秋為陰中，萬物以成。」賈逵服虔主之。(3)錯舉四時說。杜預《春秋經傳集解序》說：「《春秋》者魯史記之名也。記事者，以事繫日，以日繫月，以月繫時，以時繫年，所以紀遠近，別同異。故史之所記必表年以首事，年有四時故錯舉以為所記之名也。」(4)古恒稱說。毛奇齡《春秋毛氏傳》說：「舊謂春以善善，秋以惡惡。《春秋》者善惡惡之書，則《毛詩》『春秋匪懈』，《孝經》『春秋祭祀，以時思之』，《中庸》『春秋修其祖廟』，來聞有善惡於其間，蓋古來恒稱如是矣。」(《孔子的這一份珍貴的遺產——六經(續完)》，《吉林大學社會科學學報》，1991年第2期)

盡完全，從上古的曆法習慣來看，起初一年只分為春秋二時，大約到了西周末期才被春夏秋冬「四時」所代替〔註27〕，所以在以後很長的一段時間內人們在說到「四時」時還習慣地稱「春秋冬夏」而不是「春夏秋冬」〔註28〕。正是受這種春秋兩時觀念的影響，人們就將編年紀事的史書也通稱為《春秋》了。《公羊傳》說：「《春秋》編年，四時具然後為年」〔註29〕。雖然書名為「春秋」，實際上卻是按照四時以紀事的。

　　至於孔子和《春秋》的關係，先秦至漢代的多種古籍都有提及。如孟子就曾說過孔子「成《春秋》」〔註30〕。《史記·孔子世家》也記載：「孔子在位聽訟，文辭有可與人共者，弗獨有也。至於為《春秋》，筆則筆，削則削，子夏之徒不能贊一辭。」雖然針對孔子是否真的修過或作過《春秋》的問題，曾引起過後世學者的不少懷疑和爭論〔註31〕。但這些觀點或是弊於疑古過甚，或是將史料看待的太過死板，都不足以否定《孟子》和《史記》的記載，

〔註27〕 如龐樸曾指出中國古曆早在夏、商、周三正之前還有以觀測大火（心宿，天蠍 σατ）的「火曆」。這種「以火紀是」的曆法只有春秋而無冬夏。陳夢家在《殷虛卜辭綜述》中說到甲骨文關於時節的記述，也指出只有春秋，沒有冬夏，而且春秋往往對稱。于省吾在《歲時起源初考》中認為「這個事實表明，殷人還只是把一年劃分為春秋二時」。他更從大量的先秦古籍中論證了「春秋」到西周末期才被「四時」代替。參見龐樸《「火曆」初探》、《二探》、《三探》（當代學者自選集文庫《龐樸卷》，合肥：安徽教育出版社，1999年版）；陳夢家《殷虛卜辭綜述》（北京：中華書局，1988年版，225～228頁）；于省吾《歲時起源初考》（《歷史研究》，1961年第4期）。

〔註28〕 如《墨子·天志中》：「制為四時，春秋冬夏。」《莊子·至樂》：「是相與為春秋冬夏四時行也。」《禮記·孔子閒居》：「天有四時，春秋冬夏。」等。此外，這種將一年劃分為春秋二時的做法，在少數民族和其他文明中也有體現。如我國臺灣的高山族原來一年只有冬夏兩時，西南的苗族、傣族現在還是把一年分為熱季、冷季兩時。而在希臘神話當中，時序女神最初也只有兩位，後來才增加到三位、四位。由此可以推測，希臘先民最初也是把一年分為兩季，而後才過渡到三季、四季。參見劉文英《中國古代時空觀念》（修訂本），天津：南開大學出版社，2000年版，14～15頁。

〔註29〕 《公羊傳》隱公六年。

〔註30〕 《孟子·滕文公下》。

〔註31〕 參見顧頡剛《答錢玄同論春秋性質言》、錢玄同《論春秋性質書》，（見顧頡剛編著《古史辨》（一），上海：上海古籍出版社，1982年版），洪業《春秋經傳引得序》（見《洪業論學集》，北京：中華書局，1981年版），徐中舒《左傳的作者及其成書年代》（見吳澤主編《中國史學史論集》（一），上海：上海人民出版社1980），楊伯峻《春秋左傳注·前言》（北京：中華書局1990年版）等。

孔子據魯史舊文作《春秋》的說法是可信的〔註32〕。

從史學史的角度來看，孔子作《春秋》是中國古代史學發展中的一件大事。前人的研究中對此不乏論述，綜合這些觀點來看，《春秋》在中國史學上的影響主要表現在兩個方面：一是它開創了私人撰述歷史的先河；二是它的思想對後來的史學產生了很大的影響。

中國古代從很早的時間起就已經發展出了數量可觀的稱「史」之官。在甲骨文中已經有了「史」或「大史」這樣的官名，到了西周時期史官更有許多區別的名稱，這在金文和傳世文獻記載中都有反映〔註33〕。殷周時期的史官除了有負責觀察天象以觀象授時，主持祭祀和冊封宣命等活動外，還有一個重要的職責就是保管國家的文書檔案以及記錄國家軍政大事。對此《左傳》、《國語》不乏記載，《漢書‧藝文志》也說過：「古之王者世有史官，君舉必書，所以慎言行，昭法式也。」可以說，在孔子之前記錄歷史的工作都是由這些史官們負責的，屬於官方寫史。孔子作《春秋》卻開創了私人修史的先河，這就使得史學由政治轉歸了學術，為日後史學的發展開創了一條全新的途徑。雖然史書與史官在孔子之前早已有之，但真正意義上的史學之開創卻要從孔子開始算起。

從歷史知識傳播的角度來看，西周時期學在官府，治教合一，文化知識被貴族階層所壟斷。章學誠就曾指出：

> 六藝非孔氏之書，乃周官之舊典也。《易》掌之太卜，《書》藏
> 外史，《禮》在宗伯，《樂》隸司樂，《詩》領於太師，《春秋》存乎
> 國史。〔註34〕

說明了古代學術都為官府所掌控，且有著不同的司掌機關。到了春秋時期，隨著社會的劇烈變動，學術逐漸由官府而下移入民間。從孔子開始，創立私學，不但《易》、《詩》、《書》、《禮》、《樂》在當時都是孔門教學的科目，而且《春秋》也被孔子作為教材來教育學生，這就打破了之前官府對歷史知識

〔註32〕 對於這個問題今人張以仁和趙生群二先生都曾著文討論，以證孔子作《春秋》之實，其論確鑿，殆無異議。參見張以仁《孔子與春秋的關係》（見氏著《春秋史論集》，臺北：聯經出版事業公司，1990年版），趙生群《論孔子作春秋》（《文史》，第47輯）。

〔註33〕 關於周代史官的類別和職責，可以參見張亞初、劉雨《西周金文官制研究》，北京：中華書局，1986年版，第26～36頁。

〔註34〕 章學誠《校讎通義‧原道》，見葉瑛《文史通義校注》後附，北京：中華書局，1994年版，第951頁。

的壟斷局面，把歷史知識帶到了民間。章太炎曾說：「微孔子，則學皆在官，民不知古，乃無定桌」〔註35〕。這是對孔子歷史功績的準確評價。

關於《春秋》的作用，《禮記·經解》記載孔子的話說：「屬辭比事，《春秋》教也。」所謂「屬辭」就是連綴文辭，「比事」就是排比史事，這實際上涉及到歷史記述中「文」與「事」兩個方面的要素。但《春秋》畢竟只是一部記載簡略的書，按照「文」與「事」的要求來看待它，很難說有什麼特別之處。孔子作《春秋》的目的絕不止是要記述歷史，而是要通過「文」和「事」來表達其中蘊含著的「義」即思想。對此，孟子曾有過比較恰當的說明：

> 王者之迹熄而《詩》亡，《詩》亡然後《春秋》作。晉之《乘》，
> 楚之《檮杌》，魯之《春秋》，一也；其事則齊桓、晉文，其文則史。
> 孔子曰：「其義則丘竊取之矣。」〔註36〕

這番話不但說出了歷史進程和史學發展之間的關係，同時也道出了歷史編纂所包含的事、文、義三個基本方面及其相互之間的關聯。按照孟子的說法，在事、文、義這三者之間孔子顯然更是重視「義」的重要。後來司馬遷也曾引孔子曰：「《禮》以節人，《樂》以發和，《書》以道事，《詩》以達意，《易》以神化，《春秋》以義」〔註37〕。在《太史公自序》中，他更是指出「《春秋》以道義。」這些說法是和孟子相合的，都認為孔子是借《春秋》之義來說明自己的思想和主張。

至於說《春秋》中所說的「義」是什麼，後來的「三傳」對此都有詳細而豐富的解釋，但未必就能完全符合《春秋》的思想。《莊子·天下》說：「《春秋》以道名分」，司馬遷也說：「《春秋》者，禮義之大宗也」〔註38〕。這是對《春秋》之「義」比較凝煉的概括。所謂《春秋》中的「義」主要就是指「名分」和「禮義」而言的。對此還可以結合《禮記》中的一段話來理解。《禮記·中庸》曰：

> 仁者人也，親親為大；義者宜也，尊賢為大。親親之殺，尊賢
> 之等，禮所生也。

仁是愛親，義是尊賢，但這兩個標準落實到具體社會中時就要分出差別和等

〔註35〕章太炎《檢論》卷3《訂孔上》，見《章太炎全集》（三），上海：上海人民出版社，1984年版，第425頁。
〔註36〕《孟子·離婁下》。
〔註37〕《史記·滑稽列傳》。
〔註38〕《史記·太史公自序》。

級，由此而產生了「殺」和「等」，「禮」也就隨之出現了。所以「名分」、「禮義」與「尊賢之等」一樣，都是要突出一種社會的等級秩序，這其中就寄託了孔子維護傳統禮制的政治理想。他也曾經說過：

我欲載之空言，不如見之於行事之深切著明也。〔註39〕

「空言」就是「義」，而這種空言只有結合具體歷史才能深切著明。所以孔子作《春秋》是要通過對歷史的褒貶和評判來作用於現實的社會政治。孔子的這種思想雖不乏保守之處，但這種認為歷史研究的根本的目的與職責是為現實的人倫、道德和統治秩序的鞏固與完善而服務的觀點，對中國古代史學經世致用傳統的形成卻產生了極為深遠的影響。

《春秋》在歷史觀上也反映出一種注重人事的趨向。與《詩經》、《尚書》以及周、齊、宋、燕等諸侯國史相比，它沒有前者那樣宣傳天命的神秘氣氛，更不同於後者那樣地記載了大量的神怪故事〔註40〕。《春秋》主要記載的是各國政治事件和人物活動，它雖然也記錄了許多天象和災害，但主要是作為與人事有關的自然現象來看待，並未認為那些是天的懲罰或預示凶吉。孔子作《春秋》從神秘的空氣中游離出來，專從人事的角度去記載歷史，把它和神話與宗教分開，這也是《春秋》在史學上的一個重大貢獻。

《春秋》在中國古代史學上的地位也從傳統的目錄學中反映出來。雖然早在先秦時期史學就已形成並初具規模，但「史部」作為目錄分類上的一個完全獨立的科目，卻是在《隋書‧經籍志》當中才正式出現的（此後《春秋》及「三傳」之屬仍然在經部）〔註41〕。「史部」的形成，建築在魏晉史學發展的基礎之上〔註42〕，在此之前，兩漢時期的史學翼附於經學之下。劉歆的《七略》就沒有「史部」這個門類，後來班固以《七略》為藍本編纂了《漢書‧藝文志》，將史部的書籍驥存於《六藝略》的「春秋家」之後。至於他們為何

〔註39〕《史記‧太史公自序》。

〔註40〕參見《墨子‧明鬼》。

〔註41〕王應麟《玉海》卷四十五稱：「歷代國史，其流出於《春秋》，劉歆敘《七略》，王儉撰《七志》，《史記》以下，皆附《春秋》，荀勗分四部，《史記》、舊事入丙部。阮孝緒《七錄》，《紀傳錄》記史傳，由是經與史分。」可見在唐初官修《五代史志》之前，荀勗的《新簿》和阮孝緒的《七錄》就已經已有了將史書作為一個獨立門類的傾向。

〔註42〕參見逯耀東《〈隋書‧經籍志‧史部〉形成的歷程》，（見氏著《魏晉史學的思想與社會基礎》，北京：中華書局2006年版）；胡寶國《漢唐間史學的發展》（北京：商務印書館，2003年版，第20～49頁）。

不另立史部，按照傳統的看法認為那是因為秦漢時期史書的數量有限，所以不足以構成一個獨立的門類〔註43〕。如果對照著魏晉史學的繁榮和歷史撰述數量的激增來說，得出這種認識是不難理解的。但如果僅就東漢以前書籍發展的情況而言，這種認為劉歆的《七略》及班固的《漢書‧藝文志》不立「史部」僅單純是由於史部書的書籍「篇帙不多」的看法，卻很片面。因為從《漢書‧藝文志‧六藝略》「春秋家」所著錄的書籍來看，屬於史學的著作不論部數和篇帙，都占到了「春秋家」所著錄的書籍的一半左右〔註44〕。逯耀東認為再加上著錄在《諸子略‧儒家類》中的史學著作，「《漢書‧藝文志》所著錄的史部圖藉，共十四家五百四十八篇，當然也可以成為一個獨立的學門」〔註45〕。我們可以對這種統計再作一點補充，就是按照章學誠「譜牒同於曆數」的觀點〔註46〕，《漢書‧藝文志‧術數略》「曆譜家」中的一些書籍，也能夠歸入後來「史部」中的「譜系類」或「譜牒類」〔註47〕，所以統計數字還可以擴大一些。

就先秦史學的發展來看，雖然還處於萌芽階段，但史籍的形成和演變也已有了一定的基礎，按史書的標準完全可以對它們劃分出不同的門類〔註48〕。《七略》和《漢志》沒有獨立的史學門類，並非是其數量不足，而是史的

〔註43〕 例如阮孝緒就認為在劉歆的時代，《七略》將史學著作「附見《春秋》，誠得其例」。但經過魏晉南北朝的發展，「眾家記傳，倍於經典」，如果再像過去那樣將史學得著作，還依附在經書之下，就顯得繁蕪了。所以阮孝緒《七錄》，變依照劉歆《七略》詩賦不附於《六藝略‧詩類》得體例，而「分出眾史、序論、傳錄」（參見阮孝緒《七錄序》，見《廣弘明集》卷3）。此後馬端臨更是指出：「班孟堅《藝文志‧七略》無史類，以《世本》以下諸書附於《六藝略‧春秋》之後，蓋《春秋》即古史。而《春秋》之後，惟秦漢之事，編帙不多，故不必特立史部。後來傳代既久，史言漸多，而述作之體亦不一，《隋志》之史類已有十三門，唐以後之《志》皆因之」（《文獻通考》卷191《經籍考》）。

〔註44〕《漢書‧藝文志‧六藝略》「春秋家」共著錄「《春秋》二十三家，九百四十八篇」。如果按照後來圖書目錄四部分類法的標準來看，自《石渠論議奏》三十九篇以下算起，至《漢大年紀》五篇，共十二家，四百二十五卷，都屬於「史部」的範圍。

〔註45〕 逯耀東《〈隋書‧經籍志‧史部〉形成的歷程》，見氏著《魏晉史學的思想與社會基礎》，第24頁。

〔註46〕 章學誠《校讎通義‧宗劉》，見葉瑛校《文史通義校注》，第956頁。

〔註47〕 如《帝王諸侯世譜》、《古來帝王年譜》等。

〔註48〕 如李零就曾結合出土文獻將早期的史書劃分為譜牒類、紀年類、檔案類、故事類等四個類別。參見氏著《簡帛古書與學術源流》，北京：三聯書店，2004年版，第260～279頁。

獨立觀念還沒有形成。這其中當然有漢朝統治者獨尊儒術的原因，但另一方面也反映了《春秋》對史學的重要影響。因為在漢人眼中《春秋》不但是史學的根源，又代表了史學的最高原則，所以把史書劃在《春秋》名下自然是順理成章的事。只要翻閱《漢書・藝文志・六藝略》「春秋類」的小序，對漢人的這種觀點便不難理解。後來章學誠說的「二十三史，皆《春秋》之家學」〔註49〕，也可以從這個角度來理解。

二、「三傳」的史學價值

《左傳》、《公羊傳》和《穀梁傳》是繼《春秋》之後出現的三部書。《公羊傳》和《穀梁傳》專為闡釋《春秋》的微言大義，即解經而作，而《左傳》則著重從史事上對《春秋》的記載和思想加以補充和發揮。這三部書分別代表了《春秋》學當中的不同的家派，各有其思想特色。

《左傳》的作者和時代，曾是學術史上聚訟紛紜的問題〔註50〕。顧炎武認為「左氏之書，成者非一人，錄之非一世。」〔註51〕是比較公允的看法。我們今天所見《左傳》一書的寫定，並非出自一世之時、一人之手。根據《左傳》的記事斷限、預言應驗情況及流傳情況等推斷，其成書的大體年代應不晚於戰國晚期〔註52〕。

《左傳》是一部獨立的史學著作，在中國古代史學史上有著重要的地位，影響後世的史學至深且遠。梁啓超稱它是「商周以來史界的革命」，「秦漢以降史界不祧之大宗」〔註53〕，實不誇大。

從史書編纂的角度來看，《春秋》和《左傳》雖然都是編年紀事，但《春秋》的記載卻非常簡略，只是編年體的雛形，《左傳》在編纂技術上則要成熟與完備許多。在記述歷史活動時，《左傳》在編年記事的總的格局中既有直述、概述，也有集中記一件史事本末原委的或集中寫一個人物活動經歷的。這不但對編年體史書是一種很大的發展，而且對以後的紀傳體和紀事本末體史書

〔註49〕 章學誠《校讎通義・宗劉》，見葉瑛《文史通義校注》，第956頁。
〔註50〕 對此沈玉成、劉寧《春秋左傳學史稿》有比較詳細的介紹，茲不贅述。
〔註51〕 顧炎武《日知錄》卷4「春秋闕疑之書」條。
〔註52〕 關於《左傳》的成書年代，本書據趙光賢《左傳編撰考》（見氏著《古史考辨》，北京：北京師範大學出版社，1987年版）中的觀點立論。在本書以後的各章中，將會出現《左傳》的作者這樣的說法，但這並不特指《左傳》的某為具位作者。
〔註53〕 梁啓超《中國歷史研究法》，上海：上海古籍出版社，1998年版，第14頁。

的產生也有一定影響〔註 54〕。在記述歷史事件的同時，書中又重視記述人物的言行，顯然已經突破了古史記言、記事的格局，做到了「言事相間，煩省合理」〔註 55〕的要求。在內容上《左傳》有著比《春秋》更爲開闊的視野。它不再局促於魯史的範圍，而是廣泛地採納了周王室和各諸侯國的史料，從而詳盡地記載了春秋時期全中國的範圍內的歷史〔註 56〕。同時，關於民族關係的記載也爲《左傳》作者所重視。書中記述了許多有關華夏族和蠻夷戎狄等其他民族的交往和聯繫，反映了春秋時期民族關係的發展水平和特點。這「在中國史學的民族及民族關係史撰述上有開創的意義」〔註 57〕。

從時間上看，《左傳》記事從魯隱公元年開始迄於魯哀公二十七年（前 468 年），下限比《春秋》多出了 11 年（其記事的實際下限還可以推到公元前 403 的三家分晉〔註 58〕）。後來司馬光主持修撰《資治通鑒》，從周威烈王二十三年（前 403 年）寫起，名爲不敢接《春秋》而作，實際上卻是承接《左傳》的〔註 59〕。在記載上，兩部編年史之間雖然有 65 年的空缺，但它們卻將春秋到後周近兩千年的中國歷史按照編年相次的格局詳盡地記述下來，像這樣連貫而周詳的編年史記載在世界史學之林中可謂絕無僅有。

在思想上，《左傳》也有其特殊的價值。就史學觀點而言，《左傳》通過對《春秋》的推崇，闡述了歷史撰述要有使統治者「昭明」的目的並能起到對世人「懲惡勸善」的功用〔註 60〕，從而明確提出了史學不但要向統治者提

〔註 54〕 如章學誠在《文史通義·書教上》中指出：「《春秋》比事義屬辭，而左氏不能不取百司之掌故，與夫百國之寶書，以備其事之始末，其勢有然也。馬、班以下，演左氏而益暢其支焉。」

〔註 55〕 劉知幾《史通·二體》。

〔註 56〕 參見陳其泰《史學與民族精神》，北京：學苑出版社，1999 年版，第 131～133 頁。

〔註 57〕 瞿林東《中國史學史綱》，北京：北京出版社，1999 年版，第 143 頁。

〔註 58〕 參見楊伯峻《春秋左傳注·前言》，第 40 頁。

〔註 59〕 胡三省《新注資治通鑒序》云：「左丘明傳《春秋》，止哀之二十七年趙襄子恭智伯事，《通鑒》則書趙興智伯滅以先事。以此見孔子定《書》而作《春秋》，《通鑒》之作實接《春秋左氏》後也。」（見《資治通鑒》，北京：中華書局，1956 年版，第 28 頁）。王鳴盛《十七史商榷》卷 100《綴言二》「《資治通鑒》上續《左傳》」條對此也有討論（《十七史商榷》，上海：上海書店，2005 年版，第 932～933 頁）。

〔註 60〕 《左傳》成公四年云：「《春秋》之稱，微而顯，志而晦，婉而成章，盡而不污，懲惡而勸善。非聖人誰能修之？」昭公十一年云：「《春秋》之稱微而顯，婉而辨。上之人能使昭明，善人勸焉，淫人懼焉，是以君子貴之。」

供借鑒，為政治服務的要求，而且也要對人們行為起到引導、規範的作用。這在對史學功用的認識上是一個進步。在歷史觀點方面，對於天人關係，《左傳》一面記載了大量的關於鬼神、占卜以及詳夢、預言的事，另一面也表達了懷疑天道看重人事的思想，反映了人們對歷史動因的思考由重視「天命」和「神意」轉而向重視「人事」邁進的一種曲折的過程。在敘述歷史變化時，《左傳》對春秋時期社會政治的變動更是表現出一種肯定的態度。此外民本思想和對禮的重視也是《左傳》歷史思想當中的突出方面。這些我們在以後各章中會有專門的論述。

《左傳》對後世史學的影響還表現在它的文學成就上。《左傳》善於寫規模宏大的戰爭，例如對晉楚城濮之戰、齊晉鞌之戰、晉楚鄢陵之戰等，都寫得有聲有色。《左傳》也善於寫歷史人物，能夠用簡單的文字把人物性格生動形象地刻畫出來。白壽彝指出：「《左傳》在歷史文學上的成就，成為以後史家和文學家學習的典範。而史學和文學的密切聯繫，也是《左傳》所創始的中國歷史著作上的一個傳統」〔註61〕。這是對《左傳》歷史文學成就的集中概括。

關於《公羊傳》和《穀梁傳》的產生時代、作者及流傳情況，文獻當中有過不少記載，卻都不盡可靠〔註62〕。《漢書‧藝文志》云：「及末世，口說流行，故有公羊、穀梁、鄒、夾之傳。」所謂「末世」，就是指戰國中晚期。白壽彝認為《公》、《穀》二傳都形成於戰國之時，到漢初才著於竹帛，寫成定本。在本書中我們遵循白先生的這種觀點。

《公羊傳》和《穀梁傳》都以解釋《春秋》「微言大義」為主，與重於述事的《左傳》有所不同，所以它們在史學上的價值往往並不為人們所關注。例如劉知幾就很看重《左傳》，但對《公》、《穀》卻大加貶抑。他曾指出「左氏之義有三長，而二傳之義有五短」〔註63〕。所謂「三長五短」，實際上是說了一個問題，即二傳無論在記事還是在傳義方面，都遠遠不及《左傳》。劉知幾從史學的角度擡高《左傳》，這是他的卓見，但他為此否定《公》、《穀》的價值，又不免偏狹。自他之後，學者們評價「三傳」多將《左傳》作為史書，《公》、《穀》作為經書來看待〔註64〕。應該說，這些看法都有一定的道理，

〔註61〕白壽彝《中國史學史論集》，北京：中華書局1999年版，第31～32頁。
〔註62〕參見錢穆《先秦諸子繫年》，北京：商務印書館，2001年版，第96～101、315～318頁。
〔註63〕參見《史通‧申左》。
〔註64〕如唐儒趙匡說：「《公》、《穀》守經，《左氏》通史」（陸淳《〈春秋〉啖趙集傳

在一定程度上也起到了調和今古文之爭的作用，但它們卻在無形中低估了《公羊傳》和《穀梁傳》的史學價值，所造成的結果是很長時間內人們研究中國史學只重視《左傳》，卻很少去關注《公羊傳》和《穀梁傳》。

較早從史學研究的角度來關注《公羊傳》和《穀梁傳》的是白壽彝。在《中國史學史》第一冊中，他分別從二傳表現的歷史思想、史料價值、文字表述和文風、史論等幾個方面對它們的史學價值進行了論述。從史料價值上看，《公羊傳》和《穀梁傳》有相當重要的史料價值。《春秋》只是一大片事目，二傳對於這些事目的詳細內容，基本上都說到了；二傳和《左傳》所記史事互有異同，可以相互參驗，所以都是研究春秋時期重要的資料。在文字表述上，二傳對辭彙的選用和表述的形式都要求準確和凝練，從而反映出中國史學史上的好傳統。在對人物的描寫上，《公羊傳》和《穀梁傳》所顯示的筆鋒是簡樸、清新的，沒有裝點，使人有一種親切之感。文中有些語句，再三重複，並不使人感到多餘。這種文風，在後來的史書中是很少見的。此外二傳的史論也很有特色，在戰國時期的史論中，是比較少見的。從歷史思想上看，《公羊傳》和《穀梁傳》都有大一統思想，在中國的古代政治與文化當中發揮了巨大的影響力〔註65〕。此外，《公羊傳》中所說的三世異辭更是包含了歷史變易的思想，經過以後公羊學家們的演繹，發展成為一套三世遞進的歷史學說，從而形成了中國古代歷史哲學中的一項重要內容。《公羊傳》和《穀梁傳》的史學價值特別是其在歷史觀點上的價值，是值得我們特別重視的。

三、《春秋》經傳歷史觀念的表現形式

在《春秋》及「三傳」思想的研究當中，對其材料的運用尺度和界限是一個需要特別注意的問題。因為歷史著作以記述為主，所以對於書中記載的時代的思想和它能夠反映出作者自身的思想，其間的界限並不十分明顯。

纂例》卷1，北京：中華書局，1985年版）。宋儒朱熹也曾說：「《左氏》是史學，《公》、《穀》是經學。史學者記事卻詳，於道理上便差；經學者於義理上有功，然記事多誤」（《朱子語類》卷83，北京：中華書局，1986年版）。清末今文學家皮錫瑞也指出：「《春秋》有大義，有微言，大義在誅亂臣賊子，微言在為後王立法。惟《公羊》兼傳大義微言；《穀梁》不傳微言，但傳大義；《左氏》並不傳義，特以記事詳贍，有可以證《春秋》之義者。故三傳並行不廢」（《經學通論·春秋》「論《穀梁》興廢及三傳分別」條）。

〔註65〕 參見白壽彝《中國史學史》第一冊，第216～225頁。

這個問題對於《公羊傳》和《穀梁傳》來說，也許並不是一個困難。因為從傳世的《公羊傳》和《穀梁傳》來看，與其說它們是首尾連貫體例完整的著作，倒不如說更像是孔門師徒傳經解惑的兩部課堂筆記。它們往往針對《春秋》的一段經文通過一問一答或自問自答的形式，把其中的微言大義的重點和難點闡釋清楚。上文中已經提到，二傳的成書經歷了一個由口說流傳到著於竹帛的過程，從這種行文的特點當中，我們更能清楚地體會出起初中國古代的傳統文化就是靠這麼一種師傳口授的方式來世代禪遞。這其中雖不乏平庸、教條、繁瑣和牽強附會，但也不乏那種孜孜不倦、鍥而不捨的頑強毅力和睿智深邃的學術觀點。在二書當中往往是把一些具體的史事聯繫起來加以分析，所以我們完全可以把這種以問答式的文體作為「史論」的一種表現來看待，這也是《公》、《穀》二書歷史觀點的主要表現形式。

至於說《左傳》，由於它是一部完整的歷史著作，又加之其成書與作者問題的種種糾葛，所以在思想表達上就有著多樣和複雜的特性。大致說來，在歷史觀點的表達上，可分為三種方式：

第一，以「君子曰」為主的史論形式。《左傳》在敘事當中，間有議論，或以「君子曰」表示，或以「孔子曰」、「仲尼曰」表示，或引古書加以發揮，其中「君子曰」是其最常見的形式。劉知幾曾指出：「《春秋左氏傳》每有發論，假君子以稱之」〔註66〕。《左傳》常於敘述的末尾藉此對人物和事件進行評述。這種評論在《左傳》中大約出現84次，其中「君子曰」46次，「君子謂」23次，「君子以為」15次，在整部書中佔有一定的比重。對於《左傳》中的「君子曰」，自南宋以來有不少學者懷疑它是後人的偽造，如林黃中、劉逢祿、皮錫瑞、崔適等人都認為它是劉歆的附益。〔註67〕對此，楊向奎、鄭良樹先後都曾有專文駁正，〔註68〕從先秦文獻來看，除了《左傳》外，《國語》、《穀梁傳》等書中也多次出現過「君子曰」的形式。馬王堆帛書《春秋事語》中在敘事之後多載後世人的議論，其「某某聞之曰」的文例，與《左傳》「君

〔註66〕 《史通・論贊》。

〔註67〕 參見《朱子語類》卷83，劉逢祿《左氏春秋考證》，皮錫瑞《經學通論》，崔適《史記探源》等。

〔註68〕 楊向奎《論〈左傳〉之性質及其與〈國語〉之關係》，載氏著《繹史齋學術文集》，上海：上海人民出版社1983年版；鄭良樹《論〈左傳〉「君子曰」非後人所附益》、《再論〈左傳〉「君子曰」非後人所附益》，載氏著《竹簡帛書論文集》，北京：中華書局1982年版。

子曰」有相似之處〔註69〕。可見這種議論形式是戰國時期《春秋》學的傳統做法。

　　劉知幾是將「君子曰」當作史論看待的，對此他更復申明道：

　　　　夫論者，所以辨疑惑、釋凝滯。若愚智共了，固無俟商榷。丘明「君子曰」者，其義實在於斯。司馬遷始限以篇終，各書一論。必理有非要，則強生其文，史論之煩，實盟於此〔註70〕。

晚清學者孫德謙也曾指出：

　　　　史論之行，其權於遷乎？若遷之所取法，則爲《左傳》，左氏發論，每假君子以稱。〔註71〕

他們都將《左傳》的「君子曰」與《史記》中的史論相聯繫，並把它作爲中國史學上史論的創始來看待。當然「君子曰」並非僅限於劉知幾所說的「辨疑惑」和「釋滯疑」的作用，而是有著更爲豐富的內涵〔註72〕，其中不但反映了《左傳》作者關於社會、哲學等方面的思考，也表達出一定的歷史思想和史學思想。它們是我們研究《左傳》歷史觀點時所能依據的最爲直接的材料。

　　第二，傳文中的解經語。除了敘事和議論外，《左傳》中還出現了大量的解釋《春秋》經文的話，如採用書、不書、先書、名、不名、時、不時等說明《春秋》的書法，以此闡發微言大義。此外《左傳》在記事之下也常出現「禮也」、「非禮也」之類的評論，它們雖然不是對書法的解釋，但也往往是針對經文和傳義而發的。

　　對於《左傳》中記載的這些書法，後人也曾懷疑它們是劉歆僞造而成。例如劉逢祿在《春秋左傳考證》中就說道：

　　　　余年十二，讀《左氏春秋》，疑其書法是非多失去大義。續讀《公羊》及董子書，乃恍然於《春秋》非記事之書，不必待《左氏》而明。左氏爲戰國時人，故其書終三家分晉，而續經乃劉歆妄作也。

　　〔註73〕

〔註69〕參見張政烺《春秋事語題解》，《文物》，1977年第1期；李學勤《春秋事語與左傳流傳》，《古籍整理與研究學刊》，1989年第4期。

〔註70〕《史通・論贊》。

〔註71〕孫德謙《太史公書義法・設論》，見《孫隘堪所著書四種》，1925年四益宦刊。

〔註72〕例如浦衛忠就曾將「君子曰」作爲一個獨立的思想體系進行研究，參見氏著《論〈左傳〉「君子曰」的思想》，《中國史研究》，1990年第2期。

〔註73〕劉逢祿《春秋左傳考證》卷1，光緒二十三年（1987年）廣州太清樓刻本。

這種觀點也為以後不少學者所祖述，成為他們論證《左傳》為劉歆偽造的又一條重要證據。其實這種看法亦難成立，趙光賢在《左傳編撰考》中曾列舉出大量的反證來駁斥這種觀點，這裡不妨借用其中的兩條：

　　1.《荀子·大略》：「賻賵，所以佐生也，贈襚，所以送死也。送死不及柩尸，弔生不及悲哀，非禮也。」此本《左傳》隱公元年：「贈死不及尸，弔生不及哀，豫凶事，非禮也」之文。《大略》篇雖然是荀子弟子記錄其師的話，不是荀子自作，但總是以荀子平日言論為依據的。可見荀卿及其門弟子是見過《左傳》解經之文的。

　　2.《戰國策·魏策》：「昔者，晉人欲亡虞而伐虢，伐虢者，亡虞之始也。故荀息以馬與璧假道於虞，宮之奇諫而不聽，卒假晉道。晉人伐虢，反而取虞。故《春秋》書之，以罪虞公。」《左傳》僖公五年於記晉滅虞事之事後說：「故書曰：『晉人執虞公』，罪虞，且言易也。」《魏策》的《春秋》即指《左傳》，在這裡是用了《左傳》解經的說法。〔註74〕

由這兩個例子可以看出，《左傳》中的解經之文至少在戰國時期就已經存在，並非後人的偽造。從《左傳》全書來看，其中的記事部分可能是該書最早的記載，而解經和評論的部分則是在較後的時候添加進去，經過改編之後二者常常緊密地結合在一，不易分開。前文中已經指出《左傳》的寫定，並非出自一世之時、一人之手，但它的編成包括解經部分在內，至晚當在戰國末期之前。所以在對待這些解經語的態度上，我們應當把它們當作《左傳》成書過程中的一個部分來看待，而不是將其摒棄於敘事部分之外。雖然這些褒貶、書法的講解未必合於《春秋》原本的思想，與春秋歷史的關係也不大，但它們卻是我們研究《左傳》思想時可供依據的重要材料。

　　第三，敘事與論斷結合的方法。《左傳》中除了以「君子曰」和解經語為形式的評論外，出現最多的則是書中大量記載的春秋時人的言語議論。在具體研究中，這些材料應當被當作是當時的歷史記錄，還是也能夠被看作是《左傳》作者自己思想的表達，這是一個需要認真推敲的問題。在以往的許多思想史撰述中，我們常常可以看到它們是被當作春秋時期的史料來運用的，但我們同時也要注意到《左傳》確有不同於《尚書》、《國語》這類資料彙編性

〔註74〕參見趙光賢《左傳編撰考》，見氏著《古史考辨》，北京：北京師範大學出版社，1987年版，第159～160頁。

質史書的地方。作為一部完整的史書，它有著自身的思想體系，在某種程度上，書中這些記載也能反映出作者自己的思想。對此，吳闓生就曾指出：

> 左氏於事之論斷，每借他人之口中言之，不另起波瀾，最是全書勝處。〔註75〕

張高評也認為《左傳》的敘事藝術，「有憑藉語言以敘事論斷，敘事議論即寄寓言語中之『語敘法』。」「《左傳》中的載語，除用以揭露性質，表現情緒；推進情節，預作伏脈；統攝瑣細，交待枝節外，最大的作用，在於安排歷史人物現身說法，既如實反映歷史真相，又可以替代說明，省卻解釋，而是非論斷，價值判斷未嘗不寓含其中」〔註76〕。顧炎武曾經指出「序事中寓論斷」的方法是《史記》所特有的議論形式：

> 古人作史，有不待論斷而於序事之中即見其指者，惟太史公能之。《平準書》末載卜式語，《王翦傳》末載客語，《荊軻傳》末載魯句踐語，《鼂錯傳》末載鄧公與景帝語，《武安侯田蚡傳》末載武帝語，皆史家於序事中寓論斷法也。後人知此法者鮮矣，惟班孟堅間一有之。〔註77〕

其實這種方法並非惟司馬遷、班固所能之，從中國古代史論發展的源流來看，《左傳》就已具備了這種方法的初步形態。《左傳》以述史見長，其觀念的表達和價值的判斷往往會通過時人的言論得以實現，這可以看作是《左傳》史論的一種特殊的表現形式。我們在研究《左傳》思想的時候，對這種論斷與序事相結合的方法也要加以注意和運用。

綜上所述，本書以下各章是在上述學術史方面啟發的基礎上展開討論，並在討論中闡發作者的一些思考所得，有些見解或許具有一點拾遺補闕的作用。

〔註75〕吳闓生著，白兆麟校注《左傳微》，合肥：黃山書社，1995年版。
〔註76〕張高評《〈左傳〉據事直書與以史傳經》，見氏著《春秋書法與左傳學史》，上海：海古籍出版社，2005年版，第32頁。
〔註77〕顧炎武《日知錄》卷二六「《史記》於序事中寓論斷」條。

第一章　歷史動因和社會主體的觀點

　　「天人關係」是中國古代哲學思想的中心問題，同時也是中國古代史學當中的一個重要命題。太史公司馬遷發憤而撰《史記》，自言其目的就是「欲以究天人之際」〔註1〕。唐代史家劉知幾、吳兢、韋述等人也曾被譽為「學際天人，才兼文史」〔註2〕。到了18世紀，將中國古代史學理論推向其最高階段的章學誠更是指出，歷史撰述的宗旨就在於「綱紀天人，推明大道」〔註3〕。從這些例子中不難看到，「天人關係」確是被中國歷代史家所共同關注的一個問題。與哲學史上所討論的「天人合一」、「天人相分」、「天人感應」等問題有所不同，若從史學史的觀點來看，中國古代史學中關於「天人關係」的認識和討論則主要涉及到如何看待社會存在的形式和歷史運動的原因等問題〔註4〕。

　　就先秦史學中歷史觀的發展演變而言，從《尚書》、《詩經》反映的天命史觀，到《春秋》經傳對「人事」的肯定與重視，人們在看待和討論社會歷史動因這一問題時，也主要是沿著「天人關係」這條線索來展開思考的。

第一節　天命史觀的產生和演變

一、天命史觀的產生

　　從傳說時代到進入文明早期這段相當悠長的歲月裏，「人們所意識到的世

〔註1〕　《漢書・司馬遷傳》。
〔註2〕　《舊唐書》卷102卷末「史臣曰」。
〔註3〕　章學誠《文史通義・答客問上》。
〔註4〕　除此之外，它也會涉及到史學當中的認識論問題。如章學誠就曾說：「蓋欲為良史者，當慎辨於天人之際，盡其天而不益以人也。」（《文史通義・史德》）這裡所說的「天」，主要是就歷史的客觀性而言的，而「人」則是指人的主觀意識。

界，是神的世界，是爲神所統治並且是神在那裡活動著的」〔註5〕。在此期間，人們對歷史的意識儘管還處在一種朦朧和初步的狀態當中，卻總是會有些看法，這些看法也總是會受到各種宗教觀念的影響和支配。就中國古代歷史觀發展的過程看，天命史觀是一種出現較早的歷史觀點。從殷商時期殷人們信仰的無所不能，可以決定人類命運和歷史發展的「帝」或「上帝」，到周人所稱奉的「天」和宣揚的「天命」，再到西周末年人們對「天」和「天命」所提出的種種懷疑和責難，天命史觀的發展經歷了一個漫長而富有變化的過程。

對於夏商周三代文化的特點及其異同，《禮記》當中有一段頗爲精彩的論述：

> 夏道尊命，事鬼神敬而遠之，近人而忠焉，先祿而後威，先賞而後罰，親而不尊。其民之敝，惷而愚，喬而野，朴而不文。殷人尊神，率民以事神，先鬼而後禮，先罰而後賞，尊而不親。其民之敝，蕩而不靜，勝而無恥。周人尊禮尚施，事鬼敬神而遠之，近人而忠焉，其賞罰用爵列，親而不尊。其民之敝，利而巧，文而不慚，賊而蔽。〔註6〕

由於時間的久遠和資料的缺乏，《表記》中描寫夏代的情況目前尚無充分材料爲證，但它所說殷人「尊神」、「率民以事鬼神」的特點卻基本符合歷史事實，這從甲骨卜辭的記載可以得到充分印證。甲骨卜辭反映了盤庚遷殷以後自武丁直至殷商滅亡這段時期內殷王室的一些活動，內容涉及到階級狀況、國家制度、農事畜牧、年成豐歉、天文曆法、戰爭田獵、神祖祭祀、王朝世系等等。這些都是貞卜的某種結果和極簡單的記事相結合，以示它們都是「上帝」的安排。《尙書·洪範》作爲追述殷商時期政治文化方面的原始資料〔註7〕，也向我們展示了這樣的情況：

> 汝則有大疑，謀及乃心，謀及卿士，謀及庶人，謀及卜筮。汝則從，龜從，筮從，卿士從，庶民從，是之謂大同。身其康彊，子孫其逢吉。汝則從，龜從，筮從，卿士逆，庶民逆，吉。卿士從，

〔註5〕 白壽彝《中國史學史》第一冊，第273頁。

〔註6〕 《禮記·表記》。

〔註7〕 雖然學界對於《洪範》的年代，曾有過不同的看法。但不可否認，在這篇文獻當中確實保存了比較古老的有關政治文化方面的原始資料，因此不能將其簡單地視爲是戰國時人的僞造。相關的討論可參見劉節《洪範疏證》（載顧頡剛編著《古史辨》（五），上海：上海古籍出版社，1982年版），劉起釪《洪範成書時代考》（《中國社會科學》，1980年第3期），顧頡剛、劉起釪合著《尚書論校釋譯》（北京：中華書局，2005年版）等。

> 龜從，筮從，汝則逆，庶民逆，吉。庶民從，龜從，筮從，汝則逆，
> 卿士逆，吉。汝則從，龜從，筮逆，卿士逆，庶民逆，作內吉，作
> 外凶。龜筮共逆于人，用靜吉，用作凶。

這段記載顯示，在國君、卿士、庶人、卜、筮五方面的因素中，國君、卿士、庶人的意見只起到一定的參考作用，而卜、筮的結果卻具有最終的決定權。在這裡，人事的決定始終是要靠神的意旨來完成。

從甲骨卜辭所反映的情況來看，殷代的最高統治者稱「王」，在天上的至上神則稱為「帝」或「上帝」。上帝是一個有意志的人格神，他高高再上，發號施令，自然界與人世間的一切事物都由其主宰。如上帝可以支配天時上的風雨晦明：

> 帝令雨足〔年〕（《明》1382）
>
> 今三月帝令多雨。（《前》3.18.5）
>
> 羽癸卯帝令風──羽癸卯帝不令風（《乙》2452，3094）

也可以決定人事上的吉凶禍福：

> 貞卯，帝弗降其禍十月（《佚》36）
>
> 王乍邑，帝若──〔王乍〕邑，帝弗若（《乙》570＋594）
>
> 邛方出，我隹禍（《師友》2.92）〔註8〕

由此可見，在殷人的信仰中，上帝是無所不能的。他們之所以重視貞卜，就是為了要瞭解上帝的意旨。殷王室的一切活動也幾乎都要通過占卜來預決吉凶。

「帝」和「上帝」的稱謂，在《詩經》、《尚書》和金文當中也有廣泛使用，足見這在當時是比較普遍的認識。比如《商頌・玄鳥》有「古帝命武湯，正域彼四方」的詩句，說的是商朝的建立者湯奉「帝命」而撫有天下四方。《尚書・湯誓》也記載商湯在征伐夏桀前對眾人所作的訓話：王曰：

> 格爾眾庶，悉聽朕言，非台小子，敢行稱亂！有夏多罪，天命
> 殛之。……予畏上帝，不敢不正。……爾尚輔予一人，致天之罰，
> 予其大賚汝！

說的是商湯征伐有夏是秉承了上帝的意旨，來「致天之罰」〔註9〕。這裡的「帝」

〔註8〕以上均引自陳夢家《殷虛卜辭綜述》，第561～572頁。

〔註9〕雖然今本《湯誓》很可能是經過了周人的加工而成。但根據《尚書・多士》

和「上帝」不但是人間一切禍福的最高主宰，同時也被認為是殷王朝政治權利的來源，天上的「帝」和人間的「王」是緊密地關聯著的。

不過，在殷人的觀念中，「帝」與殷王的關係大約也存在著從「至上神」到「祖先神」，這樣一個由分到合的變化過程。據甲骨卜辭記載，殷人以為先王死後，可以昇天配帝。如武丁時卜辭常有「賓於帝」或「賓於上帝」的記載。「賓帝」即是配享上帝的之意，這和《詩經》、《尚書》中提到的「克配上帝」，意思是相通的〔註10〕。在祭祀中殷先王可以「賓於帝」，殷王如有祈雨、祈年等事，也是通過祭祀先王而轉求於上帝的。可是，自武丁以後，殷王又開始把直系的父輩稱為「帝」。如祖庚、祖甲時，卜辭中稱其父武丁為帝，將「帝」字冠在武丁之「丁」字之前，而稱為帝丁：

> 甲戌卜，王曰，貞勿告于帝丁，不茲。（《粹》376）

> 乙卯卜，其又歲于帝丁，一牢。（《南輔》62）

類似的情況在金文中也有反映，如商彝《四祀邲其卣》銘文云：「文武帝乙」，這是商紂王對其亡父帝乙的稱謂。這一現象的出現是耐人尋味的，顯然是殷人意識形態當中的一場重要變革。

在此之前的「帝」只是一個至上神，雖然有命令風雨、危害或福祐人間的神威，但與人間的商王還沒有親緣關係。現在把死去的先王也尊稱為「帝」，就是把先王神化了，這無異於把「上帝」和殷王室間的距離大大縮短而連接起來〔註11〕。從當時的歷史狀況來看，這是隨著商王朝的強大，殷王為強化其王權而加以神化的結果；就歷史意識的角度而言，這種對王權的神化也使殷人更加確信自己的政權不但是受到「天命」〔註12〕祐護，而且因為「帝」既是他們的至上神又是他們的祖先神，所以「天命」對於殷人的護祐也是不會移易的了。在殷人的觀念當中，這種不變的「天命」也決定了社會和歷史

中殷人「有冊有典」的記載來看，《湯誓》當有所據。
〔註10〕《尚書‧太甲》：「先王惟時懋敬厥德，克配上帝。」《詩經‧大雅‧文王》說：「殷之未喪師，克配上帝。」
〔註11〕關於殷商先王賓帝、稱帝的論述，參見胡厚宣、胡振寧《殷商史》，上海：上海人民出版社，2003年版，第488～493頁。
〔註12〕從甲骨文的記載來看，商代雖然已經有了「天」的觀念，但代表主宰和至上神的卻不是「天」而是「帝」。將「天」作為主宰觀念來看待當始自周人，所以《尚書‧商書》記載的「天命」、「天伐」之類的說法，應當是經過後來周人的整理加工。不過考慮到「帝」與「天」在觀念上所具有的同一性以及為了本書行文的方便，在這裡我們並不特意地將它們嚴格區別，還是沿用傳統上「天命」的說法。

發展的走向〔註13〕。例如《尚書・西伯戡黎》記載，周人已經打到距離殷不遠的黎國，對殷構成了威脅，大臣祖伊向紂王彙報，紂王卻說：「我生不有命在天。」可見殷人對天命不變的信仰是何等之深。

　　當然，在當時很可能也存在著對「天命」的另外一些思考，比如孟子曾引述商代第五世王太甲的話：「天作孽，猶可違；自作孽，不可活」〔註14〕。《尚書・高宗肜日》也記載祖己告誡商王祖庚說：「惟天監下民」，「降年有永有不永」，並勸諫祖庚祭祀不要過度豐厚，因為上天自有正義，祭祀過度豐厚並不能帶來福祉。而上文所提到的祖伊更是曾批評紂王「我生不有命在天」的言論，指出商朝的即將滅亡，正是紂王一手造成的惡果。這些思想在當時無疑是具有特殊意義的，但真正對天命不變這種觀念產生懷疑並加以改造的卻是後來戰勝並取代殷王朝的周人。

二、殷周之際的天命可變思想

　　殷朝的滅亡和周朝的建立，不但是社會政治領域中的一場大變革，對於當時人們的思想觀念也造成了強烈的衝擊。原來殷人賴以自恃的「天命」並沒有能夠祐護他們的統治，偏居西方一隅的「小邦周」竟然能夠一舉打敗強大的「大邦殷」，取代其成為天下的共主，這在勝利一方的周人看來似乎也是一件不可思議的事情。面對這一巨大的勝利，周初的統治者們既感到無限欣喜，同時又陷入了深深的憂慮當中。他們不時地發出這樣的慨歎：

　　　　惟王受命，無疆惟休，亦無疆惟恤。〔註15〕

　　　　我受命于疆惟休，亦大惟艱。〔註16〕

〔註13〕西方自中世紀以來的歷史觀念當中有一個突出的特點，就是它往往帶有一種「目的論」或「終極論」的色彩，這與猶太教和天主教的影響有關。比如在奧古斯丁的《上帝之城》中，可以明顯地看到人類的歷史是被當作了一種上帝的「計劃」或「安排」來看待的。即便在啟蒙運動以後，這種「目的論」或「終極論」的影響依然存在，如康德所說的「歷史是理性的發展」以及黑格爾講的「絕對精神」當中，多少都帶有這種「目的論」的影子。相比之下，中國古代歷史觀念當中雖然並不缺乏對歷史變化所作的描述，而特別講到窮、通、變、久的關係，但對於歷史發展終極的關注和討論卻很少能夠見到。這無疑是一種辯證的歷史思維方法所帶來的結果，也是中國古代歷史思想的一個長處所在。不過，如果說真的要在中國古代歷史觀念當中尋找類似上述西方的特點的話，大概殷人的「天命」史觀是接近這種「目的論」色彩的吧！

〔註14〕《孟子・公孫丑上》。

〔註15〕《尚書・召誥》。

《史記》也記載，周武王滅紂後，夜不能寐而對周公說，「我未定天保，何暇寐？」〔註17〕這些例子頗能反映周人在克殷後情緒上的波動與焦慮。他們一開始就擔心衰亡，擔心殷人的命運又會降臨到自己身上，這促使他們不得不對傳統的「天命」觀念重新進行反思。在深刻地總結了夏殷兩代滅亡的歷史教訓後，周初的統治者對於殷人所信仰的不變的「天命」產生了深深地懷疑，並由此誕生了天命轉移的觀念。

從一個方面看，在周人的意識當中還在繼續遵循著傳統的「天命」，宣揚它的主宰力量。周武王伐紂，誓師於商郊牧野，他對所率軍隊和參與伐紂的各族發佈講話。其中說道：

> 今商王受惟婦言是用，昏棄厥肆祀弗答，昏棄厥遺王父母弟不迪，乃惟四方之多罪逋逃，是崇是長，是信是使，是以爲大夫卿士。
>
> 俾暴虐于百姓，以奸宄于商邑。今予發惟恭行天之罰。〔註18〕

這裡不但歷數了殷紂王的種種惡行，而且特別聲明他是執行天的意旨來討伐紂王的。類似的思想，在《尚書》收錄的周初諸誥中更有明確的反映，例如：

> 予不敢閉于天降威，用寧王遺我大寶龜，紹天明。……予惟小子，不敢替上帝命。天休于寧王，興我小邦周。……天明畏，弼我丕丕基！〔註19〕
>
> 惟時怙冒，聞于上帝，帝休，天乃大命文王。殪戎殷，誕受厥命越厥邦厥民。〔註20〕
>
> 惟天降命，肇我民，惟元祀。天降威，我民用大亂喪德，亦罔非酒惟行；越小大邦用喪，亦罔非酒惟辜。〔註21〕
>
> 皇天既付中國民越厥疆土于先王。〔註22〕
>
> 爾殷遺多士，弗弔旻天，大降喪于殷，我有周祐命，將天明威，致王罰，敕殷命終于帝。〔註23〕

周初統治者的這些言論，不論是闡明殷的滅亡，還是宣揚周的興起，都是在

〔註16〕《尚書·君奭》。
〔註17〕《史記·周本紀》。
〔註18〕《尚書·牧誓》。
〔註19〕《尚書·大誥》。
〔註20〕《尚書·康誥》。
〔註21〕《尚書·酒誥》。
〔註22〕《尚書·梓材》。
〔註23〕《尚書·多士》。

反覆地稱頌「天」、「皇天」、「上帝」的意旨和公正，稱頌那是任何人都抗拒不了的一種超人的力量。而在周人敘述本族歷史和讚頌其先王的詩歌當中，更是頻繁地出現上帝主宰的思想。如《詩經・大雅》中就有這樣的詩句：

> 皇矣上帝，臨下有赫。監觀四方，求民之莫。
>
> 上帝耆之，憎其式廓。乃眷西顧，此維與宅。
>
> 帝遷明德，串夷載路。天立厥配，受命既固。
>
> 帝作邦作對，自大伯王季。〔註24〕
>
> 文王在上，於昭于天，周雖舊邦，其命維新。
>
> 有周不顯，帝命不時，文王陟降，在帝左右。〔註25〕

這裡的上帝偉大而威嚴，居高臨下，監視人間，祐護周之先王，爲周人開拓疆土，儼然已經是全能的主宰，而周文王也成爲「在帝左右」的神明了。從這些記載可以看出，在周人的意識中還深深保留著殷人「上帝」觀念的影響。

　　但另一方面，周人對傳統「天命」觀念又有所懷疑，周初的統治者開始告誡人們「天命」不是不變的，如果統治者違背了「天命」，那麼「天命」就會發生轉移。周人的這種「天命」史觀不同於殷人之處在於：殷人認爲上帝既是至上神，又是自己的祖先，因此「天命」是不會移易的；周人則不然，夏、殷、周的更迭，他們是用「天命」可以轉移的這個觀念來解釋的。殷人和周人都用「天命」來解釋歷史，但周人顯然不像殷人那樣固執了〔註26〕。

　　這種思想特別表現在周初統治者的代表周公（姬旦）身上。《尚書・康誥》是周公告誡康叔的一篇誥文，其中周公說道：「汝小子封。惟命不于常，汝念哉！無我殄享。」這種「惟命不於常」的思想，一反殷人的天命觀念，它的意思是說上天的意旨和命令是會改變的，上天賜予一姓一王的「天命」絕非無條件地長久。在《尚書・君奭》中周公更是對召公講道：

> 君奭！弗弔天降喪于殷，殷既墜厥命，我有周既受。我不敢知曰厥基永孚于休。若天棐忱，我亦不敢知曰其終出于不祥。嗚呼！君已曰時我，我亦不敢寧于上帝命，弗永遠念天威越我民；罔尤違，惟人在。我後嗣子孫，大弗克恭上下，遏佚前人光在家，不知天命

〔註24〕《詩經・大雅・皇矣》。

〔註25〕《詩經・大雅・文王》。

〔註26〕參見瞿林東《中國簡明史學史》，上海：上海人民出版社 2005 年版，第 218 頁。

不易，天難諶，乃其墜命，弗克經歷。嗣前人，恭明德，在今予小
子旦非克有正，迪惟前人光施于我沖子。

這篇誥文中充滿了歷史憂患意識，周公指出，雖然上天降禍於殷，使殷人失
去了天命，周王因此而接受了天命，但是美好的事情能否保持下去，尚無保
證。周公表示「不敢寧於上帝命」，決不能以爲周人得到了天命就萬事大吉了。
他提出既要懂得「天命不易」，即得到天命的困難；又要懂得「天難諶」，「天
命不可信」，即天命難信。如果不能「嗣前人，恭明德」，繼承文武王施行明
德，周人就可能失去天命。

從歷史觀念的角度來看，《尚書》中的《多士》和《多方》兩篇也具有典
型意義。不同於周初的其他諸誥，它們是周公對殷遺民和不服周革殷命的各
國發表的誥令。在這兩篇誥文中，周公不但系統地闡述了夏的滅亡、殷的滅
亡和周的興起，而且明確地運用「天命」觀念來對殷周的歷史成敗加以理論
的解釋和總結。他具體說明了由於夏、殷的國王和四方諸侯都不聽從「天之
命」因而被天捨棄了，而周的先王能夠秉承天的旨意，所以天就讓周人來管
理四方諸侯。這在當時，是對於夏、殷、周的歷史的一種「合理」的解釋。
這樣，周初的統治者就在總結、吸取夏、商滅亡經驗教訓的歷史意識中，在
傳統的「天命」和「上帝」的觀念中，不能不更多地思考到人爲的因素，從
而認爲統治者的命運是由其「德」的表現決定的。在周初的誥文中，他們不
斷反覆稱說「德」的道理：

天不可信，我道惟寧王德延，天不庸釋于文王受命。〔註27〕

先王既勤用明德，懷爲夾，庶邦享作，兄弟方來。亦既用明德，
后式典集，庶邦丕享。皇天既付中國民越厥疆土于先王，肆王惟德
用，和懌先後迷民，用懌先王受命。已！若茲監。〔註28〕

我不可不監于有夏，亦不可不監于有殷。我不敢知曰，有夏服
天命，惟有歷年；我不敢知曰，不其延。惟不敬厥德，乃早墜厥命。
〔註29〕

夏殷兩代都是因爲「不敬厥德」才失去了「天命」，而周文王是用「明德」取得
了「皇天」的信任，所以周人只有發揚這個重「德」的傳統，才能維護長久的

〔註27〕《尚書·君奭》。
〔註28〕《尚書·梓材》。
〔註29〕《尚書·召誥》。

統治，這是重要的經驗教訓。可見，周人是要用「德」來適應「天命」，把「明德」和「天命」結合起來，才能長久維繫自己國家的命運，這是周初統治者一再提倡「德」的原因。他們已經感覺到在「天命」這個人力無法左右的超越力量之外，有某種人自身的因素在社會歷史變遷過程中起著重要作用。

總之，周人所說的「天命」已經不完全同於殷人的「帝」和「上帝」，它突破了殷人的那種對於神靈的盲從與迷信，並且開始認識到人的努力和人心向背在歷史進程中的重要作用。儘管這種認識只是簡單的和初步的，卻不啻為開啟中國古代歷史思想當中人本主義傳統的一縷曙光。

三、西周末年天命史觀的動搖

西周的強盛，自周初至昭穆二世維持了一段時間，到了夷厲時代，已經暴露出矛盾與危機。由於周厲王暴虐，引起國人暴動，終被流放於彘，其後雖有所謂宣王的一度「中興」，但到了幽王時卻最終走向了覆滅。周初統治者為肯定其取代殷的統治而宣傳的「天命」觀念，在這種社會與政治的頹勢當中也逐漸走向了對於自我的否定，天命史觀因此被進一步動搖了。

西周的末期，隨著統治階層矛盾的激烈和社會問題的湧現，天災人禍並至，一種怨天尤人的情緒在社會上滋生蔓延開來。這種情緒在《詩經》中舊稱「變風變雅」的篇章裏清晰地顯現出來。《毛詩序》云：「王道衰，禮義廢，政教失，國異政，家殊俗，而變風變雅作矣」〔註30〕。這些詩篇多充滿了詩人個人的哀戚和對於時政憤懣之情，集中反映出西周末年某種歷史的真實。

在周厲王時的詩篇《蕩》中，詩人說道：「文王曰咨，咨汝殷商。人亦有言：顛沛之揭，枝葉未有害，本實先撥。殷鑒不遠，在夏后之世。」這裡雖是假託文王之言，勸誡商人應以夏桀為鑒，實則諷喻周厲王應以夏、殷兩代滅亡的覆轍為訓。周初政治家「鑒於有夏」、「鑒於有殷」的憂患意識，又重為世人所關注。與這種對於現實的慨歎和憂慮相應，在同一詩篇中，詩人更是表達出了對於天的恐懼和責難：「蕩蕩上帝，下民之辟。疾威上帝，其命多辟。」這種責難和抱怨的聲音在厲幽時期的其他詩歌中也曾反覆地出現，如：

> 天之杌我，如不我克。〔註31〕

> 倬彼昊天，寧不我矜？〔註32〕

〔註30〕阮元校刻《十三經注疏》，第271頁。
〔註31〕《詩經·小雅·正月》。

　　　　　瞻印昊天，則不我惠。孔塡不寧，降此大厲。〔註33〕

　　　　　昊天上帝，則不我遺。〔註34〕

　　　　　昊天上帝，寧俾我遁。

　　　　　旻天疾威，天篤降喪。瘨我飢饉，民卒流亡。我居圉卒荒。

　　〔註35〕

這裡的「昊天」和「上帝」已經不是周初時那個保祐周先王開疆擴土的「皇矣上帝」，而是人間苦難和災害的製造者。這些詩歌的作者對於上帝的存在還沒有懷疑，但已經懷疑這個至上神的正義性和道德性，從而開始向他提出質問了：

　　　　　昊天不傭！

　　　　　昊天不惠。

　　　　　不弔昊天！

　　　　　昊天不平！〔註36〕

　　　　　浩浩昊天，不駿其德！

　　　　　昊天疾威，弗慮弗圖！〔註37〕

這裡不僅怨恨上帝，而且竟然宣佈了天的罪狀，足以說明人們對天的信仰的動搖。而在有的詩句中，甚至認為現實社會的紛爭和痛苦，並不是上帝給予的，而是由人自己造成的：

　　　　　下民之孽，匪降自天。噂沓背憎，職競由人。〔註38〕

這幾句詩，文字雖短，卻包含著深刻的思想性。它在否定了天的影響的同時，卻突出了人的因素和作用，帶有了樸素的天人相分的思想成分。

　　由此可見，隨著西周的衰落，「天」和「上帝」的崇高地位確已發生了動搖，人們的歷史觀念也隨之開始發生變化。這種變化，在《國語》記載西周後期的一些史事中有比較明顯的反映。通過這些記載，可以看到當時的人們在討論國家大事、分析政治形勢時，正在逐漸擺脫「天命」觀念的影響，轉

〔註32〕《詩經・大雅・桑柔》。
〔註33〕《詩經・大雅・瞻卬》。
〔註34〕《詩經・大雅・雲漢》。
〔註35〕《詩經・大雅・召旻》。
〔註36〕《詩經・小雅・節南山》。
〔註37〕《詩經・小雅・雨無正》。
〔註38〕《詩經・小雅・十月之交》。

而開始從人事和自然等多種角度來思考社會和歷史了。

例如，《國語‧周語上》記載周穆王將征伐犬戎，祭公謀父向他諫言說：

> 先王之於民也，懋正其德而厚其性，阜其財求而利其器用，明
> 利害之鄉，以文修之，使務利而避害，懷德而畏威，故能保世以滋
> 大。昔我先王世后稷，以服事虞、夏。及夏之衰也，棄稷不務，我
> 先王不窋用失其官，而自竄於戎、狄之間，不敢怠業，時序其德，
> 纂修其緒，修其訓典，朝夕恪勤，守以敦篤，奉以忠信，奕世載德，
> 不忝前人。至於武王，昭前之光明而加之以慈和，事神保民，莫弗
> 欣喜。商王帝辛，大惡於民。庶民不忍，欣戴武王，以致戎於商牧。
> 是先王非務武也，勤恤民隱而除其害也。

在這裡，祭公所回顧的周先王的爲政方式顯然就是周公反覆強調的修德、保
民、恪勤等治國原則。但與之不同的是，在祭公的話語中始終沒有提到曾被
周初統治者反覆稱頌的那種先王所受「天命」、「帝令」的說法，而是強調了
重視德教並發展民眾的物質生活，才是先王治民的要旨所在。這裡注重的是
「人事」方面的作用，而「天命」觀念的影響卻幾乎看不到了。

周幽王二年（前 780 年）涇水、渭水、洛水地區都發生了地震，周史官
伯陽父就此指出：

> 周將亡矣！夫天地之氣，不失其序，若過其序，民亂之也。陽
> 伏而不能出，陰迫而不能烝，於是有地震。今三川實震，是陽失其
> 所而鎮陰也。陽失而在陰，川源必塞，源塞，國必亡。夫水土演而
> 民用也。水土無所演，民乏財用，不亡何待？昔伊、洛竭而夏亡，
> 河竭而商亡。今周德若二代之季矣，其川源又塞，塞必竭。夫國必
> 依山川，山崩川竭，亡之徵也。川竭，山必崩。若國亡，不過十年，
> 數之紀也。夫天之所棄，不過其紀。〔註39〕

伯陽父根據「伊、洛竭而夏亡，河竭而商亡」的先例，預言周朝快要滅亡。
在他看來，「土演」〔註40〕和「民用」是息息相關的〔註41〕，由於陰陽不合而
引發的地震將造成河流源頭堵塞，導致「水土無所演，民乏財用」，勢必會帶

〔註39〕《國語‧周語上》。
〔註40〕韋昭注：「水土氣通爲演，演猶潤也。」見《國語》，上海：上海古籍出版社，
　　　　1998 年版，第 28 頁。
〔註41〕王引之認爲「夫水土演而民用也」此句涉上句「水土演」三字而衍「水」字。
　　　　見王引之《經義述聞》，南京：江蘇古籍出版社，2000 年版，第 479 頁。

來社會的動蕩和國家的敗亡。這是用一種樸素的觀點來說明地理環境因素對國家興亡、社會治亂的影響。

周幽王時期的史伯更是一位有遠見的史官，他曾針對鄭桓公「周其弊乎」的提問，回答道：「殆於必弊者也」，並且進一步指出：

> 今王棄高明昭顯，而好讒慝暗昧；惡角犀豐盈，而近頑童窮固。去和而取同。夫和實生物，同則不繼。以他平他謂之和，故能豐長而物歸之；若以同裨同，盡乃棄矣。故先王以土與金木水火雜，以成百物。是以和五味以調口，剛四支以衛體，和六律以聰耳，正七體以役心，平八索以成人，建九紀以立純德，合十數以訓百體。出千品，具萬方，計億事，材兆物，收經入，行姟極。故王者居九畡之田，收經入以食兆民，周訓而能用之，和樂如一。夫如是，和之至也。於是乎先王聘后於異姓，求財於有方，擇臣取諫工而講以多物，務和同也。聲一無聽，物一無文，味一無果，物一不講。王將棄是類也而與剗同。天奪之明，欲無弊，得乎？ 〔註42〕

史伯所說「和」是「以他平他」，即各種不同事物的配合與協調；所說的「同」是「以同裨同」，指的是事物的單一性，即同類事物相合或單一事物相加。「同」是簡單的同一性，「和」則是多樣的統一性，單一的東西不能長久，事物只有在多樣的統一中方能發展和保持長久。史伯認為宇宙萬物都是由「土與金木水火雜」成，從而使世界成為一個和諧的序列，貫穿其中的最根本的法則就是「和實生物，同則不繼」。為此他列舉出很多的例證，如五色才能成文，五音才能成聲，五味才能成食等等。值得注意的是，史伯的「和同之論」不單是對自然事物所做的描述，而是通過對自然的認識轉而向人們的生活、經濟、政治、文化等方面來作討論，並以此對社會歷史的發展進行了解釋和評價。他指出周之所以興是先王們治國「務和同」的結果，而導致西周「殆於必弊」的原因也正是周幽王只講「同」卻不懂得「和」所造成的。史伯的「和同論」從理論上說明了西周的興起和必然滅亡的原因，這種歷史觀點包含了對事物的多樣性及多樣性的統一的認識，比較周初以來以「德」配「天」的天命史觀，這些觀點在歷史認識上無疑是一種豐富和進步。

〔註42〕《國語·鄭語》。

第二節　輕天命重人事思想的出現

一、「天」與「天道」觀的新發展

從甲骨文、金文以及《詩經》、《尚書》等記載來看，古老的天人關係，講的是至上神和最高統治者的關係。殷周時期的「上帝」和「天」都是人格化的至上神，他們左右著自然的變化和人類歷史的命運。隨著社會的發展和人們認識水平的不斷提高，大約從西周末年開始，人們對傳統的「天命」已經開始產生了懷疑和動搖，這也使得他們對社會和歷史的思考逐漸從原來「天命」觀點的籠罩之下走出，轉而向「人事」的方向進行探求了。這種思想上的變化，在此後以《左傳》爲代表的《春秋》經傳中表現的至爲突出，從而反映出中國古代歷史觀發展上的一個明顯且重要的轉折。

從《左傳》中出現的「天」或「天道」觀念來看，雖然在一定程度上仍然繼承了《詩經》、《尚書》中的那種自然和人間禍福主宰者的思想，但是也可以看到其間確實發生了許多的明顯的變化。在具體運用上，它們的含義或側重雖各有不同，但大體上可以概括爲「主宰性」的天、「命運性」的天和「法則性」的天這三種類型。

關於第一類「主宰性」的天，《左傳》宣公三年記載：

> 楚子伐陸渾之戎，遂至於雒，觀兵於周疆。定王使王孫滿勞楚子。楚子問鼎之大小輕重焉。對曰：「在德不在鼎。……成王定鼎於郟鄏，卜世三十，卜年七百，天所命也。周德雖衰，天命未改，鼎之輕重，未可問也。」

面對意欲北上圖霸的楚莊王，王孫滿指出王朝的合法性「在德而不在鼎」，這顯然是周初統治者所確立的「天命」觀點。同時，他又指明周德雖然已經衰落，但並未失去「天命」的祐護，周的福祚已經是由天所決定的了。這些講法雖然在邏輯上不乏矛盾之處，但總的來說還是一種以「天命」作爲人事主宰的意思。

相似的例子還有《左傳》昭公七年：

> 衛齊惡告喪於周，且請命。王使成簡公如衛弔，且追命襄公曰：「叔父陟恪，在我先王之左右，以佐事上帝。余敢高圉、亞圉？」

成簡公代表周王弔喪於衛，弔辭中說希望衛襄公昇天後，在周的先王左右，

共同服侍上帝。這表示王公死後可昇天爲神，顯然和《詩經》中「文王陟降，在帝左右」〔註43〕的觀念是一致的。

《左傳》中第二類「天」的用法是傾向於將其作爲一種命運的理解。例如楚成王評價晉文公所說：「晉侯在外十九年矣，而果得晉國。險阻艱難，備嘗之矣；民之情僞，盡知之矣。天假之年，而除其害」〔註44〕。魯僖公夫人姜氏歸於齊，「將行，哭而過市曰：『天乎，仲爲不道，殺適立庶』」〔註45〕。在這兩個例子中，前者講的是晉文公被天賦予了年壽，因而得以獲得君位；而後者所說的「天」更像是針對命運的不公而發出的哀歎。顯然，在這兩例中，「天」都具有一種命定式的意義，這種意義上的「天」雖然與第一種「主宰性」的天有相似之處，但卻不具備後者所有的那種信仰上的意義了。

最值得注意的還是第三類「天」的用法，這是一種近似於「法則」的「天」。當然，在具體表現上這種法則又會有不同的偏向，如魯國的季文子所說的「禮以順天，天之道也，己則反天，而又以討人，難以免矣」〔註46〕，齊國的晏嬰說的「君人執信，臣人執共，忠信篤敬，上下同之，天之道也」〔註47〕。這些所謂的「天之道」，顯然是針對人間政治秩序而言的。而楚武王夫人鄧曼所說的「盈而蕩，天之道也」〔註48〕和伍子胥所說的「盈必毀，天之道也」〔註49〕，講的都是物極而反的道理，這又是將「天之道」作爲一種自然和社會的普遍法則來看待了。除此之外，晉大夫董叔所說的「天道多在西北」〔註50〕，卻是針對天象的變化而言，更接近於自然的意味。雖然這些例子有所差別，但它們卻都是將「天」或「天道」作爲一種法則和秩序的代表來加以認識。

以上我們對《左傳》中出現的「天」作了一個大略的分類和說明，考慮到「天」這一觀念在中國傳統思想當中所具有的複雜性和多樣性，所以這些類別之間也有著密切的聯繫，不好作一種截然的分離。值得注意的是，在《左

〔註43〕《詩經・大雅・文王》。
〔註44〕《左傳》僖公二十八年。
〔註45〕《左傳》文公十八年。
〔註46〕《左傳》文公十五年。
〔註47〕《左傳》襄公二十二年。
〔註48〕《左傳》莊公四年。
〔註49〕《左傳》哀公十一年。
〔註50〕《左傳》襄公十八年。

傳》中這三種「天」雖然是同時並存的，但作者在對待它們的態度上卻有所差別，從中不難發現《左傳》對「天」在觀念上所作的一些新的發展。

概括說來，這種發展至少表現在以下兩種傾向上：第一種是《左傳》中「天」越來越脫離傳統的那種「賞善而罰淫」的具有主宰性、正義性的「天命」的思想，從而成為一種命定的或法則式的「天」；第二種傾向則是出現了一種經由「天象」的變化規律來推及「人事」變遷的「推天道以明人事」〔註51〕的思維方式。

不可否認，對於「神福仁而禍淫」〔註52〕觀念的表達，在《左傳》中是一再出現的，如書中隨處可見的「天福」、「天祚」、「天祿」、「天罰」等說法，都是這類思想的表現。但對比起《詩經》和《尚書》中的「天命」觀念來說，《左傳》中的「天」卻越來越脫離了這種較為單一的性質，而轉作為一種命運式和法則式的理解。可以說，「天」的主宰性和道德性的意義變得淡薄了。這種變化是《左傳》在「天人關係」問題上最值得注意的現象。

例如《左傳》襄公二十八年載：

> 子服惠伯謂叔孫曰：「天殆富淫人，慶封又富矣。」穆子曰：「善人富謂之賞，淫人富謂之殃。天其殃之也，其將聚而殲旃？」

作為齊國叛臣的慶封，逃到吳國後非但沒有遭到天的懲罰，而且又成為了富人。對於這個現象，魯國的子服惠伯覺得不可理解，乃有了「天殆富淫人」的感歎。對此，叔孫穆子雖然認為這並不是上天的賞賜，而是進一步加重其罪孽的「天殃」。但通過這段談話可以看到，這裡「天」的性質已經不太同於傳統中「賞善而罰淫」的那個「天」了。

這種天助無道的事，在《左傳》裏還有其他的例子。如秦國的公子鍼所說的「國無道而年穀熟，天贊之也，鮮不五稔」〔註53〕。這個使無道之國以年穀成熟的「天」，對比原來禍淫福仁的「天」的秩序而言，可以說是完全相反的現象。又如楚武王侵隨時，季梁為勸阻隨侯不要追擊故意示弱的楚軍而說：「天方授楚，楚之贏，其誘我也」〔註54〕。這個祐助侵略者的「天」，如果依照周初的「天命」觀念來看，也一定是解釋不通的。

〔註51〕　《四庫全書總目・經部・易類》小序，北京：中華書局，1965年版，第1頁。
〔註52〕　《左傳》成公五年。
〔註53〕　《左傳》昭公元年。
〔註54〕　《左傳》桓公六年。

　　從上面列舉的幾個事例可以看出，在有些時候《左傳》雖然對於國家的興亡和事業的成敗在原因上還是歸結於「天」之所為，但這種「天」卻逐漸疏離了傳統的那種人格或道德的性質，而是越來越具有時勢、環境等方面的特徵了。例如齊國仲由所說的「天或者以陳氏為斧斤」〔註55〕。這裡的「天」顯然具有指代陳氏代齊的這一歷史趨勢的涵義。再如晉大夫司馬侯所說的「晉、楚唯天所相」〔註56〕，楚大夫范匄所說的「齊、晉唯天所授」〔註57〕等，它們講的都是天授福於晉、楚或齊，但對此卻都沒有說明其理由如何。對比起《尚書・周書》中周人不厭其煩地做的「皇天無親，唯德是輔」之類的宣傳來，這裡基本上沒有表示出它們應該受「天」祐助在「德」上的合理性，而是更多地包含有對於時勢方面的思考。

　　更具代表性的例子，見於襄公九年。鄭國由於戰敗而與諸侯在戲結盟之際，鄭國大夫公子騑說：「天禍鄭國，使介居於二大國之間」〔註58〕，這個「天禍」就是指鄭國在地理上自然地夾於晉、楚二國之間，而不得不奔走聽命的現實環境。

　　歸納起來，這些例子所顯示的「天」儘管在一定程度上還保留有《詩經》和《尚書》中「天」的那種性質，卻逐漸地加重了圍繞人的命運以及國家的環境與時勢等這種外在的、機械的特徵。可以說，正是在這種轉變過程中，傳統的「天命」思想的作用在《左傳》裏被不知不覺地削弱了。

　　對比起傳統的「天命」觀念，《左傳》中「天」的第二種傾向是從天上日月星辰的變化滯移的角度來談論「天道」，並以這種天象的變化來推測人事上的凶吉禍福。

　　這種「推天道以明人事」的觀念，是伴隨著古代漸次發達的觀天星占（星象）之術而產生的〔註59〕。作為古老的農耕文明，中國古代對於天象的觀測和記錄由來已久。早在上古時期，人們就通過觀測天上星象的變化來確定時

〔註55〕《左傳》哀公十五年。
〔註56〕《左傳》昭公四年。
〔註57〕《左傳》成公二年。
〔註58〕《左傳》襄公九年。
〔註59〕天文學的發展本身就會帶來對傳統的天命觀點的衝擊。如范文瀾在《中國通史簡編》中指出：「東周時期天文曆學的顯著進步，有助於人對自然界的認識，戰爭勝敗依靠人力計謀，不依靠鬼神凶吉，也都使人感到天命神鬼的虛幻。」見氏著《中國通史簡編》，第一編，北京：人民出版社，1949年版，第195～196頁。

節，組織生產。「觀象授時」是古代國家社會職能中的一個重要方面，例如《尚書·堯典》記載帝堯「乃命羲和」所作的一切，就集中在「曆象日月星辰，敬授人時」上。《夏小政》中也有許多有關天象和物候的記載，但基本上也是依據曆法而安排人事活動，這些還沒包含用天象來推知人事的意思。在《易傳·繫辭》中則有「在天成象，在地成形，變化見矣」，「仰以觀於天文，俯以察於天地，是故知幽明之故」之類的話，已隱含有用觀測天象以占知人事凶吉的意思。其中最爲明確的一段論述是：「天垂象，見凶吉，聖人象之」。「天垂象」說的是天象的變化，「見凶吉」是指它們能反映出人事上的禍福吉凶，「聖人象之」乃能明乎治世之理。可見，這裡已經明確設定了天象變化和社會人事變動之間的關聯。《周禮》中也有專門執掌天象之占的官員「保章氏」，他的主要職責之一，就是通過記載星辰日月的合會變動，以觀察天下禍福的變遷，辨明吉凶〔註60〕。這與《易傳》「天垂象，見凶吉」說的是一個意思。《易傳》寫成於戰國時期，《周禮》的成書可能還要晚一些，但這種認爲天上星辰日月的位置變動與地上人事的禍福相對應觀念的提出，卻是相當古老的。從相關的文獻可以知道，至遲在春秋時期，人們利用「天道」的變化來推知「人事」做法已經很普遍了。其中周王室的史佚、萇弘，宋國的子韋，鄭的裨竈，都是以「傳天數」而著稱的人物〔註61〕，《左傳》對他們的言行有比較豐富的記載。如昭公十一年：

> 景王問於萇弘曰：「今茲諸侯，何實吉？何實凶？」對曰：「蔡凶。此蔡侯般弒其君之歲也。歲在豕韋，弗過此矣。楚將有之，然雝也。歲及大梁，蔡復，楚凶，天之道也。」

周景王向萇弘詢問諸侯的凶吉，萇弘回答說蔡國凶，並從「天之道」的角度作了解釋：這一年歲星（木星）運行到豕韋之次，恰好是蔡靈侯殺死他君父的年份，楚國因而會佔領蔡國。但是當歲星轉移到大梁之次時，蔡國又會復興，而楚國則會遭遇兇險。這裡萇弘所說的「天之道」是指歲星的運行遷移，

〔註60〕《周禮·保章氏》載：「保章氏掌天星，以志星辰、日月之變動，以觀天下之遷，辨其吉凶。以星土辨九州之地，所封封域，皆有分星，以觀妖祥。以十有二歲之相，觀天下之妖祥。以五雲之物，辨吉凶、水旱、降豐荒之祲象。以十有二風，察天地之和命，乖別之妖祥。」

〔註61〕《史記·天官書》載：「昔之傳天數者：高辛之前，重、黎；於唐、虞，羲、和；有夏，昆吾；殷商，巫咸；周室，史佚、萇弘；於宋，子韋；鄭則裨竈；在齊，甘公；楚，唐昧；趙，尹皋；魏，石申。」

他正是通過這個來預測各諸侯國的興衰變遷。

再如魯昭公九年，陳國發生了火災，鄭國的裨竈通過火星（心宿，天蠍 σατ）的遷移變動對陳國和楚國的國運進行了預測：

> 鄭裨竈曰：「五年，陳將復封。封五十二年而遂亡。」子產問其故，對曰：「陳，水屬也，火，水妃也，而楚所相也。今火出而火陳，逐楚而建陳也。妃以五成，故曰五年。歲五及鶉火，而後陳卒亡，楚克有之，天之道也，故曰五十二年。」〔註62〕

裨竈認為陳是屬於水，而楚屬火。現在火星出來陳國就發生了火災，意味著將驅逐楚國而重新復國。他由此進一步通過歲星的運轉推知，陳國在五十二年以後將會滅亡。一年後，有一顆星在鄭女宿出現，裨竈再次向子產預言了晉君的死期：

> 七月戊子，晉君將死。今茲歲在顓頊之虛，姜氏、任氏實守其地。居其維首，而有妖星焉，告邑姜也。邑姜，晉之妣也。天以七紀。戊子，逢公以登，星斯於是乎出。吾是以譏之。〔註63〕

裨竈的「天道」之論，現在已很難解釋，也不必特別解釋。雖然這些說法非常複雜，但總的原則卻是明確的，即都是認為天上星辰的變動會與地上的人事變遷相對應。

通過上面列舉的事例可以看出，《左傳》中這種「推天道以明人事」的觀念儘管在一定程度上還留有殷周時期「天命」觀念的影響，但與後者也有很大的不同，它更多地包含了自然的成分。具體說來，它所著重的不是自然和社會的最高主宰，而是關注各個具體的星象變化所對應的具體的人事，這種解釋無疑比卜辭中的「帝其令雨」、「帝其令風」以及《周詩》中「天篤降喪」〔註64〕的觀念前進了一步。它不是簡單地把自然和人事的一切變化歸於至上神，而是試圖在天象變化的現象當中找到對於社會事變和人事禍福的某種具體聯繫。這種觀念中包含有原始的天文學的成分，但最主要的還是在宣揚一種以天象來附會人事的感應論，從而成為後來秦漢時期「天人感應」思想的一個重要來源〔註65〕。

〔註62〕《左傳》昭公九年。
〔註63〕《左傳》昭公十年。
〔註64〕《詩經・大雅・召旻》。
〔註65〕秦漢天人感應思想的另一個來源出自《尚書・洪範》，如洪範「九疇」中的第八疇「念用庶徵」講到了「休徵」和「咎徵」（分別是指好的氣候氣象和不好

綜合以上的分析來看，《左傳》中的「天」和「天道」觀越來越有一種法則化和自然化的傾向，雖然傳統的「天命」思想在全書中不時地出現，但它的那種「至上性」和「主宰性」卻在有意無意間被漸漸削弱。這也使得《左傳》在對社會和歷史進行思考的時候，更多地轉向「人事」方面來尋找原因了。

二、言天道神鬼未嘗廢人事

東漢學者王充曾經批評《左傳》，說它「言多怪異，頗與孔子不語怪力相違反也」〔註66〕。不可否認，《左傳》中的確充斥著大量關於鬼神、占卜以及詳夢、預言的記載，並且也在極力表明神鬼的存在和占卜預言的可信。所以後來的學者在稱讚「事莫備於《左氏》」的時候，總不免要加上些「浮誇」、「好怪」、「失之誣」〔註67〕之類的貶損之辭了。

如何來理解《左傳》的「言多怪異」呢？從一方面看，遠古巫史不分，祝宗卜史職掌相近，上古史官的職責在很長時間裏是要兼記天人兩方面的事，所以史書中必然會夾雜著大量神鬼卜筮的記載〔註68〕。雖然《左傳》未必一定是出自魯國太史左丘明之手，但它深受史官文化的這種影響卻是可以肯定的。例如凌稚隆在《春秋左傳注評測義》中說道：

> 《左傳》爲文章之冠……而說者往往病其誣……然變幻非可理
>
> 推，安知事果盡誣，非沿舊史之失耶？〔註69〕

就已指出《左傳》中所記載的神鬼災異卜筮詳夢之事可能是沿諸舊史，未必爲作者所自創。另一方面，《左傳》作爲一部史書記載下這些內容也正是對當時思想信仰狀況的客觀反映，這也符合史書記載的要求。

的氣候氣象）與君王的「五事」的關聯。君主的行爲合於規範而善，氣候氣象就正常，君主方面的惡行就導致自然界異常現象的出現，這顯然帶有天人感應論的色彩。不過《洪範》的這種思想還只是在一種初級的水平上，遠沒有戰國和秦漢時候那麼紛繁繁複雜，倒是和人類學中所說的原始的交感主義有些近似。《洪範》中的這些思想對後來正史當中的《五行志》、《災異志》產生了很大的影響。

〔註66〕王充《論衡·案書》。

〔註67〕參見范甯《春秋穀梁傳集解序》，胡安國《春秋胡氏傳》，朱軾《左繡序》等。

〔註68〕上古史書中多記神怪卜筮的特點，在《墨子》中所引列國《春秋》以及汲冢書的佚文中都可以看到。參見《墨子·明鬼上》，馬國翰《玉函山房輯佚書》等。

〔註69〕凌稚隆《春秋左傳注評測義》，萬曆十五年（1587）刻本。

　　但是同時我們必須看到，雖然《左傳》帶有濃厚的神道鬼怪氣氛，不過從全書的內容來看，無論文字比例還是重心所在，突出的卻是人的而不是神鬼的內容。相對於書中神鬼的記載，《左傳》更是著力表現了「人事」在社會歷史中的作用。前人對此早有議論，如清代學者姜炳章就曾指出《左傳》關於神鬼的記載：

　　　　其所詳者往往在於君卿大夫言語、動作、威儀之間，及人事之
　　治亂敬怠。〔註70〕

汪中也說過《左傳》言天道、神鬼、災祥、卜筮、夢「皆未嘗廢人事也」〔註71〕。他們都認為《左傳》在記載天道神鬼的同時，也強調了人事的重要。對於他們所說《左傳》的這個特點，還可以再作進一步的分析。

　　上文已經提到，「推天道以明人事」是《左傳》「天道」觀念中的一個重要表現，但對這種依照天象的變化來附會人事的做法，《左傳》作者的態度卻是複雜的：一方面，通過這些預言以及事後的應驗，似乎證明了「天道」的可信；另一方面，卻又記載了當時許多有識之士的言論，來懷疑或否定「天道」的作用。不過，綜合全書的內容來看，在更多的情況下《左傳》還是從「人事」而不是「天道」的因素上來看待這些問題。

　　例如，魯襄公九年（前 564 年）宋國發生火災，時人認為這與「天道」有關，晉悼公就此問於大夫士弱。士弱是熟諳「天道」的人，他向晉悼公講述了歷史上陶唐氏和商人都通過觀測大火星用以紀時，同時也指出商人對於歷史上的禍敗災亂都是始於大火星的變化，所以通過它的運動，就能瞭解「天道」。不過，當晉悼公又問到災禍是否一定都是由「天道」決定而不可避免的時候，士弱卻斷然指出：「在道，國亂無象不可知也」〔註72〕。雖然士弱一方面還在大講「天道」的道理，另一方面卻認為國家的治亂興衰與天象的變化並沒有必然的聯繫，這在一定程度上就淡化了「天道」的作用，而突出了「人事」的因素。

〔註70〕姜炳章《讀左補義‧綱領下》，乾隆三十七年（1772 年）尊行堂刻本。
〔註71〕汪中《述學‧內篇》，卷二，「左氏春秋釋疑」條，問禮堂刻本。
〔註72〕《左傳》襄公九年：「晉侯問於士弱曰：『吾聞之，宋災，於是乎知有天道。何故？』對曰：『古之火正，或食於心，或食於咮，以出內火。是故咮為鶉火，心為大火。陶唐氏之火正閼伯居商丘，祀大火，而火紀時焉。相土因之，故商主大火。商人閱其禍敗之釁，必始於火，是以日知其有天道也。』公曰：『可必乎？』對曰：『在道，國亂無象，不可知也。』」

又如，魯襄公十八年（前 555 年），楚師伐鄭，在判斷楚軍成敗與否的問題上，晉國內部出現了不同的意見。師曠通過歌風，判斷楚軍必無功而返〔註73〕；董叔也說：「天道多在西北，南師不時，必無功」〔註 74〕。大夫叔向卻認為關鍵是「在其君之德」。他沒有正面回答「天道」如何，而是指出成敗與否與君主的行為有關〔註 75〕。

魯昭公二十六年（前 516 年），齊國的上空出現了彗星，齊景公要祝史進行禳祭，以消除災禍，大臣晏子則表示反對。他說：

> 無益也，只取誣焉。天道不諂，不貳其命，若之何禳之？且天之有彗也，以除穢也。君無穢德，又何禳焉？若德之穢，禳之何損？……若德回亂，民將流亡，祝史之為，無能補也。〔註76〕

晏子從邏輯的正反兩面論證了禳祭的無益：既然彗星出現，是「除穢」的象徵，如果君主德行有穢，那麼彗星的出現不是禳祭可以阻止的；如果君主沒有亂德，那又何患於彗星而必須進行禳祭呢？所以晏子主張以修德利民來防禦災害，反對用祭祀來對應星象的變異。像叔向和晏嬰這樣不去說「天道」如何，而是把看問題的著眼點轉向「德行」這樣的「人事」上來，從「人事」本身解釋社會現象，反映出人們歷史認識的提高。《左傳》特別記載下來這些事例，對於他們的觀點也是贊同的。

在《左傳》中更是記載了一些懷疑甚至否定「天道」的言論。例如魯昭公十七年（前 525 年）冬，彗星出現，魯國的申須和鄭國的梓慎都預言次年將有火災，鄭國的裨竈請求子產用玉器進行祭祀祈禳，以防止鄭國的火災，遭到了子產的拒絕。第二年五月，宋、衛、陳、鄭四國果然發生火災，《左傳》繼而寫道：

> 裨竈曰：「不用吾言，鄭又將火。」鄭人請用之，子產不可。子大叔曰：「寶，以保民也。若有火，國幾亡。可以救亡，子何愛焉？」子產曰：「天道遠，人道邇，非所及也，何以知之？竈焉知天道？是

〔註73〕《周禮·春官》有大師「執同律以聽軍聲而詔吉凶」的記載。師曠歌（風），即是一種以樂律卜吉凶的預測。

〔註74〕楊伯峻注：「天道為木星所行之道，此年木星在黃道經過娵訾，於十二支中為亥，故云天道在西北。」氏著《春秋左傳注》，第 1043 頁。

〔註75〕《左傳》襄公十八年：「晉人聞有楚師，師曠曰：『不害。吾驟歌北風，又歌南風。南風不競，多死聲。楚必無功。』董叔曰：『天道多在西北，南師不時，必無功。』叔向曰：『在其君之德也。』」

〔註76〕《左傳》昭公二十六年。

亦多言矣，豈不或信？」遂不與，亦不復火。〔註77〕

對於裨竈要求，子產不但仍不同意，而且他還對子大叔講了一番天道幽遠，人道切近，二者不相關聯，所以不能用「天道」來推知人事的見解。在這裡，子產雖沒有直接否定「天道」的存在，但卻從側面否定了它的作用。最終鄭國並沒有像裨竈預言的那樣發生災害，《左傳》記載下這件事情的結果，充分表達了對子產明智之舉的讚許。

於此相關的另一個問題是《左傳》對於卜筮的記載，通過這些記載不但可以看到當時人們對占筮活動的所持的態度和觀念，同時也反映了《左傳》作者對「神意」和「人事」關係所作的某種思考。

例如，書中記載晉獻公當年要嫁女於秦伯之前筮問吉凶，史蘇筮後說不吉。但獻公沒有聽從占筮的指示，仍然嫁伯姬於秦。後來晉惠公在韓之戰中被秦軍俘虜，因而抱怨其父當初不聽史蘇的筮占，應驗了凶兆。跟隨惠公的晉大夫韓簡卻說：

> 龜，象也；筮，數也。物生而後有象，象而後有滋，滋而後有數。先君之敗德，乃可數乎？史蘇是占，勿從何益？〔註78〕

這就是說，吉與凶的造成，都與人的「德」有關，而「德」的敗壞不是筮之「數」所能預測或把握的。如果敗德不修，即使按照筮占的指示去做，也不會有益處。這裡的「德」不是僅指人的道德之意，而是可以理解為廣義上的「人事」行為。

相似的例子還有穆姜所作的占筮。穆姜是魯宣公夫人，因欲廢成公而立其姦夫叔孫僑如為國君，在事敗後被遷於東宮。在入遷前，她作了一次占筮，得到了《艮》之《隨》的結果。負責占筮的史官認為《隨》是出走的意思，所以勸穆姜趕緊出逃。對此，穆姜卻並不相信：

〔註77〕 《左傳》昭公十八年。

〔註78〕 《左傳》僖公十五年：「初，晉獻公筮嫁伯姬於秦，遇《歸妹》☲☳之《睽》☲☱。史蘇占之曰：『不吉。其繇曰：士刲羊，亦無亡也。女承筐，亦無貺也。西鄰責言，不可償也。《歸妹》之《睽》，猶無相也。《震》之《離》，亦《離》之《震》，為雷為火。為嬴敗姬，車說問其輹，火焚其旗，不利行師，敗於宗丘。《歸妹》《睽》孤，寇張之弧，姪其從姑，六年其逋，逃歸其國，而棄其家，明年其死於高梁之虛。』及惠公在秦，曰：『先君若從史蘇之占，吾不及此夫。』韓簡侍，曰：『龜，象也；筮，數也。物生而後有象，象而後有滋，滋而後有數。先君之敗德，乃可數乎？史蘇是占，勿從何益？《詩》曰：下民之孽，匪降自天，僔沓背憎，職競由人。』』」

姜曰：「亡。是於《周易》曰：『《隨》，元亨利貞，無咎。』元，體之長也；亨，嘉之會也；利，義之和也；貞，事之幹也。體仁足以長人，嘉德足以合禮，利物足以和義，貞固足以幹事，然，故不可誣也，是以雖《隨》無咎。今我婦人而與於亂。固在下位而有不仁，不可謂元。不靖國家，不可謂亨。作而害身，不可謂利。棄位而姣，不可謂貞。有四德者，《隨》而無咎。我皆無之，豈《隨》也哉？我則取惡，能無咎乎？必死於此，弗得出矣。」〔註79〕

在穆姜看來，雖然《隨卦》中所說的「元亨利貞」是吉而無咎的意思，但她認為只有具備仁、禮、義、貞「四德」的人，得到《隨卦》才能吉而不凶，她因自己的行為造成了國家的動亂，缺乏「四德」，所以必然不能無咎。顯然，穆姜將「德」與「福」當作了一種因果的關係來看待，無德者不能得福，也就是說福禍不決定於卜筮，而依賴於人的行為了。

再如，昭公六年（前 536 年）楚國伐吳，吳王派其弟蹶由來犒勞楚師，楚人將其抓住準備釁鼓，並詢問蹶由來之前的占卜是否吉利，蹶由不但回答說吉利，而且還向楚王講了一番關於卜筮的道理：

寡君聞君將治兵於敝邑，卜之以守龜，曰：『余亟使人犒師，請行以觀王怒之疾徐，而為之備，尚克知之。』龜兆告吉，曰：『克可知也。』君若歡焉，好逆使臣，滋邑休殆，而忘其死，亡無日矣。今君奮焉，震電馮怒，虐執使臣，將以釁鼓，則吳知所備矣。敝邑雖羸，若早修完，其可以息師。難易有備，可謂吉矣。且吳社稷是卜，豈為一人？使臣獲釁軍鼓，而敝邑知備，以禦不虞，其為吉孰大焉？國之守龜，其何事不卜？一臧一否，其誰能常之？城濮之兆，其報在邲。今此行也，其庸有報志？〔註80〕

這番話講的十分機智，也十分大膽。蹶由首先闡述了「社稷是卜，豈為一人」這樣一個觀點，就是說對卜問所顯示一時一事的吉凶順逆並不重要，重要的是個人對國家社稷所負擔的責任。其次，他又指出占卜的結果不一定就會應驗在固定的一件事情上，所謂「一臧一否，其誰能常之」，沒有人能夠保證永遠得吉，這就近乎取消了卜筮的實際預測意義。

通過以上三個例子的分析，不難總結出《左傳》對於卜筮所持有的態度：

〔註79〕《左傳》襄公九年。
〔註80〕《左傳》昭公六年。

首先，對於卜筮，《左傳》不是完全予以反對，而是在許多場合下宣傳它的可信。其次，對於卜筮預測及其所帶來的結果，《左傳》卻往往是從「德」，也就是「人事」的角度來加以說明。這裡具有決定意義的已經不在是某種外在的，具有主宰力的神意，而是要靠人的具體行為來決定了。第三，由於對禍福與「德」在因果關係上的強調以及對禍福作了一種無常的解釋，在一些情況下，就連卜筮所應該具有的實際預測意義也被取消了。

在對待「神意」、「災異」與「人事」之間關係的問題上，《左傳》中更是出現了「凶吉由人」的說法。僖公十六年載：

> 隕石於宋五，隕星也。六鷁退飛過宋都，風也。周內史叔興聘
> 於宋，宋襄公問焉，曰：「是何祥也？吉凶焉在？」對曰：「今茲魯
> 多大喪，明年齊有亂，君將得諸侯而不終。」退而告人曰：「君失問。
> 是陰陽之事，非吉凶所生也。吉凶由人，吾不敢逆君故也。」

天上落下隕石，風把鳥吹得退飛，這些是自然界出現的一些異常現象，宋襄公懷疑這些自然變化預示著人事的吉凶。而周內史叔興所說的陰陽之事「非吉凶所生」，完全是以一種自然主義的態度來解釋這些異常現象。對於人事的吉凶，他也認為與神鬼或天象無關，只與人自身有關。這種「吉凶由人」的看法，已經是以「人」的因素來看待社會和歷史發展了。

正是在這種氣氛下，「人」的地位也漸漸提升起來：

> 季氏以公鉏為馬正，慍而不出。閔子馬見之，曰：「子無然！禍
> 福無門，唯人所召。為人子者，患不孝，不患無所。敬共父命，何
> 常之有？若能孝敬，富倍季氏可也。奸回不軌，禍倍下民可也。」

〔註81〕

「禍福無門，唯人所召」，這樣的觀念已經突破了神靈賜福降禍的認識，而把人的一切福禍歸因於人自己的行為。這就使得人們對人生、社會、歷史等諸多問題進行思考的時候，將眼光更多轉向人事。「凶吉由人」、「禍福無門，唯人所召」這些觀念從一個側面也表達出《左傳》歷史觀點當中的一個寶貴認識。

以上我們分別從天道、卜筮以及自然異常三個方面，對《左傳》言天道神鬼未嘗廢人事的思想特點作了說明。可以說，限於時代的條件和認識上的局限，《左傳》在對待神鬼、占卜以及自然災異的問題上，不能也不可能採取

〔註81〕《左傳》僖公二十三年。

完全否定的態度。但可貴的是，它在好言神怪的同時，更加強調的是「人事」的因素，特別突出了「人」在社會中的作用。這種看似有點矛盾的態度，正說明《左傳》作者在對「天人關係」這一問題所作的歷史思考上，存在著一個不斷認識的複雜過程，而這種矛盾恰也反映出先秦時期人們對歷史動因的思考由重視「天命」和「神意」轉而向重視「人事」邁進的一種曲折的過程。

三、重賢才與譏世卿

　　從先秦時期歷史觀念的發展來看，人們對於社會歷史動因的認識除了從「天人關係」的角度作了比較深入的探討外，也專門就「人事」的方面思考了人在社會政治中的具體作用，其中突出的一點就對賢才的認識與重視。孔子、墨子、孟子、荀子等思想家都曾提出過「選賢與能」的主張，而先秦史家在對待這個問題上也有自己獨到的看法，這在《春秋》三傳當中有著不同的表述。

　　對於賢才的重視是《左傳》注重「人事」思想一個具體表現，作者是站在「國之急」的高度上來看待這個問題的。例如《左傳》襄公十五年記載楚康王在即位後第二年重新任命楚國的官吏，以此安定國人。對此，作者不但稱讚「楚於是乎能官人」，更就此發表了一番評論：

> 官人，國之急也。能官人，則民無覦心。《詩》云：「嗟我懷人，置彼周行。」能官人也。王及公、侯、伯、子、男，甸、采、衛、大夫，各居其列，所謂周行也。

「能官人」，就是能夠恰當地任用人才。在作者看來，選擇和任用賢能是安邦治國的要務。要做到任賢使能，就要善於選賢。對這個問題，《左傳》作者也通過具體的史事表達了自己的見解。魯哀公十八年，楚國反擊巴人的進攻，按照當時的慣例，要占卜統帥的人選，但楚惠王認為沒有必要占卜，毅然任命子國為統帥，吳由于、蔿固為副帥，最終打敗了巴師。對此，「君子曰」稱讚道：

> 惠王知志。《夏書》曰「官占，唯能蔽志，昆命於元龜。」其是之謂乎！《志》曰：「聖人不煩卜筮。」惠王其有焉！

這就是說聖人由於對人有充分瞭解，所以不必再繁瑣地進行占卜儀式。在《左傳》作者看來，楚惠王的做法同「不煩占卜」的聖人是一樣的。如此高的讚譽在《左傳》史論當中實不多見。

　　在任用人才方面，《左傳》作者還認為選賢要秉公而不以私情。對於晉國的祁奚薦賢不避親仇的公正態度，他給予了很高的評價：

> 祁奚於是能舉善矣。稱其仇，不為諂。立其子，不為比。舉其偏，不為黨。《商書》曰：「無偏無黨，王道蕩蕩。」其祁奚之謂矣！解狐得舉，祁午得位，伯華得官，建一官而三物成，能舉善也夫！唯善，故能舉其類。《詩》云：「惟其有之，是以似之。」祁奚有焉〔註82〕。

任賢時要能客觀全面地評價，不能因為一時的失誤或個別的缺點就否定別人，這是重視賢才的又一表現。在秦穆公對待孟明的問題上，《左傳》充分地表達了這樣的觀點。秦國的正卿孟明，殽之戰敗給晉國，被俘後獲釋。有人建議殺了孟明，秦穆公卻自己承擔了戰敗的責任，素服郊迎敗師回來，並說「且吾不以一眚掩大德」，復使孟明「為政」〔註83〕。兩年後，孟明率領軍伐晉，彭衙之戰再次敗北，秦穆公「尤用孟明」。於是「孟明增修國政，重施於民」〔註84〕。一年之後，秦軍再次伐晉，「濟河焚舟」，決死一戰，終於報了兩次敗師之仇，孟明還幫助秦穆公獨霸西戎。《左傳》作者至此稱讚：

> 君子是以知秦穆公之為君也，舉人之周也，與人之壹也；孟明之臣也，其不解也，能懼思也；子桑之忠也，其知人也，能舉善也。

並且引用《詩經》中：「于以采蘩，于沼于沚，于以用之，公侯之事」〔註85〕以喻秦穆公善於選拔和使用人才。

　　與秦穆公做法相反的是鄭國的正卿駟歂。鄧析由於不滿於鄭國舊的刑法，私自創制了符合鄭國情況的新刑罰——竹刑，駟歂殺了鄧析，卻使用了鄧析制定的竹刑。對此《左傳》作者斥責道：

> 子然（駟歂）於是不忠。苟有可以加於國家者，棄其邪可也。《靜女》之三章，取彤管焉。《竿旄》「何以告之」，取其忠也。故用其道，不棄其人。《詩》云：「蔽芾甘棠，勿翦勿伐，召伯所茇。」思其人猶愛其樹，況用其道而不恤其人乎？子然無以勸能矣〔註86〕。

鄧析無疑是一位能人，駟歂卻殺了他，這樣，又怎麼能鼓勵其他的賢能之人為國效力呢！

〔註82〕《左傳》襄公三年。
〔註83〕《左傳》僖公三十三年。
〔註84〕《左傳》文公二年。
〔註85〕《左傳》文公三年。
〔註86〕《左傳》定公九年。

如果說重視人才的思想在《左傳》當中還是根據具體的史事而作出的評價，尚有點就事論事的話，那麼在《公羊傳》中則明確地提出了「譏世卿」的義法：

> 尹氏者何？天子之大夫也。其稱尹氏何？貶。曷爲貶？譏世卿，世卿非禮也。〔註87〕

> 崔氏者何？齊大夫也。其稱崔氏何？貶。曷爲貶？譏世卿，世卿非禮也。〔註88〕

除了以上兩條明確說道「譏世卿」外，這種思想在桓公五年的傳文中也有表達：

> 天王使仍叔之子來聘。仍叔之子者何？天子之大夫也。其稱仍叔之子何？譏。何譏爾？譏父老子代從政也。

「父老子代從政」，也就是所謂的「世卿」，這是一種卿一級的高官由父子世代相襲的制度〔註89〕。對《公羊傳》所說的「譏世卿」，何休在隱公三年《解詁》中加以說明道：

> 禮，公卿大夫、士皆選賢而用之。卿大夫任重職大，不當世，爲其秉政久，恩德廣大。小人居之，必奪君之威權。故尹氏世，立王子朝；齊崔氏世，弒其君光，君子疾其末則正其本。〔註90〕

通過何休所作的解釋，可以看到《公羊傳》之所以要「譏世卿」除了這些擁有世襲特權的卿大夫會對君權構成威脅外，最主要的原因就是這種世卿世祿制度嚴重地阻礙了賢路。

這種「尚賢」的思想在後來的公羊學家那裡更是得到了充分的發揮，比如董仲舒在《天人三策》中就指出：

〔註87〕《公羊傳》隱公三年。案，此處之「尹氏」，《左傳》作「君氏」，《穀梁傳》作「尹氏」。

〔註88〕《公羊傳》宣公十年。

〔註89〕對於這種制度始於何時，學術界歷來有很多的爭論。如王國維認爲西周的制度是天子諸侯世襲，而卿、大夫、士皆不世襲。春秋時期的「世卿」現象，只是「後世之亂制」（王國維《殷周制度論》，見氏著《觀堂集林》第二冊，北京：中華書局，1959年版，第472～473頁）。顧頡剛則認爲「西周以來至於春秋，無疑地是行的世官制度」（顧頡剛《禪讓傳說起源於墨家考》，見呂思勉、童書業編著《古史辨》（七），下，上海：上海古籍出版社，1982年版）。此後學者對此問題雖多有討論，但大體不出王、顧二家之說。

〔註90〕何休《春秋公羊傳解詁》，見《十三經注疏》，第2204頁。

　　夫長吏多出於郎中、中郎，吏二千石子弟選郎吏，又以富訾，
未必賢也。且古所謂功者，以任官稱職爲差，非謂積日累久也。故
小材雖累日，不離於小官；賢材雖未久，不害爲輔佐。是以有司竭
力盡知，務治其業而以赴功。今則不然。累日以取貴，積久以致官，
是以廉恥貿亂，賢不肖渾淆，未得其眞。臣愚以爲使諸列侯、郡守、
二千石各擇其吏民之賢者，歲貢各二人以給宿衛，且以觀大臣之能；
所貢賢者有賞，所貢不肖者有罰。夫如是，諸侯、吏二千石皆盡心
於求賢，天下之士可得而官使也。遍得天下之賢人，則三王之盛易
爲，而堯、舜之名可及也。毋以日月爲功，實試賢能爲上，量材而
授官，錄德而定位，則廉恥殊路，賢不肖異處矣。〔註91〕

這些話竭力反對根據任職時間的長短來確定官位，主張以才德優劣來作爲「授
官定位」的惟一標準。漢武帝時期出現的「出爵不待廉茂，慶賞不須顯功，
是以天下布衣各屬志竭精以赴闕廷自炫鬻者不可勝數」〔註92〕的吏治圖景，
和公羊家提倡的這種尙賢主張不無關係。

　　「譏世卿」的說法，不見於《穀梁傳》文，但在後來的《穀梁》學者看
來，《穀梁傳》中確實也蘊含著「譏世卿」的思想。例如對於上引《春秋》隱
公三年「尹氏卒。」《穀梁傳》說：

　　　　尹氏者何也？天子之大夫也。外大夫不卒，此何以卒之也？於
天子之崩爲魯主，故隱而卒之。

范甯注曰：「不書官名，疑其譏世卿」〔註93〕，便認爲其中包含著「譏世卿」
的義法。而更早的時候，劉向在向漢成帝進諫時就已經指出：

　　　　夫大臣操權柄，持國政，未有不爲害者也。昔晉有六卿，齊有
田、崔，衛有孫、寧，魯有季、孟，常掌國事，世執朝柄。終後田
氏取齊；六卿分晉；崔杼弑其君光；孫林父、甯殖出其君衎，弑其
君剽；季氏八佾舞於庭，三家者以《雍》徹，並專國政，卒逐昭公。
周大夫尹氏筦朝事，濁亂王室，子朝、子猛更立，連年乃定。故經
曰「王室亂」，又曰「君氏殺王子克」，甚之也。〔註94〕

〔註91〕《漢書‧董仲舒傳》。
〔註92〕《漢書‧梅福傳》。
〔註93〕范甯《春秋穀梁傳集解》，見《十三經注疏》，第2368頁。
〔註94〕《漢書‧楚元王傳》。

劉向這番激烈的言辭，是有感與世勢所發。他所抨擊的「操權柄」、「持國政」的權臣正是針對當時把持朝政的王氏一族而言的。劉向是西漢《穀梁》學的代表人物，在諫言中他雖然沒有直接提到《穀梁傳》，但反對世卿世祿制的觀點卻表達的十分清楚。

　　行文至此，還有必要提及漢代今古文經學中圍繞「世卿」的爭辯。東漢的許慎在《五經異義》中曾經提到：

　　　　《公羊》、《穀梁》說，卿大夫世，則權並一姓，妨塞賢路，專
　　　　政犯君，故經譏尹氏、齊崔氏也。《左氏》說，卿大夫皆得世祿，不
　　　　得世位。父為大夫，死，子得食其故採，而有賢才，則復升父故位。
　　　　故《傳》曰：「官有世功，則有官族。」〔註95〕

按照他的敘述，以《公羊傳》、《穀梁傳》為代表的今文經學和以《左傳》為代表的古文經學在「世卿」問題上確實存在著明顯的對立，《公》、《穀》都主張「譏世卿」，而《左氏》之學則對「世卿」制持一種擁護的態度，其依據便來自於《左傳》「諸侯以字為諡，因以為族。官有世功，則有官族」〔註96〕的記載。

　　前文已經指出，對人才的重視是《左傳》注重人事思想的一個重要表現，那麼這種擁護「世卿」制的態度是否和尚賢思想存在著相互矛盾呢？恐怕不能這樣理解。首先應該看到，春秋時期，卿大夫世位在各個諸侯國間是很普遍的現象，所以《左傳》中所說的「官族」只是對當時歷史情況的客觀反映，而所謂的「卿大夫皆世祿」的觀點則是後來《左氏》學者據此所作的演繹。由於西漢的王氏一族正是以「世卿」的地位專擅朝政的，終有了王莽的代漢，而大力提倡《左傳》的劉歆卻是擁護王莽專政的。聯繫西漢後期的政治形勢，《左氏》學者擁護「世卿」制度的真正原因，這大概與此不無干係〔註97〕。其次，就《公羊傳》《穀梁傳》反對「世卿」的態度而言，其時代的印記也非常明顯。清代學者趙翼在論「漢初布衣將相之局」時就已指出：

　　　　蓋秦漢間為天地一大變局。自古皆封建諸侯，各君其國，卿

〔註95〕《詩經・大雅・文王》孔疏引，見《十三經注疏》，第504頁。
〔註96〕《左傳》隱公八年。
〔註97〕王葆玹指出「由於王莽正是以「世卿」的地位專擅朝政的，因而支持王莽改政的早期古文經學家不得不對「世卿」持肯定的態度。」見氏著《今古文經學新論》，北京：中國社會科學出版社，1997年版，第387頁。

大夫亦世其官，成例相沿，視爲固然。其後積弊日甚，暴君荒主，
既虐用其民，無有底止。強臣大族又篡弑相仍，禍亂不已。再並
而爲七國，益務戰爭，肝腦塗地，其勢不得不變。而數千年世侯
世卿之局，一時亦難遽變，於是先從在下者起，游說則范睢、蔡
澤、蘇秦、張儀等，徒步而爲相；征戰則孫臏、白起、樂毅、廉
頗、王翦等，白身而爲將，此已開後世布衣將相之例。而兼併之
力，尚在有國者。天方藉其力以成混一，固不能一旦而掃除之，
使匹夫而有天下也，於是縱秦皇盡滅六國，以開一統之局。使秦
皇當日發政施仁，與民休息，則禍亂不興。下雖無世祿之臣。而
上猶是繼體之主也。惟其威虐毒痛，人人思亂，四海鼎沸。草澤
競奮，於是漢祖以匹夫起事，角群雄而定一尊。其君既起自布衣，
其臣亦自多亡命、無賴之徒，立功以取將相，此氣運爲之也，天
之變局，至是始定。然楚漢之際，六國各立後，尚有楚懷王心，
趙王歇，魏王咎，魏王豹，韓王成，韓王信，齊王田儋、田榮、
田廣、田安、田市等。即漢所封功臣，亦先裂地以王彭、韓等，
繼分國以侯絳、灌等。蓋人情習見前世封建故事，不得而遽爲之
也。乃不數年而六國諸王皆滅，漢所封異姓王八人，其七人皆敗
滅，則知人情猶狃於故見，而天意已另換新局，故除之易易耳。
而是時尚有分封子弟諸國，迨及七國反後，又嚴諸侯王禁制，除
吏皆自天朝，諸侯王惟得食租衣稅，又多以事失侯，於是三代世
侯世卿之遺法，始蕩然淨盡，而成後世徵辟、選舉、科目、雜流
之天下矣。〔註98〕

所謂的「世侯世卿之遺法」，雖然未必像趙翼所說的那樣在西漢之後就蕩然淨
盡了，但他所揭示的秦漢之際的這一變局卻無疑是非常正確的。《公羊傳》和
《穀梁傳》都口說流傳於戰國秦漢之際，在西漢先後著於竹帛，它們經歷的
正是趙翼所描述的那樣一個充滿著激蕩與變化的時代。傳統的貴族政治日趨
瓦解，任賢使能漸成潮流，大批出身於社會底層的布衣卿相們取代了原來的
血緣貴族而成爲歷史舞臺上的主角。《公羊傳》、《穀梁傳》適時地提出的「譏
世卿」的口號，正是這種時代精神和歷史潮流的一種深刻反映。

〔註98〕趙翼《廿二史劄記》卷2「漢初布衣將相之局」條，王樹民校證本，北京，中
　　　華書局，1984年版，36～37頁。

第三節　作爲社會主體的「民」

一、「民」與「民本」

　　民本思想作爲中國傳統文化當中源遠流長的一份歷史遺產，在中國古代社會意識形態中佔有長期而重要的地位。它不單是中國古代社會政治理論中的重要思想，而且也是一種爲考察民與國家治亂興衰的關係，分析民的社會地位和歷史作用而作的歷史思考。從中國古代史學發展的漫長過程來看，歷代史家和思想家們都通過歷史反思和現實思考探討了民與治理國家、鞏固統治之間的關係，從而不斷深化著對民的主體作用的認識。從這種意義上說，民本思想不僅是作爲一種政治理論而存在，同時作爲治國之道的歷史總結，也是一種重要的歷史觀點。我們在對《春秋》經傳歷史觀進行考察的時候，也不該忽視它的存在與價值。

　　在正式展開討論之前，有必要先對「民本」和「民」這兩個概念作一翻解釋和說明。

　　關於「民本」，先秦文獻當中不乏敘述〔註99〕。它的涵義，拿《尚書·五子之歌》中的話說，就是「民爲邦本，本固邦寧」。雖然在時代與眞僞上，這篇文獻還存在著許多疑問，但它對「民本」所作的闡釋卻十分恰當。「本」即根本、基礎之意，故「民爲邦本，本固邦寧」就是說只有民才是國家（邦）的根本和基礎，只有這個根本和基礎穩固，國家（邦）才能夠安寧。這其中不僅包含有事實上的判斷，而且也是一個價值判斷，即民是國家和社會的價值主體。

　　當然對於「民本」的理解，關鍵還在於對「民」字當作何種解釋。「民」字在先秦文獻中多見，甲骨、金文中亦多見，可見先民對其認識由來已久。但在有關「民」字的闡解上，歷來眾說紛紜，莫衷一是。特別是近代以來，因爲牽涉到社會史研究當中對其社會身份等級的確定問題，因此也就導致了人們對「民」字定義、定性的廣泛討論。

〔註99〕如《管子·霸言》記載：「夫霸王之所始也，以人（民）爲本；本理（治）則國固，本亂則國危。」戴望曰：「《御覽·治道部》引，人作民，理作治，是也，今本係唐人避諱所改。」（見《管子校證》，《諸子集成》第5冊，北京：中華書局，1954年版，第151頁）。又如《晏子春秋·內篇問下》載晏子謂叔向曰：「卑而不失尊，曲而不失正者，以民爲本也。」

　　東漢的許慎曾對「民」作過專門的解釋，《說文》曰：

　　　　民，眾氓也，從古文之象，凡民之屬皆從民。

《廣雅・釋言》也說：

　　　　夫民之爲言，萌也，萌之爲言，盲也。

早於此的西漢學者對「民」也有「冥也」〔註100〕，「號取之瞑也」，「泯無所知者」〔註101〕等解說。所謂的「盲」、「瞑」、「冥」，大約都是說「民」昏暗無知，「可使由之，不可使知之」〔註102〕的意思。這些訓釋，雖不乏鄙視的含義，卻還都沒有眞正接觸到「民」的身份屬性。直到近代，梁啓超在《太古及三代載記・附三苗九黎蚩尤考》中於「因基冥昧，亦謂之民」句下自注曰：

　　　　民之本義爲奴虜。〔註103〕

這可以說是較早對「民」身份所作論述，但梁氏卻也並未向他說的那樣對此再作進一步的考證。應該說，對於這個問題作深入而系統研究的當始自郭沫若。在上世紀20年代，郭氏在其甲金文字研究中，即依象形釐定「民」字「均作一左目形而有刃物以刺之」，復據「民」、「盲」通訓，疑「周人初以敵囚爲民時，乃盲其左目以爲奴徵」〔註104〕。後來他又進一步闡明：「奴、婢、隸、僕、童、妾，這些固然是奴隸；而臣、民、氓、宰，也同樣是奴隸。前者固然是從事家內的賤役，而後者則多從事以生產。後者的數目比前者要占絕對的多數，而且在社會上的地位比前者更爲低賤」〔註105〕。由於在文字學和古史研究中所具有的權威性，郭沫若的見解無疑具備導向性的作用，在此後大陸學界展開的社會分期大研討中，各家立說也繞不開這個關鍵問題。

　　應當說，這種從字形上對「民」字的闡釋是很有啓發性的，較之傳統的訓詁，無疑是一個巨大的超越。但這種解釋，卻很難和《詩》、《書》中所言的「盤庚遷於殷，民不適有居」〔註106〕，「宜民宜人，受祿於天」〔註107〕之類的話相符合。人們很難相信對於遷都或保有天命這樣的大事，卻要得到這

〔註100〕賈誼《新書・大政下》。
〔註101〕董仲舒《春秋繁露・深察名號》。
〔註102〕《論語・泰伯》。
〔註103〕梁啓超《飲冰室合集・專集四三》，北京：中華書局，1989年版，第17頁。
〔註104〕郭沫若《釋臣妾》，見氏著《甲骨文字研究》，北京：科學出版社，1962年版。
〔註105〕郭沫若《駁實字庵字説》，見氏著《奴隸制時代》，北京：人民出版社，1973年版，第273頁。
〔註106〕《尚書・盤庚上》。
〔註107〕《詩經・大雅・假樂》。

些被挖去了一隻眼的奴隸們的支持。正因爲如此，此後各家對「民」的討論，也依各自的見識作出認識判斷，諸如平民說、村社成員說、自由小農說等等。雖然就當前的學術走向而言，關於先秦社會性質問題的討論早已逐漸淡出，學界把更多的精力投入到量的分析中去，關於民本的話題也更爲寬泛，但對「民本」的討論，似乎怎麼也不應該繞開對於「民」字的訓釋。本書也想就這個問題，提一點尚不成熟的意見。

我們認爲，對「民」字的闡述，無論是從字形上，還是從其所代表的思想觀念來看，都脫離不了與「德」字的聯繫。

「德」字的本字寫作「悳」。在金文中，「悳」字有大量的出現，雖然它們在具體書寫上存在著許多差異，但作爲構成字符主幹的「直」和「心」卻是其共同的特點。「悳」這個字，其古老的形式在字形上和字音上也都和「直」相近，一個「目」（眼睛）和「直線」（或十字一類的符號）是其書寫的基本構成。對比起甲金文中的「民」字，二者除了對「目」都作了誇張的表現外，更爲接近的是，它們又都有一條直線以與「目」相連接。對於「悳」字「目」上的這直線，確實很難認爲它是對刺瞎人眼所作的描繪，更大的可能則是一種具有指示作用的筆畫，其意義很可能就與目不轉睛地盯著看一類的行爲有關。對於甲金文中「民」字所突出的「目」和目下的豎線，也應該作這樣的理解。至於說這個「目」所看的對象，很可能與先民們的原始宗教信仰有直接的聯繫。

這還是要從「德」所代表的觀念談起。《說文》日：

悳，外得於人，内得於己也。從直，從心。

《廣韻·德韻》：

德，德行……悳，古文。

從這些訓釋來看，「德」含義與行爲有關，同時也同人的意識、動機、心意有關，由此也衍生出道德行爲或道德品格的意義。這些解釋無疑是正確的，但其中儒家心性道德觀念的印迹也非常明顯，尚不能作爲「德」的原始意義來看待。

現當代的哲學史、思想史研究中也不乏對「德」的論述。其中，李澤厚對「德」的解釋較爲獨到。他說：

它（德）大概最先與獻身犧牲以祭祖先的巫術有關，是巫師所具有的神奇品質，繼而轉化爲「各氏族的習慣法規」。所謂「習慣法規」，也就是由來久遠的原始巫術禮義的系統規範。「德」是由巫的

神奇魔力和循行「巫術禮儀」規範等含義，逐漸轉化成君王行爲、

品格的含義，最終才變爲個體心性道德的含義。〔註108〕

李先生描述的這個發展過程，在某些細節方面或可有商榷的餘地，但他將「德」的觀念的起源追述到祭祀祖先的原始巫術禮義當中，卻無疑是極具啓發性的。中國古代文化的起源與巫史傳統密切相關，對此學術界早已有共識，關於「德」字的本義討論自也不能脫離這個傳統〔註109〕。

正是從「德」的這種原始意義上，我們才可以聯繫對「民」的理解。從《尚書·周書》中可以看到，在周人的政治觀念當中，最爲突出的就是「敬德」和「保民」的思想，可以說「德」與「民」有著最爲密切的相互關係。聯繫周初神的世界同祖的世界逐漸分立，而「德」這一觀念作爲這兩個不同世界的橋梁這一點，作爲統治者的「德」來說，最爲重要的就是要在「民」的方面予以實現。《國語》裏所說的「同性則同德」〔註110〕，可能更多反映了「德」的原始意義。「同姓」即同族同祖，也就是在祭祀上擁有同一個祖先，因此也就能夠「同德」。而這種「民」作爲「德」實現的對象或表現，正是指在同一族群血緣關係內部的人的通稱。從「悳」字的構造我們可以看到，它展示的正是面對神靈祭祀時的外在的莊重的目之直視（從直）〔註111〕與內在的心靈虔敬（從心）的統一〔註112〕，而「民」字卻恰是祖先神靈對於這些氏族大眾直視的描繪。所謂「天視自我民視」〔註113〕，這不正是對甲金文中「民」

〔註108〕李澤厚《乙卯五說》，北京：中國電影出版社，1999年版，第52頁。

〔註109〕這在文獻當中也能找到相應的解釋，比如《國語》中所說的「同性則同德」的話。又如《左傳》論及一個已經衰落的氏族其後代卻仍然能夠保持政治上的勢位時，往往也是以追述其祖先之「德」來作爲根據的。在這些場合下「德」顯然是被當成了一種氏族或宗族共同體內部的特殊屬性，從而成爲他們政治和信仰上的依據。再聯繫周初時周人將「德」作爲天命依據的觀點，多少也能夠顯示出「德」帶有某種原始神秘主義的特點。雖然此後人們不斷地對「德」作了人文主義的解釋，從而使其逐漸地喪失了原有的涵義，但從後來老子、莊子的一些話中還能感覺到它最初所具有的那種原始氣息。

〔註110〕《國語·晉語四》。

〔註111〕從相關文獻中我們可以看到在春秋時期祭祀盟誓這一類含有宗教性的活動中，目的得體是非常重要的，如「目以定體」，「目以處義」，而那種「視遠步高」的行爲也會被認爲必受其殃（參見《國語·周語下》）。

〔註112〕聯繫周人所說的「敬德」，「敬」的本義就是在宗教活動中所有的恐懼、崇拜，敬仰等等種種心理感情。

〔註113〕《孟子·萬章上》引《尚書·泰誓》。

字的最好解說嗎！〔註114〕

　　所以說對於「民」的意義，可以追述到階級分化尚未形成的原始氏族社會中去。在這裡，「民」在其階級上的身份性特徵是不明顯的，突出的是在氏族社會中自然的血緣特徵。正如《尚書·皋陶謨》所述：「天聰明，自我民聰明；天明畏，自我民明威。」亦如《泰誓》所謂：「天視自我民視，天聽自我民聽。」儘管從形式上看，這種說法含有較濃厚的原始神秘主義色彩，但把它與人類早期社會中的民主制聯繫起來作統一思考，那又體現出一種歷史的必然：早期社會氏族林立，欲保競爭成功，必須依借共同體內部人眾同心協力的艱苦實踐，人際間的利益平等法則，雖氏族部落酋長首領與早期國家政權下的后、王、天子亦要認真負責地予以對待，即所謂的「敬天保民」。中國傳統文化中的民本思想就發端於此，「民」泛指群眾，有社會性含義，卻並不帶身份性標記；按早期社會組織結構，「民」亦當泛指氏族自身內部人眾〔註115〕。

　　應當指出的是，隨著社會歷史的發展，民的內涵也在不斷地豐富和衍變，即逐漸由其血緣身份向一種地域和政治意義上轉化（即從以族為別向以國為別轉化）。隨著民族的不斷融合和列國間兼併的加劇，至少在戰國時期，民已經是對當時社會上的主要勞動者，甚至包括了作為「勞心者」的「士」的通稱了〔註116〕。孟子曾說「得乎丘民而為天子」〔註117〕，他所講的「民」已經比較接近後來大統一皇朝下「編戶齊民」的意義了。

　　最後需要說明的是，從觀念形態上看，中國古代的民本思想並不能等同於西方文化中的民主思想，雖然二者在思想上有許多相似之處。西方的民主主義產生於古希臘的城邦，「在古希臘實行民主制的城邦，是不允許君主存在

〔註114〕也許有人要問，依據這種訓釋，對漢代以來人們所說的「民」、「盲」通訓的問題又該作如何的理解呢？我們認為，除了從發音上二者接近外，上古氏族部落中從事宗教的人員常由所謂的「矇」、「瞽」之類的盲者充當，這大概也是「民」、「盲」能夠互訓的一個原因。近代以來西方的人類學和宗教學研究也表明，原始人的原始思維與現代人的邏輯思維，其間存在著很大的區別（參見列維·布留爾《原始思維》，弗雷澤《金枝》，呂大吉《宗教學通論新編》等）。所以按照當時的觀念來看，這些盲人有著常人所不及的感知能力，即通神的能力。這種觀念，在以後佛教和一些民間信仰中流傳的所謂「開天眼」、「天眼通」之類的說法裏還能找到一些痕跡。

〔註115〕參見趙緼《略論東周時期的民本與法制思潮》，《管子學刊》，2005 年第 4 期。

〔註116〕參見《國語·齊語》、《管子·小匡》、《穀梁傳》成公元年、《荀子·儒效》。

〔註117〕《孟子·盡心下》。

的。例如雅典的情況就是如此。中國古代的民本思想，卻從來沒有把君主當作一種制度加以排除」〔註118〕。從先秦時期的大量相關記載中可以很清楚地看到，代天臨民而操縱社會管理實際權力的畢竟是君、天子等後來的統治階級，民只是神形式上的受託附者，在施行社會公職及權力上，他們只能對領導者或統治者提供一種需要重視或顧忌多數人利益、意願的借鑒參考，而無任何實質性決策權。這可以說是中國古代民本思想與西方民主主義在本質上的差異。

二、民爲神之主

從以上的論述可知，民本思想萌發於原始氏族社會中的民主遺存，但它作爲一種政治思想和歷史觀點的確立，卻是在殷周之際。周人從周興殷亡的歷史經驗教訓中感到天命靡常，並進而認識到只有敬德、保民，才能永享天命。以德配天而敬天保民的意識，標誌著民本思想的初步形成。這種思想在春秋時期的政治家和思想家那裡得到了進一步的發展，在此後戰國諸子的爭鳴與論戰中，民眾在社會歷史中的作用更是爲各家各派所重視，從而成爲他們政治思想中的一個共同的話題。可以說，正是到了戰國時期，民本思想得以正式形成並最終確立下來〔註119〕。

《春秋》三傳對民在社會歷史中的作用有非常深入的認識。民本思想不但在「三傳」的思想體系中佔有非常重要的位置，而且它們在先秦儒家學派的理論當中也有獨到之處。對比起孔子、孟子和荀子的觀點，《春秋》三傳的民本思想與春秋時期的歷史有著緊密的結合，是從二百多年的社會發展中總結出來的政治智慧和歷史經驗，因而更具有一種歷史的厚重。

民本思想在「三傳」當中表現形式不一，側重點也各有不同。總的來說，《公羊傳》和《穀梁傳》重在從發揮經義的角度來談民的作用，而《左傳》的民本思想主要是通過春秋時期政治家、思想家相關言行的記載和評論得以表達。

〔註118〕 劉家和《〈左傳〉中的人本思想與民本思想》，見氏著《史學經學與思想》，北京，北京師範大學出版社，2005 年版，第 358 頁。

〔註119〕 關於民本思想在先秦時期的形成與發展，可參看金耀基《中國民本思想史》（臺北：臺灣商務印書館，1993 年版），遊煥民《先秦民本思想》（長沙：湖南師範大學出版社，1991 年版），王保國《兩周民本思想研究》（北京：學苑出版社，2004 年版）等專著。

在《左傳》關於春秋歷史的記述中，民本思想貫串始終，構成了全書的一條重要思想線索。這首先表現在對神與民關係所作的探討上。魯桓公六年（前 706 年），楚國伐隨，設計以誘隨來戰，隨國大夫季梁勸阻隨君進攻楚軍。他指出隨小楚大，小國能與大國抗衡，最重要的是在如何處理民與神的問題。《左傳》特別記載了他的這段精彩議論：

　　臣聞小之能敵大也，小道大淫。所謂道，忠於民而信於神也。上思利民，忠也；祝史正辭，信也。今民餒而君逞欲，祝史矯舉以祭，臣不知其可也。」公曰：「吾牲牷肥腯，粢盛豐備，何則不信？」對曰：「夫民，神之主也。是以聖王先成民而後致力於神。故奉牲以告曰：『博碩肥腯』，謂民力之普存也，謂其畜之碩大蕃滋也，謂其不疾瘯蠡也，謂其備腯咸有也。奉盛以告曰『潔粢豐盛』，謂其三時不害而民和年豐也。奉酒醴以告曰：『嘉栗旨酒』，謂其上下皆有嘉德而無違心也。所謂馨香，無讒慝也。故務其三時，修其五教，親其九族，以致其禋祀。於是乎民和而神降之福，故動則有成。今民各有心，而鬼神乏主，君雖獨豐，其何福之有！君姑修政而親兄弟之國，庶免於難〔註120〕。

這段話之所以重要，是在於它從「道」的角度，比較深入地探討了神與民之間的關係。這裡所說的「道」，主要是就治國之道而言的，季梁認為民和神是君主為政的兩項最重要的內容。「忠於民」，就是君主要始終想著如何對民眾有利；「信於神」，就是祝史要如實地向神彙報情況，所以並不是憑藉祭祀奉獻豐厚就能取信於神、得到神的福祐。對於神與民的之間的關係，季梁更是提出「民為神主」的看法，認為只有民眾才是神所最關切的事。他舉「聖王先成民而後致力於神」的事例向隨侯說明，在民事與神事兩者之間，民事更為重要而基本。一個好的君主，必須先把民事處理妥當，然後奉事明神。這種認識顯然是將「民」擺在「神」的位置之上了。

這種觀念在《左傳》當中不止一次地出現過，可見作者對其的重視。如魯僖公十九年（前 641 年），宋襄公在祭祀中使用了活人作為祭獻以恐嚇東夷諸國。對此宋國的司馬子魚卻說：

　　祭祀以為人也，民，神之主也，用人，其誰饗之？〔註121〕

〔註120〕《左傳》桓公六年。
〔註121〕《左傳》襄公十五年。

公開抨擊了這種以人爲祭祀的行爲，其所依據的也正是「民爲神主」的觀點。

值得注意的是，《左傳》中除了提出這種民神共重的觀點外，更強調了在神與民之間，民是起決定性因素的，而神卻往往被擺在一旁了。例如書中記載長勺之戰，曹劌問戰於魯莊公，莊公回答道：「衣食所安，弗敢專也，必以分人」，「犧牲玉帛，弗敢加也，必以信。」曹劌卻指出：「小惠未遍，民弗從也」，「小信未孚，神弗福也。」莊公又說：「小大之獄，雖不能察，必以情。」曹劌答道：「忠之屬也，可以一戰，戰則請從」〔註122〕。曹劌認爲以衣食分人和犧牲祭祀的豐厚都只是「小惠」和「小信」，惟有以忠待民，以情治獄得到民心，這才是取得戰爭勝利的根本保證，這就基本上忽略了所謂神的作用。

這種觀念在《左傳》記載的內史過和周惠王的對話中更得到了集中的反映。周惠王十五年（前 662 年），傳言有神降於莘地，惠王問內史過是什麼緣故，史過回答說：

> 國之將興，明神降之，監其德也；將亡，神又降之，觀其惡也。
>
> 故有得神以興，亦有以亡，虞、夏、商、周皆有之。

這就是說，神的降臨可以是興國的之兆，也可能是亡國之兆，而決定興亡則在於政治的清明或敗亂。後來，虢公祭祀神明以求賜田土，史過又評論道：

> 虢其亡乎！吾聞之：國將興，聽於民；將亡，聽於神。神，聰
>
> 明正直而一者也，依人而行。虢多涼德，其何土之能得！〔註123〕

進一步指出國家興亡這樣的大事，是取決於民而不取決於神的意志的，神只能「依人而行」。這樣神意已經失去了自己獨立的作用，一切都依照民的意願爲轉移了。

從以上所列諸例中不難看出，《左傳》具有很明顯的重民輕神的意識，這既反映了當時的政治家、思想家對神與民關係所作的理性思考，同時也代表了《左傳》自身的觀點，這種認識是同其注重人事的歷史觀點相一致的。

三、民爲君之本

針對《春秋》三傳中的民本思想，晚清學者江愼中曾經指出：

> 貴民重眾，爲《春秋》最大之義，而《左氏》、《公羊》皆無其

〔註122〕《左傳》莊公十年。
〔註123〕《左傳》莊公三十二年。

說，惟《穀梁》有之，此穀梁子之卓出二家而獨有千古者也。〔註124〕
江氏認為《左傳》、《公羊傳》沒有重民之義，顯然與事實不符，但他指出《穀
梁傳》「貴民重眾」卻當為確論。無論從政治思想還是從歷史觀念來看，《穀
梁傳》中最重要的思想內涵之一，就是它的重民意識，這在「三傳」當中十
分突出。

　　首先，《穀梁傳》對「民」概念的界定，就值得關注。如它說：

　　　　古者有四民：有士民、有商民、有農民、有工民。〔註125〕

這裡提到的「民」，在範圍上不但包括了農、工、商，而且作為原來貴族階層
中一員的「士」也被劃入進來，成為了四民之首。這種對民作四分的說法，
在先秦其他文獻中也有記述〔註126〕，可見其說有自。但「士民」這個名詞，
卻是在《穀梁傳》裏才正式出現的新概念。它既反映了春秋中期以來社會的
變動，即士階層的升降，也說明了在人們的觀念中對「民」的認識已經發生
了很大的變化。作為「就閒燕」而言義孝敬悌的士〔註127〕，被列之為民，「使
只能勞力的民的行列中，也有了勞心的成分。民不僅是以其力、其財、其技
來奉其君，而且也以其智事其君。國家不僅在財用上要依靠民，而且在國事
的處理上、國策的制定方面也要依靠民，這就使民更加處於舉足輕重的地位」
〔註128〕。可以說，民的地位在《穀梁傳》裏被大大地突出了。

　　《穀梁傳》民本思想的主要特點，是它側重於從君民關係角度上來探討
民在社會政治中所發揮的具體作用。其中最為重要的是提出了「民為君本」
的觀點：

　　　　《春秋》桓公十四年：「宋人以齊人、蔡人、衛人、陳人伐鄭。」
　　　　《穀梁傳》：「以者，不以者也。民者，君之本也。使人以其死，非
　　　　正也。」
　　　　《春秋》僖公二十六年：「公以楚師伐齊，取穀。」《穀梁傳》：
　　　　「以者，不以者也。民者，君之本也。使民以其死，非其正也。

這兩條傳文都是在譴責君主使民以攻伐的事。在《穀梁傳》看來，民眾是君
主得以治理國家的根本，讓民眾參與爭戰是輕民之命以致其死的行為，所以

〔註124〕江慎中《春秋穀梁傳條指》卷下，《國粹學報》，第73期。
〔註125〕《穀梁傳》成公元年。
〔註126〕參見《國語·齊語》、《管子·小匡》、《荀子·儒效》。
〔註127〕《國語·齊語》。
〔註128〕浦衛忠《春秋三傳綜合研究》，臺北，文津出版社，1994年版，第212頁。

要堅決加以反對。從這個認識出發，《穀梁傳》進一步指出，君主要維持好統治秩序，就要重視民眾。作爲一個合格的君主，「愛民」與「教民」是其必盡的責任。如它稱讚齊桓公道：

> 桓會不致，安之也。桓盟不日，信之也。信其信，仁其仁。衣裳之會十有一，未嘗有歃血之盟也，信厚也。兵車之會四，未嘗有大戰也，愛民也。〔註129〕

戰爭是導致民生凋敝，民眾流離失所的重要原因，齊桓公雖四主兵車之會，卻「未嘗有大戰」，避免了民眾的流血死亡，這正是「愛民」的表現。

「教民」也是儒家民本思想的重要內容之一。孔子就主張治理民眾要先富後教：

> 子適衛，冉有僕。子曰：「庶矣哉！」冉有曰：「既庶矣，又何加焉？」曰：「富之。」曰：「既富矣，又何加焉？」曰：「教之。」
> 〔註130〕

對於不教民而戰的做法，他更是視之爲棄民而加以譴責：

> 子曰：「以不教民戰，是謂棄之。」〔註131〕

《穀梁傳》繼承了孔子的這種觀點，又加以發揮。《春秋》僖公二十三年記：「夏，五月庚寅，宋公茲父卒。」《穀梁傳》曰：

> 茲父之不葬，何也？失民也。其失民何也？以其不教民戰，則是棄其師也。爲人君而棄其師，其民孰以爲君哉！

由於此前宋襄公在泓之戰中「不鼓不成列」做法，導致了宋國慘敗，《穀梁傳》根據《春秋》沒有記載宋襄公下葬的事來發揮大義，認爲這是對宋襄公失民的譴責。在它看來，不教民戰，就是棄師，就是失民。《穀梁傳》中「愛民」和「教民」的主張，都是和反對戰爭的觀點緊密結合，這種民本思想的表達，在儒家學派中獨具特色。

《穀梁傳》也運用了很多反面的歷史事例來說明「民爲君本」的觀點。《春秋》僖公十五年記：「晉侯及秦伯，戰於韓，獲晉侯。」對此，《穀梁傳》解釋說：

> 韓之戰，晉侯失民矣，以其民未敗而君獲也。

〔註129〕《穀梁傳》莊公二十七年。
〔註130〕《論語・子路》。
〔註131〕《論語・子路》。

晉國並未戰敗，但其國君卻被秦國俘獲，這正是晉侯喪失民心所造成的。失去了民的支持，君就會陷入失敗的境地，這是《穀梁傳》對歷史的一個總結。又如針對魯國的季氏出其君，《穀梁傳》說「昭公出奔，民如釋重負」〔註132〕。季氏因得民而得政，魯昭公因失民而被逐，對於這個事件《穀梁傳》雖未作直接的評價，但通過民眾對昭公的態度，實際上也表達了對季氏出其君的贊同。這樣的態度，在強調君權至上的《穀梁傳》中是很不尋常的〔註133〕。

不過也要看到，雖然在《穀梁傳》中民的重要性得到了突出的強調，但它所提倡的「民爲君本」的觀點，卻始終是從維護君權的角度出發，重民的目是主要還是爲了尊君。浦衛忠曾分析說：「君居於民之上，君重於民；其次才是民爲君本。君之爲君，以民爲根本；民之爲本，以君爲前提。《穀梁傳》並不是要成爲民的代言人，它只是提醒統治階級『本固才能君安』，它是站在統治者的立場上爲君謀劃良策的，重民最終還是爲了重君」〔註134〕。這樣的分析，揭示了《穀梁傳》「民爲君本」思想的實質。

《左傳》當中雖然沒有出現「民爲君本」之類的話，但對君民關係也有豐富的論述。首先，作者在書中運用大量的事例，具體論證了民心所向在大國爭霸中的重要的作用。如對晉文公的稱霸，作者寫道：

> 晉侯始入而教其民，二年，欲用之。子犯曰：「民未知義，未安其居。」於是乎出定襄王，入務利民，民懷生矣，將用之。子犯曰：「民未知信，未宣其用。」於是乎伐原以示之信。民易資者，不求豐焉，明徵其辭。公曰：「可矣乎？」子犯曰：「民未知禮，未生其共。」於是乎大蒐以示之禮，作執秩以正其官，民聽不惑，而後用之。出穀戍，釋宋圍，一戰而霸，文之教也。〔註135〕

通過記述晉文公爲建立霸業，作了教民、利民等諸項措施，一步步使民知義、知信、知禮而達到可「用」的經過，說明其在城濮之戰中打敗楚國，成爲中原霸主的緣由。此後，晉悼公「復霸」功業的建立，也注意了對「民」的治理。對此，《左傳》的作者又寫道：

> 二月乙酉朔，晉侯悼公即位於朝。始命百官，施捨，己責，逮

〔註132〕《穀梁傳》昭公二十九年。
〔註133〕關於《穀梁傳》君權思想的討論，參見本書第三章第二節。
〔註134〕浦衛忠《春秋三傳綜合研究》，第211頁。
〔註135〕《左傳》僖公二十七年。

鰥寡，振廢滯，匡乏困，救災患，禁淫慝，薄賦斂，宥罪戾，節器
用，時用民，欲無犯時。……凡六官之長，皆民譽也。舉不失職，
官不易方，爵不逾德，師不陵正，旅不偪師，民無謗言，所以復霸
也。〔註136〕

說明正是因爲獲得了民衆的支持，晉悼公終於確立的「復霸」的地位。

　　與此成明顯對比的是，對於那些在爭霸當中失敗的諸侯國君，《左傳》也
從得民與否的角度上予以了分析。如對於吳王夫差，《左傳》借楚國大夫子西
之口說道：

昔闔廬食不二味，居不重席，室不崇壇，器不彤鏤，宮室不觀，
舟車不飾，衣服財用，擇不取費。在國，天有災癘，親巡孤寡，而
共其乏困。在軍，熟食者分，而後敢食。其所嘗者，卒乘與焉。勤
恤其民而與之勞逸，是以民不罷勞，死知不曠。吾先大夫子常易之，
所以敗我也。今聞夫差次有臺榭陂池焉，宿有妃嬙嬪御焉。一日之
行，所欲必成，玩好必從。珍異是聚，觀樂是務，視民如仇，而用
之日新。夫先自敗也已。安能敗我？〔註137〕

闔廬之所以能打敗楚國是因爲「勤恤其民」的結果，而夫差只知濫用民力，「視
民如仇」，終將會導致敗亡的下場。這裡顯然將民心向背當作了霸業成功與否
的關鍵。對於秦穆公，《左傳》更是在記載秦穆公以子車氏之三子殉葬後，寫
了大段評論：

君子曰：秦穆之不爲盟主也，宜哉。死而棄民。先王違世，猶
詒之法，而況奪之善人乎！《詩》曰：「人之云亡，邦國殄瘁。」無
善人之謂。若之何奪之？……今縱無法以遺後嗣，而又收其良以死，
難以在上矣。君子是以知秦之不復東征也。〔註138〕

指出秦穆公「死而棄民」，則「難以在上」，並由此斷定秦以後再也沒有發展。
得民心者稱霸，失民心者失霸，這是《左傳》總結春秋霸業所要告訴人們的
一條重要的歷史教訓。

　　《左傳》對於君民關係的認識，除了從大國爭霸的角度予以說明外，更
是從民心向背與社稷安危、國家興亡的關係上展開了進一步的探討。如書中

〔註136〕《左傳》成公十八年。
〔註137〕《左傳》哀公元年。
〔註138〕《左傳》文公八年。

通過記載沈尹戌說的「民棄其上，不亡何待？」〔註 139〕陳國逢滑說的「國之興也，視民如傷，是其福也；其亡也，以民爲土芥，是其禍也」〔註 140〕之類的論斷，指出能否得到民心與國家興亡有著直接的聯繫。也通過對魯國和齊國公室衰微的具體記載與分析，說明了民心對於鞏固社稷的重要作用〔註 141〕。這種認識更是突出地表現在晉國太師師曠的言論當中。晉悼公跟師曠在論及衛國人驅逐其國君時，認爲「衛人出其君，不亦甚乎？」而師曠卻認爲「或者其君實甚」，指出這是因爲衛國的國君失去民心的結果：

> 良君將賞善而刑淫，養民如子，蓋之如天，容之如地。民奉其君，愛之如父母，仰之如日月，敬之如神明，畏之如雷霆，其可出乎？夫君，神之主而民之望也。若困民之主，匱神乏祀，百姓絕望，社稷無主，將安用之？弗去何爲？天生民而立之君，使司牧之，勿使失性。……天之愛民甚矣。豈其使一人肆於民上，以從其淫，而棄天地之性？必不然矣。〔註 142〕

師曠首先對君主的類型作了兩種截然不同的劃分，即「善而刑淫，養民如子」的良君和「從其淫」的困民之主。由此，他進一步提出了對於困民的君主「弗去何爲」的主張。在他看來，民眾之所以要對君主「愛之」、「敬之」甚至「畏之」的原因，就是君主能夠履行「賞善」和「愛民」的責任；否則，民眾就會起來反抗，就要驅逐君主。「天之愛民甚矣。豈其使一人肆於民上」，所以這種反抗也是合乎天意的。雖然在談到「君」的同時，師曠也講到了「天」和「神」，但落腳點卻始終是在「民」上的，突出的是民意在社稷安危中所起的決定作用。就傳統政治倫理而言，師曠這番話講的非常大膽，可以說是對民本思想的一個重要發展。

　　正是基於對君民關係作了這樣的思考，《左傳》作者在書中反覆陳述了統治者不能過分地壓迫和剝削民眾的主張。如齊景公濫施酷刑，致使「國之諸市，屨賤踴貴，民人痛疾」。晏嬰諷諫以後，景公減輕了刑罰。《左傳》借「君子曰」發論道：「仁人之言，其利博哉。晏子一言而齊侯省刑。《詩》曰：『君子如祉，亂庶遄已。』其是之謂乎！」〔註 143〕對晏嬰的做法大家讚揚。對子

〔註 139〕《左傳》昭公二十三年。
〔註 140〕《左傳》哀公元年。
〔註 141〕參見《左傳》昭公三年、昭公三十二年記載。
〔註 142〕《左傳》襄公十四年。
〔註 143〕《左傳》昭公三年。

產不毀鄉校，給民眾一些言論自由的舉措，他也轉引孔子的評論說：「以是觀之，人謂子產不仁，吾不信也。」〔註144〕給予了特別的推崇。

對比起《穀梁傳》的論述，可以看到對於君民關係的認識，在《左傳》中有偏向於民的傾向。其中的一些觀點，顯然與孟子主張的「民爲貴，社稷次之，君爲輕」〔註145〕的思想較爲接近。

四、恤民、利民與民生

關注民生，提倡富民、利民，也是中國古代民本思想當中的一項重要內容。《春秋》三傳不但對民眾在政治上的地位給予了充分的強調，而且也從經濟利益的角度說明了統治者要對民眾的生產生活予以關注。

在《左傳》中提出了重視「民生」的主張〔註146〕。例如成公十六年，記載楚國大夫申叔時說：

> 民生厚而德正，用利而事節，時順而物成。上下和睦，周旋不逆，求無不具，各知其極。……是以神降之福，時無災害，民生敦龐，和同以聽，莫不盡力以從上命，致死以補其闕。此戰之所由克也。〔註147〕

指出只有民眾豐厚了，國家就能上下和睦，對外戰爭才能取得勝利，這是把民生問題提到了治國中最重要的位置來看待了。再如上文所引《左傳》桓公六年，季梁在勸止隨侯時，不僅指出「民，神之主」，而且主張「上思利民，忠也」。從而把利民當作君主了「忠信」的一個主要方面。

順著這種思路，對於那些知道利民、恤民的君主，《左傳》的作者都給予了高度的評價，如《左傳》文公十三年載：

> 邾文公卜遷於繹。史曰：「利於民而不利於君。」邾子曰：「苟利於民，孤之利也。天生民而樹之君，以利之也。民既利矣，孤必與焉。」左右曰：「命可長也，君何弗爲？」邾子曰：「命在養民。死之短長，時也。民苟利矣，遷也，吉莫如之！」遂遷於繹。

〔註144〕《左傳》襄公三十一年。

〔註145〕《孟子·盡心下》。

〔註146〕鄭君華在分析《左傳》民本思想的基本內容時指出，「《左傳》從經濟上強調要給民一些實際的物質利益，正式提出『民生』的問題。」氏著《論〈左傳〉的民本思想》，見《中國哲學》，第十輯，北京：三聯書店，1983年版。

〔註147〕《左傳》成公十六年。

邾國要把都城遷於繹邑，史官卜筮後說，如果遷到繹對民眾有利，對國君則不利，由此可能會短壽。邾文公卻認爲，民眾的利就是國君的利，國君是上天安排來有利民眾的，國君的責任即在利民，利民即是吉。雖然這裡的「天」有主宰的意義，但在這個講法中，強調的卻是國君是爲了滿足民眾的利益需要而設立的，民眾才是「天」的目的。《左傳》隨後記載道：

> 五月，邾文公卒。君子曰：「知命。」

邾文公在位五十一年，此時已當高齡〔註148〕，因此，他的死很可能只是巧合。但是，邾文公寧可折壽來求取民眾的利益，這種精神被《左傳》作者稱爲「知命」，實爲提倡統治者應以民眾的利益爲上。

《公羊傳》和《穀梁傳》對於民生問題也展開了較爲具體而深入的思考。它們都主張在恤民、利民的問題上，最重要的就是要使民以時，不要過度使用民力。

如《春秋》隱公七年書曰：「夏，城中丘。」《公羊傳》對此發論道：

> 中丘者何？內之邑也。城中丘何以書？以重書也。

對於「重書」的原因，《公羊傳》並沒有交待，何休在《解詁》當中作了進一步的說明：

> 以功重，故書也。當稍稍補完之，至今大崩弛壞敗，然後發眾
> 城之，猥苦百姓，空虛國家，故言城，明其功重，與始作城無異。
> 〔註149〕

這就是說，魯國在夏季修建城邑，不但妨礙了農時，而且工程繁重。《公羊傳》認爲《春秋》之所以要如此鄭重地記載下來這件事，就是爲了對這種濫用民力的行爲表示譴責。

又如，《春秋》文公十六年載：「毀泉臺。」《公羊傳》云：

> 泉臺者何？郎臺也。郎臺則曷爲謂之泉臺？未成爲郎臺，既成
> 爲泉臺。毀泉臺何以書？譏。何譏爾？築之譏，毀之譏。先祖爲之，
> 己毀之，不如勿居而已矣。

這裡的意思表達的很明白，《春秋》之所以要對一建一毀都給予譏諷，正是因爲耗費了民力之故。《春秋》成公十八年書「築鹿囿」。《公羊傳》曰：「何以書？譏。何譏爾？有囿矣，又爲也。」因爲在此之前魯國已經有了其他的園

〔註148〕參見楊伯峻《春秋左傳注》，第 598 頁。
〔註149〕何休《春秋公羊解詁》，見《十三經注疏》，第 2209 頁。

－65－

圍，現在有重新建造，所以也遭到了《公羊傳》的批評。

對於凶年的土工，《公羊傳》更是加以譴責。《春秋》莊公二十八年：「冬，築微。大無麥禾。」《公羊傳》對此發論道：

> 冬既見無麥、禾矣，曷爲先言築微而後言無麥、禾？諱以凶年
> 造邑也。

認爲這是《春秋》對魯國在饑荒之年還修造城邑行爲的隱諱。而在第二年，《春秋》記到：「春，新延廄。」《公羊傳》又指出：「新延廄者何？修舊也。修舊不書，此何以書？譏。何譏爾？凶年不修」〔註150〕。以此來批評魯國在凶年還興土功的行爲。

類似的思想在《穀梁傳》裏更有突出的表現。如針對上面提到的「新延廄」《穀梁傳》說：

> 延廄者，法廄也。其言新，有故也。有故則何爲書也？古之君
> 人者，必時視民之所勤：民勤於力，則功築罕；民勤於財，則貢賦
> 少；民勤於食，則百事廢矣。冬築微，春新延廄，以其用民力爲已
> 悉矣。〔註151〕

因爲去年冬天在微邑築城，今年春天又翻新延廄，民力已經被使用殆盡，所以《穀梁傳》要指責魯莊公濫用民力。對此，它還提出了一個觀點，就是君要因民之所欲而予之，因民之所惡而去之。《穀梁傳》認爲古時候國君使用民力，必定要注意民眾的疾苦，如果民眾爲勞役而困苦，就要減少營造之類的事，如果民眾爲財務而困苦，就減少貢賦，如果民力爲糧食所困苦，就要取消一些事務，這才是國君的使民之道。對比起來，《穀梁傳》對魯國「新延廄」的責備顯然要比《公羊傳》更加嚴厲，在思考上也更爲深入。

使民以時、不違民時也是先秦儒家一貫的觀點，在孔、孟、荀那裡，都有類似的思想表達。他們已經認識到君之用、國之富與使民以時和富民的關係。這種關係到了《穀梁傳》當中，更是被闡發爲與國家、君主的生死危亡密切相關的因素了。《春秋》莊公三十一年記曰：「秋，築臺於秦。」《穀梁傳》云：

> 不正罷民三時，虞山林藪澤之利，且財盡則怨，力盡則懟，君
> 子危之，故謹而志之也。或曰：倚諸桓也。桓外無諸侯之變，內無

〔註150〕《公羊傳》莊公二十九年。
〔註151〕《穀梁傳》莊公二十九年。

國事，越千里之險，北伐山戎，爲燕闢地。魯外無諸侯之變，內無

國事，一年罷民三時，虞山林藪澤之利，惡內也。

魯莊公在三十一年（前 663 年）春築臺於郎；夏築臺於薛；秋又築臺於秦。
一年當中有三季都在築城，而在此之前又在微邑設虞官。《穀梁傳》認爲莊公
的這些作爲是危殆之道：與民爭利，造成民眾財富用盡，就會產生民怨；過
度使用民力，造成民力的用盡，就會產生民懟。民怨且懟，輕者會失去民心，
重者危及國家和君主。這種認識，既是《穀梁傳》對過往歷史的一個總結，
同時也是戰國時期民眾地位、作用日益提高這一社會現實在觀念形態上的具
體反映。

古代中國是一個以農業爲主的社會，自然界的氣象變化直接影響著民的
生計，風調雨順，則民安居樂業；凶年歲荒，則民不免流離失所。對於民眾
的疾苦《穀梁傳》也給予了很大的關注，認爲國君治理國家要減輕賦稅，儲
存糧食，以備荒年：

國無三年之畜，曰國非其國也。……古者稅什一，豐年補敗，

不外求而上下皆足也。雖累凶年，民弗病也。一年不艾而百姓饑，

君子非之。〔註152〕

如果遇到大的饑荒，君主更是要減損禮儀，與民共渡難關：

五穀不升謂之大侵。大侵之禮，君不兼味，臺榭不塗，弛侯，

廷道不除，百官布而不制，鬼神禱而不祀。〔註153〕

對於《春秋》中關於旱澇雲雨的記錄，《穀梁傳》也給予的特別的關注和闡發。
不但認爲對於能夠通神求雨的「應上公」，君主要「親帥諸大夫道之而以請焉」
〔註154〕，以表示重視。而且將國君的憂雨、閔雨、喜雨，也當作其是否能夠
憂民、志民的表現。如它說所「喜雨者，有志乎民者也」，「閔雨著，有志乎
民也。」〔註155〕「不憂雨者，無志乎民也。」〔註156〕等等。顯然《穀梁傳》
把關注民生問題與否作爲評判君主的一個重要標準來看待了。

以上我們分別就《春秋》三傳當中的民本思想作了三個方面的論述。可
以說，「三傳」對於民本思想的論述是明確而完整的，無論從深度還是廣度上

〔註152〕《穀梁傳》莊公二十八年。
〔註153〕《穀梁傳》襄公二十四年。
〔註154〕《穀梁傳》定公元年。
〔註155〕《穀梁傳》僖公三年。
〔註156〕《穀梁傳》文公三年、十年。

來說，都非常突出。它們不但運用大量的歷史事實探討了民與統治穩定的關係，並且通過歷史反思深化了對民的主體作用的認識，強調民眾對於治理國家、鞏固政權的重要性。這些認識在「三傳」歷史觀當中無疑是非常重要的。

第二章　社會歷史變化的觀點

　　同「天人關係」一樣，「古今關係」也是中國古代史學中的一個重要的話題。司馬遷用「究天人之際，通古今之變」〔註1〕來概括其創作《史記》的意旨。「究天人之際」是講天人關係，「通古今之變」是講古今關係，這兩者都是具有整體性、普遍性的關於歷史觀的大問題。如果說，人們對於歷史動因和社會存在形式的討論集中於對天人關係的認識的話；那麼他們對於歷史變化形式及其發展的認識則主要集中於有關古今關係的討論當中，這些認識包括古今是否有聯繫，歷史是進步的、不變的抑或倒退的，歷史發展的方式是循環的還是直線的等等。

第一節　《春秋》與《周易》的通變思想

　　當然「究天人之際，通古今之變」的思想並不是從司馬遷那裡忽然出現的，如果向上追尋，與他老師董仲舒便有某些關聯。董仲舒在與漢武帝的問對中就曾指出：

　　　　臣謹案《春秋》之中，視前世已行之事，以觀天人相與之際，甚可畏也。國家將有失道之敗，而天乃先出災害以譴告之，不知自省，又出怪異以警懼之，尚不知變，而傷敗乃至。以此見天心之仁愛人君而欲止其亂也。

　　　　繇此言之，天人之征，古今之道也。孔子作《春秋》，上揆之天

footnote
―――――――――――――――――――

〔註 1〕《漢書・司馬遷傳》。

> 道，下質諸人情，參之於古，考之於今。故《春秋》之所譏，災害
> 之所加也；《春秋》之所惡，怪異之所施也。〔註2〕

他提出的「參之於古，考之於今」，其中一個重要的方面就是《春秋》中蘊含著的「天人之征，古今之道」。雖然在這裡他只從災異機詳的角度來解釋《春秋》，還不是從歷史發展的角度看待問題，但他提出的「天人」與「古今」這兩大問題卻奠定了此後漢代哲學思想的兩大中心或主題。

漢代的「天人」「古今」之學除了存乎《春秋》之外，也與《周易》密不可分。在漢儒的眼中《周易》與《春秋》之間確乎在著許多關聯。這種聯繫，至少從孔子那裡就已開始〔註3〕。孔子不但修過《春秋》，且諳熟於《易》〔註4〕。按照傳統的說法，《易傳》為孔子所作，這個說法雖未必確鑿，但孔子十分重視《周易》卻可以肯定。《孟子·滕文公》載孔子的話說：

> 知我者，其惟《春秋》乎？罪我者，其惟《春秋》乎？

馬王堆帛書《要》篇也記孔子言道：

> 後世之士疑丘者，或以《易》乎？〔註5〕

從這些記載可以看出，《春秋》和《周易》在孔子心中所佔的分量。司馬遷述其父司馬談的遺願，曾說「正《易傳》，繼《春秋》」〔註6〕。而他自己更是經常把《周易》和《春秋》聯繫起來。如他屢次說：

> 《易》著天地陰陽四時五行，故長於變。……《春秋》辨是非，

〔註2〕 《漢書·董仲舒傳》。

〔註3〕 在此之前，周代的史官不但有秉筆之任，而且也負責占卜吉凶，其中不乏精通《易》者。《左傳》、《國語》等書中對此多有記載，茲不贅述。

〔註4〕 如《論語·述而》記孔子的話說：「加我數年，五十以學《易》，可以無大過矣」。《史記·孔子世家》有：「孔子晚而喜易，序《彖》、《繫》、《象》、《說卦》、《文言》。讀《易》，韋編三絕。曰：『假我數年，若是，我於易則彬彬矣。』」的記載。馬王堆帛書《要》篇也說：「夫子老而好《易》，居則在席，行則在橐。」這些記載都說明孔子當時十分喜好讀《易》。又按，關於上引《論語·述而》一章的文字和讀法也有爭論，即所謂「魯讀」的問題。唐陸德明《經典釋文》卷24《論語音義》云：「學易：如字。《魯》讀『易』為『亦』，今從《古》。」「魯」指《魯論》，「古」指《今論》。如依據《魯論》，「易」當為「亦」字，連下讀作「亦可以無大過矣」，這一章便和《周易》無關了。但對照出土帛書《要》篇的記載，「魯讀」實乃晚起，與作「易」的本子沒有平等的價值。參見李學勤《周易溯源》，成都：巴蜀書社，2006年版，第69～83頁。

〔註5〕 釋文引自鄧球柏《帛書周易校釋》，長沙：湖南人民出版社，2002年版，第573頁。

〔註6〕 《史記·太史公自序》。

故長於治人。……《易》以道化，《春秋》以道義。〔註7〕

又說：

《春秋》推見至隱，《易》本隱以之顯。〔註8〕

後來劉歆則把《周易》和《春秋》更加緊密地結合在一起，將它們看作是敘述「天人之道」的學問。如《漢書・律曆志》引述劉歆的學說道：

《經》元一以統始，《易》太極之首也。春秋二以目歲，《易》兩儀之中也。於春每月書王，《易》三極之統也。於四時雖亡事必書時月，《易》四象之節也。時月以建分、至、啓、閉之分，《易》八卦之位也。象事成敗，《易》吉凶之效也。朝聘會盟，《易》大業之本也。故《易》與《春秋》，天人之道也。

《漢書・五行志》亦引其《洪範五行志》曰：

周道敝，孔子述《春秋》。則《乾》、《坤》之陰陽，效《洪範》之咎徵，天人之道粲然著矣。

楊向奎在談到西漢公羊學派時指出：「劉歆的『天人之學』也是來自經今文學派，並不是來自古文經。公羊學派既然多講『天人之際』，但是他們的『天人之際』的具體內容，過去沒有適當的解釋。其實，他們是以《易》代表天道，以《春秋》專講人事；《易》以道天道天地的變化，《春秋》以辨人事的是非，而人間的是非是與天道變化分不開的，這樣天人相應，也是《易》與《春秋》的結合。這就是他們的『天人之際』也就是『天人之學』」〔註9〕。自漢代以後，歷代學者有意無意間，總喜好將《春秋》與《周易》相提並論，而且相互發明，這與漢儒的影響不無關係〔註10〕。

〔註7〕　《史記・太史公自序》。

〔註8〕　《史記・司馬相如列傳》。《索隱》引虞喜《志林》曰：「《春秋》以人事通天道，是推見至隱也。《易》以天道接人事，索隱以之明顯也。」

〔註9〕　楊向奎《司馬遷的歷史哲學》，見氏著《繹史齋學術文集》，上海：上海人民出版社，1983年版，第126頁。

〔註10〕　張高評據《四庫全書總目・未收書目索引》考察，歷代兼治《春秋》與《易》學者，有孔穎達、方苞、毛奇齡、牛運震、王夫之、王廷相、朱熹、朱睦㮮、吳澄、呂鑠、呂祖謙、李文炤、季本、姜兆錫、郝敬、高攀龍、張爾岐、曹學佺、許伯政、陸奎勳、惠棟、程廷祚、黃正憲、黃道周、黃澤、楊方達、熊過、趙汸、劉紹攽、歐陽修、應撝謙、豐坊、魏樞、魏翁諸家，實際人數當超過於此。見氏著《春秋書法與左傳學史》，第336頁。

又案，在中國歷代解經著作之中，尤以解讀《易》和《春秋》者爲多，以《四庫全書》爲例，其經部所收《春秋》類共計一千五百七十六卷（包括存目），

　　《周易》和《春秋》講「天道」與「人道」，重視「天道」和「人道」的關係，都是力求尋得自然界和人類社會發展的某種法則和規律。因此，它們的思想中也都包含了對於社會歷史變化的深刻思考。按照章學誠「六經皆史」的觀點看，中國古代史學當中的歷史通變思想即發源於《周易》和《春秋》，這我們應當注意的一個問題。

　　《周易》是一部專門講變化的書。所謂「易」有三義，即簡易、變易、和不易〔註11〕，而「變易」之義實為「易」的核心觀念，最合乎「易」的本義。古代的史家也正是這樣看待《周易》的。如司馬談曾說：「《易》以道化，《春秋》以道義。」司馬遷也認為「《易》著作天地陰陽四時五行，故長於變」〔註12〕。說明《易》最重要的思想是「變」。

　　關於變化，《周易‧繫辭上》中有：「生生為之易」之說，指出萬物皆新陳代謝，生生不已，是為易。《繫辭下》也說道：「《易》之為書也不可遠，為道也屢遷，變動不局，周流六虛，上下無常，剛柔相相易，不可為典要，為變所適。」在《易傳》的作者看來，《易》的根本思想就是一個「變」字，講述講萬物皆變的道理。《易傳》當中關於社會歷史的論述，也正體現了種「變」的思想。如《繫辭下》載：

　　　　神農氏沒，黃帝、堯、舜氏作，通其變，使民不倦，神而化之，
　　　使民宜之。《易》窮則變，變則通，通則久。是以「自天祐之，吉無
　　　不利」。黃帝、堯、舜垂衣裳而天下治，蓋取諸《乾》、《坤》。

以上的這段文字，可是說是歷史上對於古今變化思想較早且較全的闡述。不但講到了上古的歷史，同時也道出了歷史上古今變化的法則，即指出事物發展到極至的程度，就要變化，變化才能通達，通達才能繼續進步、保持長久。這裡「變」和「通」是其核心，而「窮」則與「通」相對應，實際上是給社會歷史的變化劃出階段，描繪為發展過程。事物發展到「窮」的地步，勢必

僅次於《易》類收錄的二千三百七十一卷，其他《書》類、《詩》類、《禮》類、《孝經》類、《四書》類、《樂》類、小學類等均遠遠少於《易》與《春秋》類（參見《四庫全書總目提要》所作統計）。其中原因，按照四庫館臣的解釋則是：「惟《易》包眾理，事事可通；《春秋》具列事實，亦人人可解。一知半見，議論易生；著錄之繁，二經為最。」（《四庫全書總目提要》「春秋類」小序）不過從漢儒對待《易》與《春秋》的態度來看，原因怕也並非如此單一。

〔註11〕孔穎達《周易正義》引鄭玄云：「易一名而含三義：簡易一也，變易二也，不易三也。」見阮元校刻《十三經注疏》，第7頁。

〔註12〕《史記‧太史公自序》。

變，變則由「窮」轉爲「通」。「通則久」，但亦非永恒，新的事物又會達到「窮」。就是說，歷史的發展變化表現爲一個個不同卻又相聯繫的過程。這幾點含義，可以說是「通古今之變」思想的淵源之一〔註13〕，對於後來的史學產生了很大的影響。

從另一個方面看，史學對易學所起的作用也不可忽視，歷史中所體現的變化規律恰也爲人們解《易》提供了豐富的思想資源。從史的角度研究《周易》始自宋代，李光的《讀易詳說》、楊萬里的《誠齋易傳》可謂開其端緒〔註14〕。不過以史證易、以史解易早在先秦文獻當中即以有之，最早就反映在《易》學和《春秋》學的關聯上。如《左傳》中不乏以史證易的記載，上世紀七十年代出土的馬王堆漢墓帛書中也有《繆和》一篇，其中不但提到了《春秋》，而且引用了大量春秋時期的歷史來解釋卦爻辭，從中也可以看見戰國時期《春秋》學對易學的影響。

《春秋》本身即是史書，其中更是蘊含歷史變化的思想，只不過其表現形式與《周易》有所不同而已。章學誠就曾指出：「《易》以天道而切人事，《春秋》以人事而協天道」，他更是從「《易》辭通於《春秋》之例」的角度上來看待二者的關係〔註15〕。通過如同《易》的變化一樣，《春秋》之例恰也能表現出一種對於歷史變遷的思考。例如顧棟高雖然認爲「看《春秋》須先破除一例字」，反對從一字上求褒貶，但他也根據《春秋》前後書法的不同，看出了春秋二百四十二年間時勢的變遷：

> 《春秋》只須平平看下去，自如岡巒之起伏。世運十年而一變，或數十年而一變，聖人第因其世變而據實書之。如春秋初年，猶以滅邑爲重，至其後則滅邑不書，而滅國書矣。猶有未賜族之大夫須命於王朝，至其後列國之大夫無不氏與族者矣。春秋中葉，猶書諸國伐我北鄙、南鄙、東鄙，至定、哀則直書伐我，直造國度，而四鄙不足言矣。荊初年猶舉號，繼而稱楚人，繼而稱楚子，最後但書楚之大夫，兼及吳、越，中夏反受其陰庇矣。列國會盟征伐，初皆

〔註13〕瞿林東先生指出：「《易傳》講窮變通究，講變通、通變、變化的思想，十分豐富，對中國古代歷史觀念的發展，產生了深遠而積極的影響。司馬遷提出『通古今之變』作爲歷史撰述的重要宗旨之一，就是對上述歷史觀念的繼承和發展。」氏著《中國簡明史學史》，第248頁。
〔註14〕參見《四庫全書總目》，第8、14頁。
〔註15〕《文史通義‧易教下》。

書君，其卿大夫則稱人，無有以名氏見，至末年而書大夫之名，政
自大夫出，而君位如贅旒矣。通《春秋》之蒐狩皆書公，至定、哀
之蒐狩不書公，君無一民一族，其得失皆與君無預矣。此皆春秋大
變故。〔註16〕

這段話，語意豁然地指出《春秋》乃是紀世變之書，說明其條例隨著時變而
改變的特點。紀世變正是史書撰寫的宗旨，社會發生了巨大變革，史書反映
了這種變革，史書的體例當然也會有所更改。

　　《春秋》所表現出的這種歷史變易思想，更是反映在其後的「三傳」當
中。

第二節　《左傳》的歷史變易思想

一、關於王室衰微的認識

　　《左傳》作為先秦時期的一部重要文化典籍，全面而詳細地反映了中國
古代社會政治、經濟、思想文化等多方面的內容。但從其著力所在和精彩之
筆來看，《左傳》最重要的歷史價值即在於它詳盡、深刻且生動地記述了春秋
時期二百多年來社會歷史的變遷，並且鮮明地體現了這一變革時期激烈澎湃
的時代精神。對此，宋儒呂祖謙曾說：

看《左傳》須看一代之所以升降，一國之所以盛衰，一君之所
以變遷，能如此看則所謂先立乎大者。〔註17〕

已經指出關注社會歷史的變化應是閱讀《左傳》的要義所在。現代學者更是
站在歷史觀的角度闡發《左傳》的思想價值。如戚立煌認為《左傳》的思想
當中含有社會的進化的思想〔註18〕。白壽彝也指出「《左傳》在全書範圍內展
開了春秋時期社會矛盾的記述，視舊社會秩序的破壞是歷史發展必然的結
果」，「表現出一種歷史觀點和進步的政治觀點」〔註19〕。這些論述都涉及到

〔註16〕顧棟高《春秋大事表・讀春秋偶筆》，北京：中華書局，1993 年版，第 41～
　　　　42 頁。
〔註17〕朱彝尊《經義考》，卷 169，北京：中華書局，1998 年版，第 876 頁。
〔註18〕參見戚立煌《左傳歷史觀初探》，見吳澤主編《中國史學史論集》（一），上海：
　　　　上海人民出版社 1980 年版，第 90～94 頁。
〔註19〕白壽彝《中國史學史研究任務的商榷》，見《白壽彝史學論集》，下冊，北京：
　　　　北京師範大學出版社，1994 年版，第 596 頁。

《左傳》歷史觀的重要方面。

　　從比較開闊的視野看，《左傳》關於歷史的記述上啓傳說時代，下迄三家分晉，內容非常豐富，但就其重點而言，則主要集中於整個春秋時期。正如《左繡》所講到的那樣：

　　　　春秋之局凡三變：隱桓以下，政在諸侯；僖文以下，政在大夫；
　　　　哀定以下，政在陪臣。〔註20〕

王室衰落、大國爭霸、大夫專政以及政在陪臣等幾個方面確實是整個春秋史中最值得注意的關目。如果以《左傳》的記載來劃分，從隱桓二公到莊閔時期，是王權衰落、諸侯雄起、禮樂征伐出自諸侯的時代；從僖公到襄公，新的政治秩序逐漸確定，卿大夫執政的情況在各國非常普遍，是所謂「禮樂征伐自大夫出」的時期；昭公以降，則進入春秋的末期，大夫與大夫之間，大夫與家臣之間的鬥爭此起彼伏，一些有才幹有心計的家臣竟把持了國政。這幾個方面都突出反映了春秋二百餘年的政治走向和社會變遷。《左傳》不但詳細地記載了這樣的歷史過程，而且在豐富的史實記述中貫穿了發展的歷史眼光，充分肯定了春秋時期社會歷史的變化。

　　春秋上承「禮樂征伐自天子出」〔註21〕的西周，下啓列國爭雄的戰國，它既宣告了舊的社會制度的逐漸衰亡，又預示著新的社會制度的悄然誕生。隨著周室的東遷和各諸侯國實力的增強，原為天下共主的周天子地位日漸衰落，逐步喪失了對諸侯國的控制能力，甚至開始被等同於一般的諸侯而喪失其尊嚴。《左傳》對周王室的衰落，並不抱有太多的同情；相反，通過大量的歷史記載和相關的評論，充分肯定了「王室而既卑矣，周之子孫日失其序」〔註22〕的歷史趨勢。這種態度，最集中地反映在書中對春秋初期周鄭關係的論述當中。

　　鄭在春秋初期是一個有著特殊地位的諸侯國，它與王室的關係最為密切，產生的影響也非常深遠。「周之東遷，晉、鄭焉依」〔註23〕，東周的建立主要依靠了晉國和鄭國力量的支持。春秋初期鄭武公和鄭莊公都曾做過王室的卿士，擁有很大的權力。出於消弱鄭國勢力的考慮，周平王曾有意將朝政

〔註20〕馮李驊、陸浩評輯《左繡》「春秋三變說」，常州日新書莊（1926年）刻本。
〔註21〕《論語・季氏》。
〔註22〕《左傳》隱公十一年。
〔註23〕《左傳》隱公六年。

分與鄭莊公與虢公共掌，召致「鄭伯怨王」。爲了安撫鄭國，周平王和鄭國交換太子爲質。周桓王即位後，欲將朝政全部劃歸虢公掌握，又引起了鄭莊公的不滿，導致「周、鄭交惡」〔註24〕。桓王十三年（前707年），周人終於「奪鄭伯政」，鄭莊公於是不朝，引發周鄭繻葛之戰。結果不但「王卒大敗」，就連周王本人也被「射王中肩」〔註25〕，周天子的地位與權威在此已是掃地殆盡了。

從《左傳》對上述史事的布局選摘來看，其傾向性則不難察覺。如寫「王貳於虢」，「周鄭交質」〔註26〕，接著交待桓王不禮鄭伯、桓王失政、王奪鄭伯政、王以諸侯伐鄭等諸般事項。雖然周鄭交兵，但在鄭「射王中肩」後鄭莊公仍舊「使祭足勞王，且問左右」〔註27〕。從這一系列連貫的敘述中可見，《左傳》作者所要強調的是周桓王的「不君」於前，而鄭莊公的「不臣」於後，明顯地含有袒護鄭國的意味。

這種思想傾向更是集中反映在《左傳》作者對上述史事所作的評論當中。如針對「周鄭交質」和以後的「周人畀虢公政」，《左傳》君子曰：

> 信不由中，質無益也。明恕而行，要之以禮，雖無有質，誰能間之？苟有明信，澗溪沼沚之毛，蘋蘩薀藻之菜，筐筥錡釜之器，潢污行潦之水，可薦於鬼神，可羞於王公，而況君子結二國之信，行之以禮，又焉用質？《風》有《采蘩》、《采蘋》，《雅》有《行葦》、《泂酌》，昭忠信也。〔註28〕

「周鄭交質」是春秋期間第一次嚴重觸動周天子至尊地位的大事，因爲交質並不只是表面上的取信於對方，而是行於諸侯國之間爲取信而採取的不得已的行爲。在西周宗法分封制度下，周天子是高於所有諸侯的「天下共主」，此時卻要與處於次級地位的諸侯國君交質，這種行爲顯然是王室衰微最明顯的例證。對於這種政治關係的變化，《左傳》的作者非但沒有表示出任何的詫異和譴責，相反，卻講述了一番「結二國之信」的道理，並就此批評了王室對鄭的「無信」，顯然已經把周與鄭的君臣關係降低爲平列的國家關係了。

再如，桓王二年（前712年），「周鄭交惡」後，鄭莊公仍去朝見周王，

〔註24〕《左傳》隱公三年。
〔註25〕《左傳》桓公五年。
〔註26〕《左傳》隱公三年。
〔註27〕《左傳》桓公五年。
〔註28〕《左傳》隱公三年。

但桓王不加禮遇。《左傳》記載周公黑肩的話說道：「我周之東遷，晉、鄭焉依。善鄭以勸來者，猶懼不蔇，況不禮焉？鄭不來矣！」〔註29〕藉此對周桓王的無禮行爲進行了指責。此後周桓王又「取鄔、劉、蒍、邗之田於鄭，而與鄭人蘇忿生之田」〔註30〕，使得周鄭原來的矛盾進一步加劇。《左傳》作者又加以評論道：

> 君子是以知桓王之失鄭也。恕而行之，德之則也，禮之經也。
>
> 己弗能有而以與人，人之不至，不亦宜乎？〔註31〕

更是直接指出對於天子的式微，周王應自負其責了。

針對《左傳》中的這些記載，後世的學者遂有「天王下威，鄭伯不臣」〔註32〕的譏諷，但使他們更爲不滿的還是《左傳》作者的那些評論。如宋儒呂祖謙就曾論道：

> 左氏生於春秋時，爲習俗所移，不明君臣大義，視周室如列國，如記周鄭交質，此一病也」〔註33〕。

明人郝敬對此也指出：

> 鄭莊公爲平王卿士，怨王之貳於虢也。盟王而質王子，又取周之禾麥，狂悖無禮已甚。而傳曰信不在質，非也。雖信在質，寧詎可又曰周鄭交質、周鄭交惡。夫周鄭五等，豈《春秋》立言之法與？

他還說道：

> 周桓公以蘇忿生十二邑之田，易鄭四田。《傳》曰：「己不能有而以與人，人之不至，不亦宜乎？」此言非所論於天子也。《詩》云：「普天之下，莫非王土。」周室雖衰，《春秋》之義不衰王室，何爲其不能有乎？〔註34〕

就連頗有批判精神的顧炎武也認爲：

> 記周事曰「王貳於虢」，「王叛王孫蘇」，以天王之尊而曰貳曰叛，若敵之辭，其不知《春秋》之義甚矣。〔註35〕

〔註29〕《左傳》隱公六年。
〔註30〕《左傳》隱公十一年。
〔註31〕《左傳》隱公十一年。
〔註32〕呂祖謙《東萊左氏博議》，卷一，「周鄭交質」條，叢書集成初編本，北京：中華書局，1985年版。
〔註33〕呂祖謙《春秋左氏續說・綱領》，文淵閣四庫全書本。
〔註34〕郝敬《春秋非左》上卷，叢書集成初編本，北京：中華書局，1991年版。
〔註35〕顧炎武《日知錄》卷4「王貳於虢」條。

以上不厭其煩地羅列了宋明清三代學者的評論，就是為了說明對於《左傳》不明君臣大義，視周室如列國這點上確是歷代學者比較一致的看法。他們如此評價《左傳》，自然是受傳統儒家政治倫理觀念的約束，有其時代的局限。站在今人的角度上來看待這些批評，卻也從另一個方面反襯出《左傳》在看待天子式微、諸侯雄起這一社會變化時所表現出的一種特有的歷史觀點。

二、關於大國爭霸的評論

與對待周王室態度相對應的是《左傳》對春秋時期大國爭霸局面的贊許和肯定。《左傳》認為在天子式微的情況下，霸主是維護天下安定不可缺少的力量。如書中記載：「凡諸侯小國，晉、楚所以兵威之。畏而後上下慈和，慈和而後能安靖其國家，以事大國，所以存也。無威則驕，驕則亂生，亂生必滅，所以亡也」〔註 36〕。這些話雖然是出自宋大夫子罕之口，實則也表達了《左傳》作者對春秋時期政治走向的一種歷史思考。

為此《左傳》特別肯定了齊桓公、晉文公所建立的霸業，歌頌他們所作的業績。如書中具體記載了齊桓公擊退北狄對中原的侵擾，救刑存衛的業績，不但評論道「凡侯伯救患分災討罪，禮也」〔註 37〕，更稱讚說「刑遷如歸，衛國忘亡」〔註 38〕。充分肯定了齊桓公攘夷狄、存小國的歷史功績。書中又記載了齊桓公大會諸侯於葵丘（前 651 年）的經過，並加以評論說：「會於葵丘，尋盟且修好。禮也」〔註 39〕。表彰了桓公為穩定中原政治秩序所作的業績。關於晉文公重耳，書中更是著力從他流亡在外十餘年，備嘗艱難險阻的經歷，表現其稱霸的必然性。對晉文公霸業的實現，作者指出：「晉侯始入而教其民，二年，欲用之。子犯曰：『民未知義，未安其居。』於是乎出定襄王，入務利民，民懷生矣，將用之。子犯曰：『民未知信，未宣其用。』於是乎伐原以示之信。民易資者不求豐焉，明徵其辭。公曰：『可矣乎？』子犯曰：『民未知禮，未生其共。』於是乎大蒐以示之禮，作執秩以正其官，民聽不惑而後用之。出穀戍，釋宋圍，一戰而霸，文之教也」〔註 40〕。說明晉文公為建立霸業，作了教民、利民等諸項準備，深得民眾得支持，從而能夠在城濮之

〔註 36〕《左傳》襄公二十七年。
〔註 37〕《左傳》僖公元年。
〔註 38〕《左傳》閔公二年。
〔註 39〕《左傳》僖公九年。
〔註 40〕《左傳》僖公二十七年。

戰中打敗楚國，成爲中原霸主的緣由。《左傳》通過這些記載和評論，具體地證明大國爭霸符合於當時的歷史需要〔註41〕。

　　與此相關的是，《左傳》的作者毫不掩飾春秋期間大國並小國，滅同姓的歷史事實。如書中記載晉國司馬女叔侯的話說：「虞、虢、焦、滑、霍、揚、韓、魏，皆姬姓也，晉是以大。若非侵小，將何所取？武、獻以下，兼國多矣，誰得治之？」〔註42〕認爲大國吞併小國是很自然的事情。又借魯大夫子服景伯說道：「禹合諸侯於塗山，執玉帛者萬國。今其存者，無數十焉」〔註43〕。更是從遠古的歷史出發來看待兼併和滅國的問題。一方面是對齊桓、晉文「存亡繼絕」的讚揚，一方面又毫不掩飾對於大國兼併小國歷史事實的肯定。這看似矛盾的思想，實際上正「可以看作是作者希望能在霸業的基礎上，由一個強大的國家撥亂反正，安定征伐不已的政治局面」〔註44〕。

　　也正因爲如此，《左傳》作者對戰爭有著深刻的見解。關於春秋時期的戰爭，孟子早有「春秋無義戰」〔註45〕的評價，頗能代表先秦儒家對於戰爭所作思考的一個方面。與孟子的思想有所不同，《左傳》作者一方面指出戰爭是民眾的殘夷和小國的災難〔註46〕；另一方面，更是用發展的眼光，肯定了戰爭在歷史進程中的積極方面。

　　首先，《左傳》對於戰爭的作用有著比較深入的理解，這在書中記載晉楚邲之戰後楚莊王和大夫潘黨論「武」的言論中有充分表達：

　　　　夫文，止戈爲武。武王克商。作《頌》曰：「載戢干戈，載櫜弓矢。我求懿德，肆於時夏，允王保之。」又作《武》，其卒章曰「耆定爾功。」其三曰：「鋪時繹思，我徂惟求定。」其六曰：「綏萬邦，屢豐年。」〔註47〕

「武」字原本是象形字，甲骨文及金文當中「武」字皆像人持戈而行，並沒有包含別的特殊涵義。楚莊王卻認爲「武」是由「止」與「戈」組成，意爲

〔註41〕　參見陳其泰《史學與中國文化傳統》，北京，學苑出版社，1999 年版，第 66頁。
〔註42〕　《左傳》襄公二十九年。
〔註43〕　《左傳》哀公七年。
〔註44〕　成立煌《左傳歷史觀初探》，見吳澤主編《中國史學史論集》，第一冊，第 91頁。
〔註45〕　《孟子·盡心下》。
〔註46〕　《左傳》襄公二十七年載：「兵，民之殘也財用之蠹，小國之大災也。」
〔註47〕　《左傳》宣公十二年。

平息戰亂，停止武力，這是取其會意〔註48〕。雖然從文字學上看，這種解釋未必正確，但它卻反映出人們對戰爭作用的一種新認識〔註49〕。楚莊王又進而指出：「夫武，禁暴、戢兵、保大、定功、安民、和眾、豐財者也。故使子孫無忘其章」〔註50〕。認為「武」有禁止強暴、消弭兵爭、保持強大、鞏固功業、安定百姓、調和大眾、豐富財富等諸多的作用，這便賦予了戰爭以豐富的社會歷史意義。這些話語雖然出自楚莊王之口，但綜合《左傳》全書的思想傾向，實則表明了作者對春秋時期諸侯國之間戰爭的一種歷史思索，即在周室衰微、大國爭霸的形勢下，戰爭無可避免；戰爭雖有禍民傷財的一面，但它在歷史進程中所起的積極作用也是其他手段無法替代的。

　　《左傳》對戰爭的思考還反映在它反對「去兵」的態度上，這集中表現在書中有關「弭兵」之會的記載當中。春秋期間，先後曾舉行過兩次「弭兵」之會，均由宋國發起和主持。第一次是在公元前 579 年，由宋國執政華元發起，約合晉、楚於宋相會，訂立盟約。第二次是在公元前 546 年，由宋大夫向戌發起，約合包括晉、楚、齊、秦在內的 14 個國家於宋會盟。晉、楚爭霸的勢均力敵和各諸侯國內部矛盾鬥爭的日益激化，是促使這兩次弭兵之會出現的根本原因。對此，《左傳》的作者是有深刻認識的。如第一次弭兵之會後僅三年，楚國就撕毀盟約，重開戰端。《左傳》特別記載了楚國大夫子囊對此的疑問和執政子反作出的回答：「子囊曰：『新與晉盟而背之，無乃不可乎？』子反曰：『敵利則進，何盟之有？』」〔註51〕藉此說明所謂「弭兵」只不過是晉、楚兩國借用人們渴求和平的願望而進行的戰爭喘息而已。至於第二次彌兵之會，《左傳》更是從一開始就指出了宋大夫向戌「欲弭諸侯之兵」是「以為名」。然後又借用晉國趙文子、齊國陳文子的話說「雖曰不可，必將許之」，「且人曰弭兵，而我弗許，則固攜吾民矣！將焉用之？」道出了弭兵之盟的脆弱本質。最後，又記特別記載了宋大夫子罕對發動弭兵的向戌所作的評論：

　　　　天生五材，民並用之，廢一不可，誰能去兵？兵之設久矣，所

〔註48〕《漢書・武五子傳》顏師古注曰：「武字從止、從戈，所謂會意。」
〔註49〕這種認識隨之也被後世廣泛認同，產生了很大的影響。如《說文》：「『武』楚莊王曰：夫武，定功戢兵，故止戈為武。」《漢書・武五子傳》贊曰：「是以倉頡作書，止戈為武。聖人以武禁暴整亂，止息干戈，非以為殘而興縱之也。」這些解釋均出自《左傳》。
〔註50〕《左傳》宣公十二年。
〔註51〕《左傳》成公十五年。

　　以威不軌而昭文德也。聖人以興，亂人以廢，廢興存亡昏明之術，
　　皆兵之由也。而子求去之，不亦誣乎？〔註52〕

顯然，《左傳》作者在這裡又借用子罕之口表達了他對戰爭觀點上的一個重要內容，即認為戰爭是歷史上長期存在而不可避免的客觀現象，它的廢存並不會以個人的意志為轉移。這種從歷史的角度來肯定戰爭合理性的見解是相當深刻的。

三、「社稷無常奉，君臣無常位」

　　針對春秋時期的社會變動，孔子曾經這樣評價：「天下有道，則禮樂征伐自天子出。天下無道，則禮樂征伐自諸侯出。自諸侯出，蓋十世希不失矣；自大夫出，五世希不失矣；陪臣執國命，三世希不失矣」〔註53〕。從政治關係的角度看，整個春秋恰是一個自上而下的政權下移和由下而上的層層僭越的時代。與孔子的態度不同，對於這種社會變動《左傳》的作者卻明顯地持有一種肯定的態度〔註54〕。

　　《左傳》昭公二十八年記載：

　　　　趙簡子問於史墨曰：「季氏出其君，而民服焉，諸侯與之，君死
　　於外，而莫之或罪也。」對曰：「物生有兩，有三，有五，有陪貳。
　　故天有三辰，地有五行，體有左右，各有妃耦。王有公，諸侯有卿，
　　皆有貳也。天生季氏，以貳魯侯，為日久矣。民之服焉，不亦宜乎？
　　魯君世從其失，季氏世修其勤，民忘君矣。雖死於外，其誰矜之？
　　社稷無常奉，君臣無常位，自古以然。故《詩》曰：『高岸為谷，深
　　谷為陵。』三後之姓，於今為庶，主所知也。在《易》卦，雷乘《乾》
　　曰《大壯》䷡，天之道也。〔註55〕

當時魯國的政治形勢是政在季氏，魯昭公雖謀去季氏，但未能成功，只好出奔於外，死於乾侯。晉國的正卿趙簡子為此問於史墨，魯國國君死於外，而

<hr>

〔註52〕《左傳》襄公二十七年。
〔註53〕《論語‧季氏》。
〔註54〕對此陳其泰先生指出：「在歷史觀點上，《左傳》對春秋時代的歷史大變動明顯地持肯定態度，對新興地主階級的代表人物表示同情，並且借所記人物之口，對這種歷史變動作出了具有理論意義的概括」（陳其泰《史學與中國文化傳統》，第65頁）。劉麗文也把《左傳》當作是為了僭主們立言的一部史書（參見劉麗文《春秋的回聲》，北京：北京燕山出版社，2000年版，第63～92頁）。
〔註55〕《左傳》昭公三十二年。

人民卻不聞不問，季氏出其君，人民卻都服從，這是什麼原因？史墨的回答首先指出了一個事實，即魯國的政權旁落大夫之手已經很久了，魯國的國君世世放縱安逸，而季氏世代勤勉，所以人民忘掉了國君而擁護季氏是很自然的事情。由這一事實出發，史墨更講到了一個帶有規律性的認識，即「社稷無常奉，君臣無常位，自古以然」。社稷沒有固定不變的祭祀者，君臣沒有固定不變的地位，自古以來就是這樣。所以虞、夏、商三王的子孫們在今天成爲平民不足奇怪。值得注意的是，史墨對於這種政治上的變動，正是以「天之道」的規律來加以說明的。他特別列舉了《詩經》和《周易》〔註 56〕來說明這個事實。史墨在這裡所說的「天之道」不是傳統地把天象和人事相附會的說法，而是要通自然界的對立轉換，相互變化的規律來說明歷史的變化。這種認識雖然出自史墨，但也充分地代表了《左傳》作者自己的觀點，可以看作是他對歷史變化所作的具有理論意義的概括〔註 57〕。

　　這種對社會歷史變化持肯定態度的觀點，還可以從書中所記晏子和叔向

〔註 56〕 《大壯》由乾和震組成，乾代表君，震代表臣，震在乾上，君臣易位，表明卿大夫勢力的強壯。《大壯·象》曰：「《大壯》，大者壯也，剛以動，故壯。《大壯》『利貞』，大者，正也。正大，而天地之情可見矣。」史墨據此指出雷（震）在天（乾）上是符合規律的。

〔註 57〕 與此相關的一個問題，是《左傳》袒護季氏的立場。童書業曾説：「左氏固亦有貶季氏等語，然不代表其主要思想（或所據史料如此），而袒季氏之立場，則非常明顯」（童書業著，童教英校訂《春秋左傳研究》，北京：中華書局，2006 年版，第 233 頁）。童氏說的袒季氏的立場，除了昭公三十二年的材料可茲證明外，哀公二十七年的一段記載頗值得重視：「公患三桓之侈也，欲以諸侯去之。三桓亦患公之妄也，故君臣多間。公遊於陵阪，遇孟武伯於孟氏之衢，曰：『請有問於子，余及死乎？』對曰：『臣無由知之。』三問，卒辭不對。公欲以越伐魯，而去三桓。秋八月甲戌，公如公孫有陘氏，因孫於邾，乃遂如越。國人施公孫有山氏。」《史記·魯世家》則有三桓攻魯哀公和及哀公出奔並復歸死於有山氏之事的記載：「二十七年春，季康子卒。夏，哀公患三桓，將欲因諸侯以劫之，三桓亦患公作難，故君臣多間。公遊於陵阪，遇孟武伯於街，曰：『請問余及死乎？』對曰：『不知也。』公欲以越伐三桓。八月，哀公如陘氏。三桓攻公，公奔於衛，去如鄒，遂如越。國人迎哀公復歸，卒於有山氏。子寧立，是爲悼公。」這段記載和《左傳》頗有出入。童書業認爲這是因爲《左傳》爲季氏作的隱諱，並進一步考證指出「公孫有山氏爲季氏黨（參哀二十四年《傳》），受季氏命暗殺哀公，完全有可能。觀上《傳》末云：『國人施公孫有山氏。』苟無弑君之罪，恐不得有此事。哀公謚爲『哀』，不謚爲『出』，亦可證其被弑」（第 233 頁）。《左傳》爲季氏所作的隱諱，固然是因爲年代接近爲了躲避直書統治者的罪過可能帶來的危害而有所忌諱，但他袒護季氏的立場也與他贊同社會變動的歷史觀點頗相一致。

論齊、晉兩國公室和貴族衰落的情況中看到。魯昭公三年（前539年），齊國的晏子出訪晉國，晉大夫叔向向他問起齊國的情況，晏嬰回答道：

> 此季世也，吾弗知。齊其爲陳氏矣！公棄其民，而歸於陳氏。齊舊四量，豆、區、釜、鍾。四升爲豆，各自其四，以登於釜。釜十則鍾。陳氏三量，皆登一焉，鍾乃大矣。以家量貸，而以公量收之。山木如市，弗加於山。魚鹽蜃蛤，弗加於海。民參其力，二入於公，而衣食其一。公聚朽蠹，而三老凍餒。國之諸市，屨賤踊貴。民人痛疾，而或燠休之，其愛之如父母，而歸之如流水，欲無獲民，將焉辟之？箕伯、直柄、虞遂、伯戲，其相胡公、大姬，已在齊矣。

叔向也就此透露了晉國的情況：

> 雖吾公室，今亦季世也。戎馬不駕，卿無軍行，公乘無人，卒列無長。庶民罷敝，而宮室滋侈。道殣相望，而女富溢尤。民聞公命，如逃寇讎。欒、郤、胥、原、狐、續、慶、伯，降在皁隸。政在家門，民無所依，君日不悛，以樂慆憂。公室之卑，其何日之有？讒鼎之銘曰：「昧旦丕顯，後世猶怠。」況日不悛，其能久乎？〔註58〕

晏子和叔向的這段對話都是有感於世變而發，是對春秋晚期公室和貴族衰敗的一段最具體的描述。他們提到的這些大族，許多都已經「降在皁隸」〔註59〕，這明白地揭示出當時的社會已在劇變當中。而在他們看來，「政在家門」即政權逐漸由公室傳入私家也是不可逆轉的歷史趨勢。通過這樣的記載，顯然表達了《左傳》作者對諸侯國內新興政治力量的擁護和對於公室昏庸貪婪的譴責。

　　與大夫專政相對應的是各諸侯國中大夫的家臣在春秋後期的上昇。根據童書業的看法，卿大夫分置側室、貳宗，盛行於春秋後期，這一時期天子、諸侯的政治地位下降，天子無權，政在大夫，這也同時意味著在宗法上「大宗」的地位下降〔註60〕。在這個變化的潮流中，不僅諸侯不理會周天子的權威，在諸侯國內，側室、貳宗也常常冒出於政壇，甚至凌駕於公卿大夫之上，

〔註58〕《左傳》昭公三年。
〔註59〕杜注：「皁隸，賤官」（《春秋經傳集解》，上海：上海古籍出版社，1997年版，第1222頁）。所以不是說這些人都已淪爲奴隸，而是他們中的很多人淪落到比較低的社會階層中。
〔註60〕參見童書業《春秋左傳研究》，第108～114、310～311頁。

大貴族的家宰甚至可以獨攬國政。像這樣「執國命」的陪臣，在魯國有季孫氏的陽虎、仲孫氏的公斂處父，在齊國有陳氏的陳豹，在衛國有孔氏的渾良夫，等等。

　　針對這種情況，孔子曾有「祿之去公室五世矣，政逮於大夫四世矣，故夫三桓之子孫微矣」〔註61〕的感歎。魯國自桓公以後，公室漸弱，政權下移，政逮於孟孫、叔孫、季孫三家，即「三桓」。而到孔子時，「三桓」又漸衰微，政權有下逮於陪臣之手的趨勢。所以孔子的這種感歎主要是針對魯國當時的情況而發的。不過他對於攫取政治權力的陪臣們的態度卻是複雜的。一方面他反對「陪臣執國命」的現象，對於像陽虎這樣的人一直採取了迴避的態度〔註62〕；另一方面，對欲「張公室」的陪臣們，孔子似乎也寄寓著某種政治希望。例如他就曾準備響應公山弗擾和佛肸的召喚〔註63〕，以至於引起了子路的不滿〔註64〕。這反映出孔子政治思想中理想與現實相衝突的一個方面。

　　與孔子的曖昧相比，《左傳》對這些「陪臣」卻表現出另一種態度。我們不妨來看書中有關魯國南蒯叛亂記載。南蒯是季氏的家臣，卻以費邑反叛季氏。當他欲造反時，《左傳》就借其鄉人「恤恤乎，湫乎，攸乎！深思而淺謀，邇身而遠志，家臣而君圖，有人矣哉」〔註65〕的話，指責了他的做法是志高而謀淺。當南蒯叛亂失敗後，逃到齊國，《左傳》又記載：

　　　　侍飲酒於景公。公曰：「叛夫？」對曰：「臣欲張公室也。」子

〔註61〕《論語・季氏》。

〔註62〕參見《論語・陽貨》。

〔註63〕金履祥《通鑑前編》云：「公山不狃以費畔季氏，佛肸以中牟畔趙氏，皆大臣畔大夫也。而召孔子，孔子雖卒不往，而云『欲往』者，蓋大夫畔諸侯而陪臣以張公室為名也。」劉寶楠《論語正義》引，北京：中華書局，1990年版，第681頁。

〔註64〕《論語・陽貨》載：「公山弗擾以費畔，召，子欲往。子路不說，曰：『末之也已，何必公山氏之之也。』子曰：『夫召我者，而豈徒哉？如有用我者，吾其為東周乎？』」又載「佛肸召，子欲往。子路曰：『昔者由也聞諸夫子曰：親於其身為不善者，君子不入也。佛肸以中牟畔，子之往也，如之何？』子曰：『然，有是言也。不曰堅乎，磨而不磷；不曰白乎，涅而不緇。吾豈匏瓜也哉？焉能繫而不食？』」按，《論語》關於公山弗擾的記載頗於《左傳》不合，而《史記・孔子世家》則採《論語》所記。對此歷代學者多有論述，或有以《論語》所載為是者，或有據《左傳》而疑《論語》、《史記》者。諸說詳見劉寶楠《論語正義》，第681～683頁；程樹德《論語集釋》，北京：中華書局，1990年版，第1190～1194頁。

〔註65〕《左傳》昭公十二年。

韓皙曰：「家臣而欲張公室，罪莫大焉。」〔註66〕

對於子韓皙的話，固有人目其爲「當時流俗之言」〔註67〕，但通過他所說的「罪莫大焉」，卻明顯透露出《左傳》作者對家臣而欲張公室的行爲的反對。正如高士奇所說「去一三桓，而得一三桓」〔註68〕。像陽虎、南蒯這樣的家臣，以「張公室」爲號召而發動叛亂，雖然可能只是一個政治幌子，但從這種形勢下還是可以隱約看到宗法制下的那種封閉的主臣依附關係向未來君主集權下的官僚制演變的一個雛形〔註69〕。當然，由於時代的局限，這也是爲《左傳》的作者所不及認識的了。

四、時代變動與政治倫理

與春秋時期「政權下移」現象相關的是各諸侯國中「弑君」事件的頻繁發生。《春秋》之中有所謂「弑君三十六」之說〔註70〕，據研究者指出這正是宗法制度在瓦解時的表現〔註71〕。透過《左傳》對這些「弑君」事件表達的態度，既反映了作者的政治倫理思想也顯示出其歷史觀點的某些方面。

例如《春秋》文公十六年記曰：「宋人弑其君杵臼。」對此《左傳》解釋道：

書曰：「宋人弑其君杵臼。」君無道也。

對於《左傳》所說的這條《春秋》書法，不妨對照先前的幾段記載加以理解：

昭公將去群公子，樂豫曰：「不可。公族，公室之枝葉也，若去

〔註66〕《左傳》昭公十四年。

〔註67〕金履祥語，劉寶楠《論語正義》引，頁681。

〔註68〕高士奇《左傳紀事本末》，北京：中華書局，1979年版，第125頁。

〔註69〕參見何懷宏《世襲社會及其解體》，北京：三聯書店，1996年版，第129頁。

〔註70〕董仲舒《春秋繁露·滅國》云：「弑君三十六，亡國五十二。」（按，蘇輿《春秋繁露義證》云：「『弑君』上疑奪《春秋》二字。」北京，中華書局，1992年版，第133頁）。《史記·太史公自序》云：「《春秋》之中，弑君三十六，亡國五十二，諸侯奔走不得保其社稷者，不可勝數。」

〔註71〕如王貴民指出：「導原於宗法制度本身的矛盾，根植於古代社會貴族階級本質之中，它的頻繁出現，是宗法制度在瓦解時的表現，舊的貴族階級在內部自我殘殺中的削弱，可以說是舊事物的衰亡，在這一點看，它具有一定的社會意義。但是舊事物的衰亡，並不等於是新事物的出現。它是一種自發的階級變動，而不是新階級主動自覺的階級鬥爭，它對社會歷史發展並不能起直接的推動作用。」氏著《春秋「弑君」考》，見《紀念顧頡剛學術論文集》，成都：巴蜀書社，1990年版，第323～342頁。

之，則本根無所庇蔭矣。葛藟猶能庇其本根，故君子以爲比，況國
君乎？此諺所謂『庇焉而縱尋斧焉』者也。必不可，君其圖之。親
之以德，皆股肱也，誰敢攜貳？若之何去之？」不聽。穆、襄之族
率國人以攻公，殺公孫固、公孫鄭於公宮。六卿和公室，樂豫舍司
馬以讓公子卬，昭公即位而葬。書曰：「宋人殺其大夫。」不稱名，
眾也，且言非其罪也。〔註72〕

　　宋襄夫人，襄王之姊也，昭公不禮焉。夫人因戴氏之族，以殺
襄公之孫孔叔、公孫鍾離及大司馬公子卬，皆昭公之黨也〔註73〕。

　　宋公子鮑禮於國人，宋饑，竭其粟而貸之。年自七十以上，無
不饋詒也，時加羞珍異。無日不數於六卿之門，國之材人無不事也，
親自桓以下無不恤也。公子鮑美而豔，襄夫人欲通之，而不可，乃
助之施。昭公無道，國人奉公子鮑以因夫人。……冬十一月甲寅，
宋昭公將田孟諸，未至，夫人王姬使帥甸攻而殺之。〔註74〕

宋昭公在即位前就曾謀去公族，從而引發宋國的內亂。此後又對宋襄公夫人
（即昭公的祖母）不加禮遇，遂引起襄公夫人的怨恨，導致昭公黨人被誅。
而公子鮑卻因其貌美和樂善好施深得襄公夫人喜愛和國人的擁護，最終在她
的幫助下弒昭公，而成爲宋國的國君。所以在《左傳》看來，宋昭公即不容
於宋國的大夫和自己的祖母也不爲國人所支持，他的被弒完全是因爲自己的
「無道」行爲所導致。

　　這種對於「弒君」事件的表述，還見於宣公四年傳文中的「凡例」：

　　　凡弒君，稱君，君無道也；稱臣，臣之罪也。

實際上，《左傳》所說的這些「弒君」的義例，並不能與《春秋》的記載完全
符合〔註75〕。不過通過以上這兩個例子，卻不難發現《左傳》對於「弒君」
事件要表達的態度。從「君無道」、「臣之罪」這樣的說法來看，作者並不是
一般地強調「臣之罪」，而是認爲在有些情況下「弒君」的責任應由「無道」
的君主來承擔，這無異於主張在一定條件下「弒君」有其合理性的一面〔註76〕。

〔註72〕《左傳》文公七年。

〔註73〕《左傳》文公八年。

〔註74〕《左傳》文公十六年。

〔註75〕參見趙伯雄《春秋學史》，濟南：山東教育出版社，2004年版，第294頁。

〔註76〕例如劉師培對《左傳》就曾有過「責君特重，責臣特輕」的評價。氏著《讀
　　　　左札記》，見《劉師培辛亥前文集》，北京：三聯書店，1998年版。

由於《左傳》中的這兩條義例涉及到中國古代政治倫理中最為敏感的話題，所以在後世的學者當中也引發了很大的爭議。如清儒萬斯大就曾評論道：

> 《春秋》弒君，有稱名、稱人、稱國之異。《左氏》定例，以為稱君君無道，稱臣臣之罪。甚矣！其說之頗也。孟子曰：「世衰道微，邪說暴行有作。」所謂暴行，即弒父、弒君是也。所謂邪說，即亂臣賊子與其儕類，將不利於君，必飾君之惡，張己之攻，造作語言，誣惑眾庶是也。有邪說以濟其暴，遂若其君真可弒，而己可告無罪然者。相習既久，政柄下移，群臣知有私門，而不知公室。且鄰封執政，相倚為奸，凡有逆節，多蔽過於君，鮮有罪及其臣者。如魯、衛出君（魯昭、衛獻），師曠、史墨之言可證也。左氏之例亦猶是耳。噫！於弒君而謂君無道，是《春秋》非討亂賊，而反為之先導矣。邪說之惑人，一至是乎。〔註77〕

此後焦循更踵萬氏之說，稱「如所謂稱君，君無道，顯然謬乎孔子作《春秋》使亂臣賊子懼之義」〔註78〕。比萬氏更進一步的是，他又根據杜預對「傳例」的解釋，來大肆抨擊杜預的品行了〔註79〕。

就西周、春秋時期的宗法等級制度而言，並沒有後世的那種嚴格意義上的君臣大義〔註80〕，到了戰國時期君臣關係更是處於一種複雜多變的狀態。因此不能夠用後來的那種君臣上下、尊卑主從關係來對待《左傳》的這種思想，萬、焦二氏的批評不免以後律前。不過透過他們的批評，卻說明了每一個時代的史學著作都有其個別的特色，《左傳》中的這些議論，實際上正表現了作者本身所感染的時代色彩。

即便是這樣，《左傳》作者在對待「弒君」的問題上有時卻也不免顯示出一種遊移而首鼠兩端。這在書中關於「趙盾弒君」的敘述上，表現得最為突出。《左傳》宣公二年載：

> 趙穿攻靈公於桃園。宣子未出山而復。大史書曰：「趙盾弒其君。」以示於朝。宣子曰：「不然。」對曰：「子為正卿，亡不越竟，反不

〔註77〕 萬斯大《學春秋隨筆》「衛州籲弒其君完」條，見《皇清經解》卷50。
〔註78〕 焦循《春秋左傳補疏》，見《皇清經解》卷1161。
〔註79〕 參見劉家和《從清儒的臧否中看〈左傳〉杜注》，見氏著《史學經學與思想》，第269頁。
〔註80〕 例如當時的魯國的里革和晉國的師曠等人都曾有過國君被逐、被弒乃是「君之過」的言論。參見《國語‧魯語上》、《左傳》襄公十四年。

討賊，非子而誰？」宣子曰：「烏呼，『我之懷矣，自詒伊戚』，其我
之謂矣！」孔子曰：「董狐，古之良史也，書法不隱。趙宣子，古之
良大夫也，為法受惡。惜也，越竟乃免。」

由於《左傳》在前文當中，就已經明言「晉靈公不君」，因此可以認為，晉靈
公的被弒應該是因為自身的暴虐行為所致。作為正卿的趙盾雖然不是弒君的
直接兇手，但其「亡不越竟，反不討賊」，因此被太史董狐在國史上書以「趙
盾弒其君」。《左傳》作者引用孔子的評論稱讚董狐的「書法不隱」，似乎承認
趙盾應當承擔弒君的責任；但他又認為趙盾「越境乃免」，更表達了對於趙盾
的同情。這種複雜的心態，正是「罪君」與「罪臣」兩條原則的衝突。君臣
關係中的這種是非曲直，本身就是中國古代政治倫理的一個死結，反映在孔
子身上的這種矛盾心情，也正體現了《左傳》作者自身思想的矛盾。

通過以上的論述，可以看到在《左傳》當中確實存在著一些在後人看來
是比較「異端」的思想。例如北宋的劉敞曾有《左傳》「是非謬於聖人」〔註
81〕的評論，他這種觀點為後來的許多學者所贊同。如朱熹就指出：

左氏之病是以成敗論是非，而不本於義理之正……嘗謂左氏是
個滑頭熟事、趨炎附勢之人……陳君舉說《左傳》曰：左氏是一個
審利害之機、善避就底人，所以其書有貶死節等事，其間議論有機
不是處，如周鄭交質之類，是和議論？其曰：宋宣公可謂知人矣，
立穆公，其子饗之，命以義夫，只知有利害，不知有義理。〔註82〕

此後的學者如呂大圭〔註83〕、洪邁〔註84〕、凌稚隆〔註85〕、焦循〔註86〕等人

〔註81〕 劉敞《春秋權衡》卷1。
〔註82〕 《朱子語類》卷83，北京：中華書局，1986年版。
〔註83〕 呂大圭：「觀其（《左傳》）每述一事必久其事之所由於，深於情偽熟於世故，
往往論其成敗而不論其是非，習於時世之所趨而不明乎大義之所在。言周鄭
交質而曰信不由中，質無益也。論宋宣公立穆公而曰可謂知人矣。鬻拳強諫
楚子，臨之以兵，而謂鬻拳為愛君。趙盾亡不越境，反不討賊，而曰惜也，
越境乃免。此皆其不明理之故。」（朱彝尊《經義考》卷169引，第877頁）。
〔註84〕 洪邁《容齋三筆》卷14「左傳有害理處」條，見《容齋隨筆》，上海：上海古
籍出版社，1978年版，第581頁。
〔註85〕 凌稚隆：「《左傳》為文章之冠，……而說者往往病其誣，……其所紀妖祥夢卜
鬼怪神奇一一響應，似屬浮誇。然變幻非可理推，古今自不相及，安知事果盡
誣，非沿舊史之失耶？惟專以利害成敗論人，故先為異說於前以著其驗，此
朱子亦得以大病訾之爾。」（《春秋左傳注評測義》，萬曆十五年（1587）刻本）。
〔註86〕 焦循：「蓋左氏生春秋後，目睹七國將興，每於其先世之見於《春秋》者，必

對他們的觀點又都有不同程度的發揮。總之，這些批評大都集中於《左傳》「議論遣詞多害理」和「專以利害成敗論人」兩個方面。所謂「議論遣詞多害理」，當然是後人站在後世嚴防君臣大義的角度上所作的判斷，對此前文已有解析。至於說「專以利害成敗論人」，《左傳》當中的種種記載很可能是沿諸前史，作者因此取裁而作為其以成敗論人的證據，不過這也恰好證明了《左傳》作者對社會歷史變化所持肯定態度的觀點。所以說《左傳》所遭這些正宗學者的非議，不但不減低其思想的價值，而且更可顯現出其所具之史識。

第三節　「三世說」的形成和特點

一、「三世說」的緣起

　　公羊三世說是中國古代歷史哲學當中的一個重要內容，雖然其萌芽於《公羊傳》中，但最終的形成卻到了東漢晚期。考慮到這種思想上的聯繫和本書在論述上所要求的完整，本節當中的討論將不僅限於《公羊傳》文本的範圍，而是要延伸至整個漢代的公羊學理論。

　　春秋公羊學說的形成和發展，自戰國起至東漢末共歷五、六百年，明顯地經過了由《公羊傳》的產生到漢初董仲舒等人的發揮，再到緯書的加入和東漢末何休的總結這幾個階段〔註87〕。「三世說」的發展正與這幾個階段相適應。

　　「三世」一詞未見於《公羊傳》的記載，但與此相關的是傳文中曾經三次言及《春秋》「所見異辭，所聞異辭，所傳聞異辭」：

　　　　《春秋》隱公元年：「公子益師卒。」《公羊傳》曰：「何以不日？遠也。所見異辭，所聞異辭，所傳聞異辭。

　　　　《春秋》桓公二年：「三月，公會齊侯、陳侯、鄭伯於稷，以成宋亂。」《公羊傳》云：「內大惡諱，此其目言之何？遠也。所見異辭，所聞異辭，所傳聞異辭。隱亦遠矣，曷為為隱諱？隱賢而桓賤也。

　　　預著其詳，曲為之說。如陳氏、則謂五世其昌，八世莫京；魏氏，則謂公侯子孫，必復其始。而趙盾弒君，更為多方解免，不顧聖經之書法，先儒謂其『好以成敗論人』，而『是非謬於聖人』，良不誣也。」（《春秋左氏傳補注》卷3，見《皇清經解》卷1161）。

〔註87〕參見周予同《春秋與春秋學》，見朱維錚編校《周予同經學史論》，上海人民出版社，2010年版，350頁。

　　《公羊傳》哀公十四年：「《春秋》何以始乎隱？祖之所逮聞也。

　　所見異辭，所聞異辭，所傳聞異辭。何以終乎哀十四年？曰：備矣！」

以上三條傳文，說的是《春秋》記載上的「異辭」的問題。它們主要講到了
《春秋》所記史事由於時間遠近各有不同，所以造成其文辭有「所見」、「所
聞」和「所傳聞」的差異，記近世則詳，記遠世則略。《公羊傳》當中多有「遠
也」〔註88〕、「祖之所逮聞也」〔註89〕、「無聞焉爾」〔註90〕之類的闡述，就
是對這種「異辭」所作的解說。《穀梁傳》也有「立乎定、哀以指隱、桓，隱、
桓之日遠矣」〔註91〕的說法，和《公羊傳》比較接近。可見，「異辭」實際上
反映的只是《春秋》的一種記事原則，即說明人們對歷史的認識，時間距離
越近越清楚，越遠則越模糊。這種將親歷的事與靠耳聞得知的事要予以區別
的認識，在古希臘的史著中也有論述，如希羅多德在《歷史》中已經有意識
地將自己所目睹事情的和所聽到的傳說加以區分〔註92〕。修昔底德更是指出
在歷史撰述時首先要信任自己的耳目和可靠證人的耳目〔註93〕。可見這種將
親歷的事與靠耳聞得知的事要予以區別的認識，並非為《公羊傳》所獨有，
而是中外學者們的一種共識了。

　　與「異辭」有關的是，《公羊傳》還認為《春秋》當中也有所謂的「微辭」。
《公羊傳》定公元年載：

　　　　定、哀多微辭，主人習其讀而問其傳，則未知己之有罪焉爾。

「微辭」，即匿其實義而隱微其辭。對此，何休解釋說：

〔註88〕《公羊傳》隱公元年、桓公二年。

〔註89〕《公羊傳》哀公十四年。

〔註90〕《公羊傳》隱公二年、桓公十四年、文公十四年。

〔註91〕《穀梁傳》桓公十四年。

〔註92〕如在寫埃及的歷史時，希羅多德曾說道：「這些埃及的故事是為了給那些相信
　　　　這樣故事的人來採用的：至於我個人，則在這全部的歷史裏，我的規則是我
　　　　不管人們告訴我什麼，我都把它記錄下來。」而寫到阿爾哥斯人和希臘人的
　　　　時候，他更是指出：「至於我本人，則我的職責是把我所聽到的一切歷史記錄
　　　　下來，雖然我沒有任何義務來相信每一件事情；對於我的全部歷史來說，這
　　　　個說法我以為都是適用的。」（希羅多德著，王以鑄譯《希羅多德歷史》，北
　　　　京：商務印書館，1959 年版，第 165、525 頁）

〔註93〕如修昔底德指出：「關於戰爭的敘述，我確定了一個原則：不要偶然聽到一個
　　　　故事就寫下來，甚至也不單憑我自己的一般印象作為根據；我所描述的事件，
　　　　不是我親自看見的，就是我從那些親自看見這些事情的人那裡聽到後，經過
　　　　我仔細考覈過了的。」（修昔底德著，謝德風譯《伯羅奔尼撒戰爭史》，北京：
　　　　商務印書館，1960 年版，第 17～18 頁）

> 主人謂定、哀也。設使定、哀習其經而讀之，問其傳解詁，則
> 不知己之有罪於是。此孔子畏時君，上以諱尊隆恩，下以辟害容身，
> 慎之至也。〔註94〕

這就是說，孔子對於年代接近的事件，為了躲避直書統治者的罪過可能帶來的危害，只好用「微辭」來記載。依據《論語》，孔子確有過「畏大人」〔註95〕、「邦無道而危行言孫」〔註96〕之類的話。此外，他還對弟子子張說過：「多聞闕疑，慎言其餘，則寡尤。多見闕殆，慎行其餘，則寡悔。」〔註97〕清道咸時期的學者戴望注此句曰：

> 多聞謂所傳聞世，所聞世爾。《春秋》與所傳聞，所聞世闕其疑
> 者，據列國史。……所見謂所見世，殆危也。於所見世，凡君大夫
> 過惡，不敢直陳而託諸微辭，以遠危害。〔註98〕

戴望是想用春秋公羊義來創通《論語》的，他的注解多有附會之嫌，但從上引解說中確然可見，在孔子那裡多少也曾表達過類似《公羊傳》所說「微辭」之類的思想。

總括以上的論述，《公羊傳》只是大略談到了《春秋》的記載有因時間遠近不同，而有詳略之分的區別；對「異辭」的解釋，也只是對《春秋》前後書法不同的說明。這裡實際上涉及到的只是一個史學方法上的問題，還不是對客觀歷史的思考。不過《公羊傳》將《春秋》分為所見、所聞、所傳聞三個階段，客觀上也有了一種「歷史分期的意味」〔註99〕，這就為以後的公羊學家們借題發揮創造了條件。

到了西漢的董仲舒那裡，對《公羊傳》的「所見異辭，所聞異辭，所傳聞異辭」遂有進一步的闡發。他據此提出了《春秋》十二世中有「三等」的說法：

> 《春秋》分十二世以為三等，有見、有聞、有傳聞。有見三世，
> 有聞四世，有傳聞五世。故哀、定、昭，君子之所見也；襄、成、
> 宣、文君子之所聞也；僖、閔、莊、隱，君子之所傳聞也。所見六

〔註94〕 何休《春秋公羊解詁》，見阮元校刻《十三經注疏》，第 2334 頁。
〔註95〕 《論語·季氏》。
〔註96〕 《論語·憲問》。
〔註97〕 《論語·為政》。
〔註98〕 戴望《戴氏注論語》卷 2，同治十年（1871 年）刻本。
〔註99〕 浦衛忠《春秋三傳綜合研究》，第 128 頁。

十一年，所聞八十五年，所傳聞九十六年。於所見，微其辭；於所聞，痛其禍；於傳聞，殺其恩，與情具也。是故逐季氏而言又雩，微其辭也；子赤殺，弗忍言日，痛其禍也；子般殺而書乙未，殺其恩也。曲申之志，詳略之文，皆應之。吾見其近近而遠遠，親親而疏疏也；亦知其貴貴而賤賤，重重而輕輕也；有知其厚厚而薄薄，善善而惡惡也；有知其陽陽而陰陰，白白而黑黑也……觀其是非，可以得其正法；視力其溫辭，可以知其塞怨。是故於外道而不顯，於內諱而不隱，於尊亦然，於賢亦然，此其別內外、差賢不肖而等尊卑也，義不訕上，智不危身，故遠者以義諱，近者以智畏，畏與義兼，則世逾謹矣。此定、哀之所以微其辭。〔註100〕

根據這段文字，董仲舒的「三等說」可得而推知：首先，董氏明確地將《春秋》十二公分為三等，並且規定了每一等的時間起止，即哀、定、昭三公為「有見三世」；襄、成、宣、文四公為「所聞世」；僖、閔、莊、隱四公為「有傳聞五世」。其次，董氏也延續了《公羊傳》的說法，認為定、哀之間「微其辭」，指出這是孔子是為了遠害容身，有所忌諱。最後，他還提到了造成「異辭」的原因是「情」在起作用，就是要「親親而疏疏」、「貴貴而賤賤」、「厚厚而薄薄」、「善善而惡惡」，這是《公羊傳》中所未有的內容。由此可以看出，董仲舒的「三等說」比之《公羊傳》的記載，在時間劃分上顯然要具體許多，內容上也更加豐富了〔註101〕。

對董仲舒「三等說」所分的三時段，在其後的漢代學者中也有不同的意見。如宣帝時期公羊學者顏安樂就以孔子誕生前後作為劃分「所聞世」與「所見之世」的分界。東漢的鄭玄則據《孝經援神契》中「《春秋》三世，以九九八十一為限」之語，以隱元年盡僖元年為一世，自僖十九年盡襄十二年為一世，自襄十三年盡哀十四年又為一世〔註102〕。鄭玄以《孝緯》解說「三世」，不足為據。而在具體的時段劃分上，董、顏二說雖有差異，但他們的分期標準卻沒有本質上的區別，都是以孔子生活的時代、孔子的所見、所聞、所傳

〔註100〕董仲舒《春秋繁露·楚莊王》。

〔註101〕林義正曾據《史記·孔子世家》中「據魯、親周、故殷，運之三代」之語，以為「代」字為唐時避太宗諱，推定「三代」原本當作「三世」為「張三世」古說，從而認為「三世」說當出於董仲舒和司馬遷。參見氏著《春秋公羊傳倫理思想與特徵》，臺北：臺灣大學出版社，2003年版，第196頁。

〔註102〕徐彥《春秋公羊傳注疏》引，見阮元校刻《十三經注疏》，第2195頁。

聞爲依據。可以這樣認爲，「三世說」至少在西漢一朝，仍然只是對書法的解釋，並無史觀的意味。「三世說」作爲一種明確的歷史觀，是到了東漢的何休那裡才正式形成的〔註103〕。

二、「三世說」的形成

　　何休的公羊學理論，主要記載於《春秋公羊解詁》一書當中，他的整個思想體系即是通過歸納與闡發《春秋》義例而建立起來。據何氏所說，《春秋》有所謂「五始、三科九旨、七等、六輔、二類」〔註104〕等條例，而其中「三科九旨」是其主旨所在。「三科九旨」的內容，尚可見於徐彥《春秋公羊傳注疏》所引何休《文諡例》當中：

　　　　三科九旨者，新周、故宋、以《春秋》當新王，此一科三旨也；又云所見異辭、所聞異辭、所傳聞異辭，二科六旨也；又內其國而外諸夏，內諸夏而外夷狄，是三科九旨也。〔註105〕

徐彥對此也有解說：

　　　　何氏之意，以爲三科九旨正是一物。若總言之，謂之三科。科者段也，若析而言之，謂之九旨。旨者，意也。言三個科段之內，有此九種之意。〔註106〕

由《文諡例》及徐疏所述可以得知，「三科」是指《春秋》所遵循得「存三統」、「張三世」、「異內外」這三條原則；「九旨」則是說這三條原則共包含了九個

〔註103〕呂紹剛認爲：「《春秋》『張三世』說，實非《公羊傳》所固有，他是由董仲舒提出，經何休發揮完成的。」氏著《何休公羊『三科九旨』淺議》，《人文雜誌》，1986年第2期。

〔註104〕何休《春秋公羊文諡例》，徐彥《春秋公羊傳注疏》引，見阮元校刻《十三經注疏》，第2195頁。

〔註105〕關於「三科九旨」，除何說之外，亦有別說。如徐彥《春秋公羊傳注疏》引宋氏《春秋說》云：「三科者，一曰張三世，二曰存三統，三曰異內外，是三科也。九旨者，一曰時，二曰月，三曰日，四曰王，五曰天王，六曰天子，七曰譏，八曰貶，九曰絕。時與日、月，詳略之旨也；王與天王、天子，是錄遠近親疏之旨也；譏與貶、絕，則輕重之旨也。」清人孔廣森《公羊通義序》云：「《春秋》之爲書也，上本天道，中用王法，而下理人情。不奉天道，王法不正；不合人情，王法不行。天道者，一曰時，二曰月，三曰日；王法者，一曰譏，二曰貶，三曰絕；人情者，一曰尊，二曰親，三曰賢。此三種九旨既布，而壹裁以內外之異例，遠近之異辭。錯綜酌劑，相須成體」雖與何休不同，但宋、孔二說皆非公羊家之通說。

〔註106〕徐彥《春秋公羊傳注疏》，見阮元校刻《十三經注疏》，第2195頁。

方面的要旨〔註107〕。何休所總結的「三科九旨」在前代的公羊學說中大都可以找到，他的貢獻是在於對於這些原本不相統屬或不大鮮明的思想予以總結和發揮，從而使其變得系統和條理化起來〔註108〕。

正如徐彥所說「何氏之意，以爲三科九旨正是一物」，「三科九旨」是何休公羊思想體系的基本框架，而其中最值得注意的，是何氏將「三科九旨」賦予了一種「變化」的意味。陳其泰先生曾對此作過解析：

> 一科三旨，「新周、故宋、以《春秋》作新王」，是把「通三統」與「三世說」直接聯繫起來，共同體現公羊家歷史觀「變」的實質。「新周、故宋、以《春秋》作新王」主要是從總結以往的歷史講「變」；「所傳聞世、所聞世、所見世」本身是講春秋二百四十二年的「變」，從中引申、發揮的「據亂世、昇平世、太平世」，則是講包括未來在內的歷史全局的「變」。「二科六旨」（所見異辭、所聞異辭、所傳聞異辭）在整個「三科九旨」中處於核心地位。「內其國而外諸夏，內諸夏而外夷狄」則是上述核心部分在民族關係上的體現」〔註109〕。

可見，何氏的「三科九旨」集中反映了公羊學派中特有的變易的思想，而在這當中，正如陳先生所言「二科六旨」處於核心地位，最能反映其歷史變易思想。在《解詁》一書當中，何休「幾乎把《春秋》的所有書法原則全都納入『三世說』的框架當中加以說明」〔註110〕，其中最系統而完整地闡發見於隱公元年。《春秋》隱公元年記：「公子益師卒。」《公羊傳》：「何以不日？遠

〔註107〕何休「三科九旨」之最後一科「內其國而外諸夏，內諸夏而外夷狄」，所述不甚明顯，似以魯國、諸夏、夷狄爲其三旨。日本學者小島祐馬認爲何休實只談及其中二旨，「或加何休別處所言之『夷狄進至於爵』一條，乃可足三旨。」小島祐馬《公羊三科九旨說考》，見江俠庵編譯《先秦經籍考》，上海：上海文藝文藝出版社，1990 年版，第 295 頁。

〔註108〕如何氏的第一科即「新周、故宋、以《春秋》當新王」，沿襲了董仲舒的「三統說」，並沒有什麼自己的創新；不過何氏用來解釋《春秋》的「書法」，卻是在《繁露》中看不到的（按，《史記》、《繁露》均作「親周」，此作「新周」，殆字形相近而訛）。至於「所見異辭、所聞異辭、所傳聞異辭」之「二科六旨」與「內其國而外諸夏，內諸夏而外夷狄」之「三科九旨」，是《公羊傳》本有的書法，但原先彼此相互獨立，並無必然的聯繫，何休卻將它們有機地結合在了一起。

〔註109〕陳其泰《春秋公羊學說體系的形成及其特徵》，《山東大學學報》（哲學社會科學版），2002 年第 6 期。

〔註110〕參見黃樸民《何休評傳》，南京：南京大學出版社，1998 年版，第 170 頁。

也。所見異辭，所聞異辭，所傳聞異辭。」何休注曰：

> 所見者，謂昭、定、哀，己與父時事也。所聞者，謂文、宣、
> 成、襄，王父時事也。所傳聞者，謂隱、桓、莊、閔、僖、高祖、
> 曾祖時事也。異辭者，見恩有厚薄，義有深淺，時恩衰義缺，將以
> 理人倫，序人類，因制治亂之法。故於所見之世，恩己與父之臣尤
> 深，大夫卒，有罪無罪皆日錄之，「丙申，季孫隱如卒」是也。

〔註111〕

由此可見，何休所說的「三世」也是關於春秋所記十二公二百四十二年歷史的一種階段性劃分，其分期標準全同於董仲舒春秋「三等說」。但在論述上，何休一方面遵循公羊先師，從「三世異辭」的角度，說明其基本原則是親近疏遠、詳今略古。另一方面又運用喪禮來解說「三世」：

> 所以三世者，禮：爲父母三年，爲祖父母期，爲曾祖父母齋衰
> 三月。立愛自親始，故《春秋》據哀錄隱，上治祖禰。所以二百四
> 十二年者，取法十二公，天數備足，著治法式；又因周道始壞絕於
> 惠隱之際」〔註112〕。

按照這種說法，《春秋》之所以要從隱公寫起，是因爲那是孔子的高祖、曾祖時事；訖於哀公，是因爲孔子生活在那個時代。「立愛自親始」，所以《春秋》記錄己與父、王父、曾祖、高祖之事，而且因爲喪服的不同，也要分成相應的三個階段。這種說法看似十分牽強，但聯繫東漢經學發展的特點，這又是當時學術風尚使然。楊向奎曾指出：「何休避開『天人之學』，他理解自然，但不談自然，拋棄了天人之學的聯繫，《易》與《春秋》的結合，而講《春秋》與《孝經》，這是人際關係。以人際關係代替天人之際，是後漢學者一種轉變。」〔註113〕這對於理解何休以喪禮解說「三世」確有啓發。從《春秋》學的發展來看，《春秋》在「六經」當中，與《易》的結合最爲緊密，這在前文中已有論述。但就《春秋》學在東漢的發展來看，其與《孝經》的結合也是值得注意的一個現象。《孝經》大約成書於戰國，在西漢尚未受到人們的特別重視。但到了東漢，由於皇家的提倡和宣傳，《孝經》的地位驟升而與《春秋》平列。

〔註111〕何休《春秋公羊解詁》，見阮元校刻《十三經注疏》，第2200頁。
〔註112〕何休《春秋公羊解詁》，見阮元校刻《十三經注疏》，第2200頁。
〔註113〕楊向奎《大一統與儒家思想》，中國友誼出版公司，1989年版，第97頁。

在緯書中我們不止一次地可以看到，《孝經》與《春秋》被糾纏在一起〔註114〕，鄭玄更是將《春秋》與《孝經》當作「六藝」中的「大經」與「大本」來看待〔註115〕。可見，將《孝經》與《春秋》相提並論，並以孔子用《孝經》總會「六經」之旨，是東漢以來成形的說法。何休曾爲《孝經》作過注解〔註116〕，並認爲《春秋》、《孝經》二學是「聖人之極致，治世之要務」〔註117〕。他拿喪禮解說《春秋》「三世」正是這種思想的反映〔註118〕。

更爲值得注意的是，何休對「三世」的解說也明顯受到了讖緯的影響。讖緯之學在漢代的發展與繁盛本就與今文經學有著密切的聯繫。清人徐養原曾說：

> 圖讖乃術士之言，與經義初不相涉。至後人造作緯書，則因圖讖而牽合於經義。其於經義，皆西京博士家言，爲今文之學者也。
> 〔註119〕

所言可謂恰當。並且在今文經中又以公羊學對讖緯的影響最爲直接。鍾肇鵬在仔細考察考察了讖緯同今文經學的關係後，指出「在今文經學中，又以《公羊春秋》對讖緯的影響最大。」〔註120〕陳蘇鎮也認爲「讖緯內容十分龐雜，

〔註114〕如《孝經右契》：「孔子作《春秋》，制《孝經》。既成，……告備於天曰：《孝經》四卷，《春秋》、《河》、《洛》凡八十一卷，謹已備。」《孝經緯鈎命訣》：「孔子曰：吾志在《春秋》，行在《孝經》。欲觀我襃貶諸侯之志，在《春秋》，崇人倫之行，在《孝經》。」以上並見馬國翰《玉函山房輯佚書・經編緯書類》，揚州：廣陵書社影印本，2005年版。

〔註115〕《禮記・中庸》：「唯天下至誠，爲能經綸天下之大經，立天下之大本」。鄭玄注曰：「大經謂六藝，而指《春秋》也。大本，《孝經》也。」（見阮元校刻《十三經注疏》，第1635頁）。此外他還在《六藝論》中解釋《孝經》與六藝的關係說：「孔子以六藝題目不同，指意殊別，恐道離散，後世莫知根源，故作《孝經》以總會之。」（《孝經注疏》引，見阮元校刻《十三經注疏》，第2539頁）

〔註116〕《後漢書》卷79下《儒林列傳・何休傳》云：「（何休）乃作《公羊春秋解詁》，覃思十七年。又注訓《孝經》、《論語》，風角七分，皆經緯典謨，不與一般經師同流。」

〔註117〕何休《春秋公羊序》云：「昔孔子有云，吾志在《春秋》，行在《孝經》，此二學者，聖人之極致，治世之要務也。」見阮元校刻《十三經注疏》，2190頁。

〔註118〕在《解詁》中，何休更是經常借對傳文的解說來提倡孝道，如桓公十四年：「躬行孝道，以先天下」；僖公二十四年：「罪莫大於不孝」。凡此等等，不一而足。

〔註119〕徐樣原《緯候不起於哀平辨》，《清經解》，南京：鳳凰出版社影印本，2005年版，第10834頁。

〔註120〕參見鍾肇鵬《讖緯論略》，瀋陽：遼寧教育出版社，1991年版，第116頁。

但主題思想屬於西漢今文經學，尤其是《春秋》公羊學。」〔註121〕這些研究都指出了公羊學和讖緯的密切關聯。這種關聯不但表現在後者在內容和思維方式上受到前者的影響，也表現在前者在不斷締造其學說的過程中對後者的吸納與改造。這在何休的公羊學理論中表現的非常明顯。在對《公羊傳》進行注解時，他不但頻頻引用緯書的內容，而且正如清人蘇輿所說：

> 何氏注《傳》，喜言災異，雖本家法，而附會可議者多。〔註122〕

災異與讖緯本就密不可分，故蘇輿所說的何氏學「雖本家法」但仍多有「附會可議者」，也應該是指何休一方面繼承了董仲舒、胡毋敬、李育、羊弼等前代公羊師的經說，一方面又採納了讖緯中的許多奇怪的意見，從而造就了不少「非常異議可怪之論」。通過對比，不難發現在何休公羊學說中佔有核心地位的「三世說」便與此有關。

這種關聯便首先就在於何休對「三世」所作的分期標準上。正如前文所述，何休在注解《公羊傳》「所見異辭，所聞異辭，所傳聞異辭」時採用的分期標準與董仲舒說的「三等」完全一致。正因爲如此，研究者在論述何休「三世說」時往往都會強調它與董仲舒學說的直接承接關係，甚至把二者等同起來。不過在《公羊解詁》權威的注釋者徐彥那裡，卻另有一翻解釋。在上引《解詁》文後的《疏》中，他這樣寫道：

> 孔子親仕之定、哀，故以定、哀爲巳時。定、哀既當於巳，明
> 知昭公爲父時事。知昭、定、哀爲所見，文、宣、成、襄爲所聞，
> 隱、桓、莊、閔、僖爲所傳聞者，《春秋緯》文也。

按照這種說法，何休「三世異辭」的依據並非襲自董仲舒，而是來自緯書中的《春秋緯》。漢代流傳的《春秋緯》共有十四種之多，徐彥並未注明何休援引的是哪一種《春秋緯》。不過從他前《疏》中所說「《演孔圖》云文、宣、成、襄，所聞之世也」的話來看，這裡的《春秋緯》最有可能就是《演孔圖》〔註123〕。雖然前人也曾認爲徐彥在爲《公羊解詁》作《疏》時對董仲舒的著作根本不曾留意〔註124〕，但考慮到徐彥所處時代距離何休尚自不遠，對此當有所知〔註125〕，而何休所歸納的公羊學中的「三科九旨」、「五始」、「七等」

〔註121〕陳蘇鎮《兩漢之際的讖緯與公羊學》，《文史》，2006年第3輯。
〔註122〕蘇輿《春秋繁露義證》，北京：中華書局，1992年版，第374頁。
〔註123〕馬國翰輯《玉函山房輯佚書‧經編緯書類》，第2198頁。
〔註124〕陳澧《東塾讀書記》十，北京：三聯書店，1998年版，第200頁。
〔註125〕關於徐彥的生平始末，史載有缺，按照清代以來學者的考證，似當以北朝人

等概念，很多都是出自《演孔圖》等《春秋緯》，他的這種解釋恐怕就不是其一偏之見而是極爲可能的了。

必須指出的是，這裡強調何休「三世」分期來自於《春秋緯》，並不是就此否定何休在「三世」分期上與董仲舒的聯繫。雖然何休在著作中從未提及董仲舒，但對比《春秋繁露》和《解詁》，確實不難發現從董仲舒到何休在很多觀點上有著明顯的承襲關係〔註126〕。同樣，讖緯本身也與董仲舒有著密切的聯繫，研究者曾通過《緯書》與《春秋繁露》的對比，指出讖緯每每襲取董仲舒著作，是對「董仲舒思想論著的繼承和發展。」〔註127〕《春秋繁露》雖然不是讖緯，但《春秋緯》中許多對《春秋》的解釋與發揮都源自該書。所以不妨說，《演孔圖》中「三世」觀點正是承襲了董仲舒「三等」說，而後又爲何休所採納，從而形成其「三世說」中的分期標準。特別是考慮到之前提到的在董仲舒之後的公羊學說中，關於「三世」分期還存在著其他說法的話，對這種承接過程的強調就顯得非常必要了。

徐彥在《公羊傳疏》卷首的長篇疏文中，曾提到了這另外兩種分期標準的內容：

> 問曰：鄭氏云：『九者，陽數之極』，九九八十一，是人命終矣，故《孝經援神契》云「《春秋》三世，以九九八十一爲限。」然則隱元年盡僖十八年爲一世，自僖十九年盡襄十二年又爲一世，自襄十三年盡哀十四年又爲一世，所以不悉八十一年者，見人命參差，不可一齊之義。又顏安樂以襄二十一年孔子生後，即爲所見之世。顏、鄭之說，實亦有途，而何氏見何文句，要以昭、定、哀爲所見之世，文、宣、成、襄爲所聞之世，隱、桓、莊、閔、僖爲所傳聞之世乎？

《公羊傳疏》卷首的疏文，是以自設問答的形式，用以解答一些公羊學的基本問題〔註128〕。在其中，徐彥之所以要特別提到這兩種不同於何休的「三世說」，應當是考慮到二者在當時公羊學說中的影響，而不得不加以解釋和澄清。他所舉的第一種「三世說」出自於《孝緯》中的《援神契》，是以人壽（一世）爲八十一年爲限，從而推算出《春秋》當以隱公元年到僖公十八年爲一

爲妥。
〔註126〕參見陳澧《東塾讀書記》十，第200～202頁。
〔註127〕鍾肇鵬《讖緯論略》，第127頁。
〔註128〕趙伯雄《春秋學史》，第335頁。

世，僖公十九年到襄公十二年爲一世，襄公十三年到哀公十四年又爲一世，這是爲了解釋《春秋》首尾爲何是二百四十二年的一種離奇的說法。至於何休的「三世說」爲何要依據《春秋緯》的標準，而沒有採納《孝緯》，徐彥解釋說：

> 《援神契》者，自是《孝經緯》橫說義之言，更作一理，非是正解《春秋》之物，故何氏自依《春秋說》爲正解明矣。

這種看法不免片面，如前文所述，東漢以來《春秋》與《孝經》的結合甚爲緊密。特別是在緯書的殘文中，可以不止一次地看到《孝經》與《春秋》被糾纏在一起。這種學風的變化，反映在何休身上也非常明顯，如《解詁序》開篇第一句話「昔者孔子有云：『吾志在《春秋》，行在《孝經》。』此二學者，聖人之極致，治世之要務也」，便是出自《孝緯·鈎命決》，而《解詁》全書中對於《孝緯》的引用更不乏其例。所以說，何休有意識地輕視或排斥《孝緯》，並不可靠。對於這個問題，王充《論衡·正說》中的一段敘述便給出了一個很好的解答：

> 或說《春秋》二百四十二年，上壽九十，中壽八十，下壽七十。孔子據中壽三世而作，三八二十四，故二百四十年也。又說爲赤制之中數也。又說二百四十二年，人道浹，王道備。夫據三世，則浹備之說非；言浹備之說爲是，則據三世之論誤。二者相伐，而立其義，聖人之意何定哉？

王充提到的「三世說」，與《援神契》的「三世說」基本相同，都是爲了說明《春秋》首尾年數而造，所不同者只是在一世的年限上，後者爲八十一年，前者爲八十。他敏銳地察覺到這種「中壽三世說」與公羊家們宣揚的「《春秋》二百四十二年，人道浹，王道備」的之間的矛盾。更指出按照這種「中壽三世說」推算，《春秋》的記載年限應當是二百四十年，而不是現在的二百四十二年。這種論難的確很難反駁。《公羊傳》哀公十四年：「何以終乎哀十四年？曰：備矣。」何休注云：「人道浹，王道備。」爲了避免王充提到的種矛盾，何休在宣揚《春秋》「人道浹，王道備」的同時，確實很難再採用「中壽三世說」，這大概就是他在闡發「三世異辭」的時候有意迴避《孝緯》的原因。

徐彥《疏》中提到的第二種「三世說」，出自西漢宣帝時的公羊學者顏安樂。漢代公羊學主要傳自董仲舒，仲舒又授褚大、嬴公、段仲、呂步舒，嬴

公授孟卿、眭孟。眭孟授嚴彭祖和顏安樂，由此《公羊》遂分為嚴、顏二學〔註
129〕。顏安樂雖為董仲舒嫡傳眭孟的高徒，但在對《春秋》「三世異辭」的時
段劃分上，他並未遵從董仲舒之說，而是以襄公二十一年孔子出生以後為「所
見世」。東漢延續西漢立五經十四博士傳統，於《春秋》學僅立公羊嚴氏、顏
氏兩家。顏氏之說是東漢太學中講授的正統公羊學說，應該普遍被當時公羊
的習學者所持守。儘管我們無法確知何休和太學的關係，但從他在《解詁序》
裏所用的「倍經任意」、「反傳違戾」、「俗儒」之類的形容來看，他對太學中
的嚴、顏之學是抱著一股鄙視的態度。關於何休的師承，文獻記載不詳，後
世學者亦眾說紛紜〔註 130〕，但可以肯定的是，何休絕非是拘於家法師說的「章
句之儒」，而是貫通諸學的「通儒」式的人物。這也使得他的許多觀點與當時
正統的公羊學有很大的不同。在「三世」異辭的分期上，他確實採取了與統
治太學的家法師說相異的觀點，而是依據緯書回歸到公羊先師董仲舒那裡，
這也可與范曄對他「不與一般經師同流」和「不與守文同說」〔註 131〕的評語
相印證了。

除了「三世異辭」的分期外，何休「三世說」不與守文同說的地方，更
在於他在此基礎之上推演出的「衰亂世」到「昇平世」再到「太平世」的歷
史遞進模式，來對應於春秋的「所傳聞世」、「所聞世」與「所見世」：

> 於所聞之世，王父之臣恩少殺，大夫卒，無罪者日錄，有罪者
> 不日，略之，「叔孫得臣卒」是也。於所傳聞之世，高祖、曾祖之臣
> 恩淺，大夫卒，有罪無罪皆不日，略之也，「公子益師、無駭卒」是
> 也。於所傳聞之世，見治起於衰亂之中，用心尚粗觕，故內其國而
> 外諸夏，先詳內而後治外，錄大略小，內小惡書，外小惡不書。大
> 國有大夫，小國略稱人；內離會書，外離會不書是也。於所聞之世，
> 見治昇平，內諸夏而外夷狄，書外離會，小國有大夫。宣十一年秋
> 「晉侯會狄於攢函」，襄二十三年「邾婁劓我來奔」是也。至所見之
> 世，著治太平，夷狄進至於爵，天下遠近小大若一，用心尤深而詳，
> 故崇仁義，譏二名。晉魏曼多，仲孫何忌是也。〔註 132〕

〔註 129〕《漢書‧儒林傳》。
〔註 130〕參見黃樸民《何休評傳》，40～44 頁。
〔註 131〕《後漢書》卷 79《儒林列傳‧何休傳》。
〔註 132〕何休《春秋公羊解詁》，見《十三經注疏》，頁 2200。

推究「太平」、「昇平」等說法，何休之前就已存在。段熙仲曾據《隋書・袁充傳》中引京房《別對》云：「太平日行上道，昇平日行次道，霸代日行下道。」的記載，認為何休的「三世說」可追溯至京房〔註133〕。這是從文字異同角度所得的結論。作為漢代象術易代表的孟京易學，與東漢流行的讖緯有著緊密的關係，《易緯》本就由孟京易學發展而來。不過將「太平」、「昇平」等詞語聯繫在一起出現的情況，卻並不只存在於京氏《易》中，它們在《孝緯》、《禮緯》和《春秋緯》等緯書中更頻繁地出現，如《孝緯・援神契》：「十世昇平至德通神明。」（《文選・曹子建求自試表序》引）《孝緯・鉤命訣》：「明王用孝昇平致譽。」（《文選・張平子東京賦》注、《曹子建求自試表》注引）《禮緯・斗威儀》：「政太平則日五色，政公平則日黃中而赤暈，政和平則日黃中而黑暈，政象平則日黃中而白暈，政昇平則日黃中而青暈。」（《太平御覽》卷 3 引）「政太平則月多耀，政頌平則赤明，政和平則黑明，政象平則白明，政昇平則青明。」（《太平御覽》卷 4 引）「君承土而王，其政太平，則日五色無主。君承木而王，其政昇平，則黃中而青暈。乘火而王，則黃中而赤暈。乘金而王，則黃中而白暈。乘水而王，則黃中而玄暈。」（《太平御覽》卷 872 引）這些例子清楚地表明，何休「三世說」中使用的「太平」、「昇平」的概念及其聯用的方式，最有可能源於緯書。

可以說，何休的「三世說」正是糅合了前代公羊師說以及讖緯學說的思想資料而加以改造形成的。從經學的方法上看，其最大的特點便是將公羊學說中原有的「異內外」與「三世異辭」兩個命題相互結合，從而形成了「內其國而外諸夏」的「所傳聞之世」，「內諸夏而外夷狄」的「所聞世」和「夷狄進至於爵，天下遠近大小若一」的「所見世」。從時間上說，他把隱、桓、莊、閔、僖五代定位「衰亂」之世，把文、宣、成、襄四代定為「昇平」之世，把昭、定、哀三代定為「太平」之世，表明「三世」是不同而又前後遞進的歷史發展階段。而在這不同的階段中，一世比一世更治理，一世比一世道德境界更高，一世比一世更發展，從而使春秋二百四十二年的歷史呈現出一種階段性發展的進步過程。從空間上看，隨著時間的推移，「王化」會向周圍擴散，從而使得一世比一世王化更普及，一世比一世統一趨勢更強，一世比一世民族更加融合。於是，整個春秋就變成了從「內其國而外諸夏」到「內

〔註133〕段熙仲《春秋公羊學講疏》，南京：南京師範大學出版社，2002 年版，第 496 頁。案，《隋書・天文志》亦載此語。

諸夏而外夷狄」再到「夷狄進至於爵」的一部由「衰亂世」到「昇平世」進
而到「太平世」的歷史。

「所見異辭、所聞異辭、所傳聞異辭」與「內其國而外諸夏，內諸夏而
外夷狄」是《公羊傳》本有的書法，但原先彼此相互獨立，並無必然的聯繫。
在董仲舒那裡雖有一定的發揮，但從未將二者牽混一處〔註134〕。何休將「異
內外」與「三世」說相結合，寓夷夏之變於「三世」學說之中，是對公羊學
說的一個發展〔註135〕。他認為經傳不同時期「異辭」都對應著魯國、諸夏與
夷狄的「內外」界限的變化，從而將「三世異辭」與「異內外」結合起來，
這是一種將《公羊傳》書法條例化的結果，在一定程度上這就違背了公羊學
中《春秋》「無達辭」而義「有常有變」的精神。所以在對經傳進行解釋的時
候，何休有時不免會陷入自相矛盾的境地，而難緣其說。但拋開這些經學上
煩瑣的解說，從其本身的思想特點來看，這其中不能不說也反映出何休的一
些卓識。那就是他確實試圖從經傳的文字中尋找到一種時間上的先後階段與
空間中的內外層次之間的對應結合關係〔註136〕。從歷史觀的角度來看待這種
關係，更可以認為何休是把這種結合引入了對歷史的思考，從而將空間中的
「一統」理解為時間上的一種發展趨勢和結果，他也由此造就了中國古代思
想史當中最為獨特的一種歷史進化理論。

三、歷史與學說的矛盾

何休「三世說」體現的是一種理想的發展史觀，但這種歷史發展的三階
段論卻是與春秋實際的歷史過程相違背的。因為按照孔子以來的看法，春秋
時期的情況恰是一個愈來愈亂的過程〔註137〕，根本不是何休所說的那樣由「衰

〔註134〕關於董氏的「三世說」的論述已見上文。而其關於「異內外」之說，如《春
　　　　秋繁露・王道》云：「親近以遠來，故未有不先近而直遠者也。故內其國而外
　　　　諸夏，內諸夏而外夷狄，言自近者始也。」
〔註135〕何休在對「三世說」的發展上，確實與東漢公羊家的觀點有很多不同之處。
　　　　比如何休認為夷狄可以進至於爵，就與《白虎通》中「夷狄者，與中國絕域
　　　　異俗，非中和氣所生，非禮義所能化，故不臣也」的說法不符。《白虎通》的
　　　　這一理論應該普遍地被東漢公羊學者所持守，在這個問題上何休並沒有抱守
　　　　其說，他的解釋更符合《公羊傳》的原旨。
〔註136〕參見劉家和、李景明、蔣重躍《論何休〈公羊春秋解詁〉的歷史哲學》，《江
　　　　海學刊》，2005 年第 3 期。
〔註137〕《論語・季氏》。

亂」至「昇平」進而到「太平」的情景。何休本人並非不知道這一點，他曾
就此言道：

> 魯成就周道之封，齊、晉霸尊周室，之後長狄之操，無羽翮之
> 助，別之三國，皆欲爲君。比象周室衰，禮義廢，大人無輔佐，有
> 夷狄行，事以三成，不可苟指一，故自宣、成以往，弑君二十八，
> 亡國四十。〔註138〕

可見，何休自己也不得不承認春秋二百四十二年間均爲亂世。這樣，他所說的
「昇平世」、「太平世」在實際的春秋歷史當中就無所實現了。爲此他又解釋說：

> 《春秋》定、哀之間文致太平；欲見王者治定，無所復爲譏。
> 唯有二名，故譏之。此《春秋》之制也。

徐彥疏云：「云《春秋》定、哀之間，文致太平者，實不太平，但作太平而已，
故曰『文致太平』也」〔註139〕。按實際歷史來看，定、哀之間並非「太平」
而是「衰亂」之世，所以何休所說的「太平」並非是眞的太平，僅僅是《春
秋》在文辭上所表達的「太平」，即「文致太平」而已。

在何休「三世說」當中，倡導的是一種進化的歷史觀點，而其所依託的
春秋之世卻是愈發混亂的亂世，如何理解這種背離客觀歷史的矛盾呢？清人
皮錫瑞對此有過「借事明義」的說法：

> 春秋初年，王迹猶存；及其中葉，已不逮春秋之初；至於定、
> 哀，駁駁乎流入戰國矣。而論春秋三世之大義，《春秋》始於撥亂，
> 即借隱、桓、莊、閔、僖爲撥亂世；中於昇平，即借文、宣、成、
> 襄爲昇平世；終於太平，即借昭、定、哀爲太平世。世愈亂而《春
> 秋》之文愈治，其義與時事正相反，蓋《春秋》本據亂而作，孔子
> 欲明馴致太平之義，故借十二公之行事，爲進化之程度，以示後人
> 治撥亂之世應如何，治昇平之世應如何，治太平之世應如何，義本
> 假借，與事不相比附。《公羊疏》於《注》，至所見之世著治太平，
> 云當爾之時，實非太平，但《春秋》之義，若治之太平於昭、定、
> 哀也，猶如文、宣、成、襄之世，實非昇平，但《春秋》之義，而

〔註138〕何休《春秋公羊傳解詁》，見阮元校刻《十三經注疏》，第2271頁。按，據阮
元《校勘記》，當爲「弑君」二十，「亡國」二十四，見《十三經注疏》，第
2275頁。
〔註139〕見阮元校刻《十三經注疏》，第2339頁。

見治之昇平。然《疏》之解此，亦甚明矣。昧者乃引當時之事，譏其不合，不知孔子生於昭、定、哀世，豈不知其爲治爲亂！公羊家明云世愈亂而《春秋》之文愈治，亦非不知其爲治爲亂也。〔註140〕

皮氏將「三世」義作爲孔子的思想，顯然於事實不符，但用他所說的「借事明義」來解釋何休的「三世說」卻很合適。何休發展「三世說」的眞意並不要說明歷史曾經是怎樣，而是要說明王者之治應該是怎樣的。所以他的「三世說」只是借春秋的歷史來表達他的政治觀點，這正是孔子「我欲載之空言，不如見之於行事之深切著名也」〔註141〕的做法。這種「借事明義」在漢代的公羊學家的思想中並不少見，如西漢公羊家以「《春秋》當新王」，「緣魯以言王義」，都是把魯作爲一種政治模型，何休則是要使這一模型更具體化，試圖用這一模型來體現撥亂世而反諸正、由諸侯割據而天下一統的全過程〔註142〕。正因爲如此，在是否應該將「三世說」當作歷史觀來看待的問題上，學者們也有不同的見解。例如林義正在其新作中就指出對「公羊三世說」的詮釋自古以來有「書法義」、「致治義」與「史觀義」三類，而「公羊三世義」是透過書法來彰顯的一種致治三階段，並不是一種歷史哲學〔註143〕。應該說，林先生將「三世說」作爲一種政治學說的觀點確有其理，但就中國古代的政治學說而言，其與歷史的聯繫極爲密切這一個事實似乎也不該忽視。從一定意義上說，中國古代的政治思想當中「史」的意味本身就很濃厚，與史學的關係也極爲密切。所謂「文以載道」、「未嘗離事而言理」等等，都包含有豐富的思想內容。以先秦爲例來說，翻閱戰國諸子的作品，不難看到很多古史記載都受到作者政治觀點的影響，有時作者甚至會不惜對史實加以改造，以適應或遷就他們的觀點。孔子作《春秋》以道名分，一個重要的原因，就是利用歷史來講政治。這種傳統自然也被公羊家們所繼承，他們正是從這種角度上來理解和發掘《春秋》大義的。例如董仲舒就曾說過：「孔子知言之不用，道之不行也，是非二百四十二年之中，以爲天下儀表，貶天子，退諸侯，討大夫，以達王氏而已矣」〔註144〕。認爲孔子敘述二百四十二年的史事中，貫

〔註140〕皮錫瑞《經學通論・春秋》，「論三統三世世借事明義黜周王魯亦是借事明義」條。
〔註141〕《史記・太史公自序》。
〔註142〕參見趙伯雄《春秋學史》，第225頁。
〔註143〕林義正《春秋公羊傳倫理思想與特質》，第216頁。
〔註144〕《史記・太史公自序》。

穿政治思想。政治思想依託與歷史，歷史觀點中又寄寓著政治理念，這種介於學說和歷史之間的思維方式，正是中國古代歷史觀當中的一個值得注意的特點。故此，林氏所謂的「致治義」與「史觀義」，其實只是一物之兩端而已，並不存在本質上的區別。不過，就林先生所析出的「書法義」、「致治義」與「史觀義」三類而言，確也給予了我們一種啓示。即「三世說」本身就是一個歷史的過程，而在此過程當中便不斷被賦予新的內涵與解釋，所謂的書法、政治、歷史等種種意義皆由此而來。

四、「新王」論與讖緯的影響

如上兩節所述，在何休「三世說」所描繪的政治治理圖示中，《春秋》將王者的立場託諸於魯國，並隨時間的推移，「王化」逐漸向周圍擴散，由魯而諸夏，由諸夏而夷狄，從而終於達到「太平」的至治。公羊學理論將王者託諸於魯，「緣魯以言王義」〔註145〕，不過是將魯國作為一種政治模板，藉以闡發其自己的政治理論。可是這種「王魯」說對於漢代的儒生來說，卻有另一層重要的意義，即如何看待孔子地位以及他和漢朝的關係問題。

《春秋》哀公十四年：「西狩獲麟。」在《公羊傳》「麟者，仁獸也。有王者則至，無王者則不至」這樣略帶神秘的解釋中，麒麟這種異獸的出現，便包含著周亡之征和新王將興這兩種意義。董仲舒說過「孔子立新王之道。」〔註146〕至於這個新王是誰，他並沒有明確指出，然而此後的公羊學家們在將興的「新王」究竟是孔子還是代周而起的漢朝這一問題上卻有著微妙的變化。

王充《論衡‧指瑞》中的一段記載便透露出一些信息：

> 《春秋》曰：「西狩獲死麟。」人以示孔子，孔子曰：「孰爲來哉？孰爲來哉？」反袂拭面，泣涕沾襟。儒者說之，以爲天以麟命孔子，孔子不王之聖也。

這裡所說的孔子事出自《公羊傳》記載，故此處儒者也必爲公羊學者無疑。雖然在歷史當中的孔子並非眞的成爲王者，但從「天以麟命孔子」這句話看來，這些公羊學者卻將麒麟的出現視爲孔子受命的祥瑞。如果再聯繫眭孟引述其先師董仲舒「雖有繼體守文之君，不害聖人之受命」〔註147〕的話，就不

〔註145〕《春秋繁露‧奉本》。
〔註146〕《春秋繁露‧玉杯》。
〔註147〕《漢書‧眭孟傳》。

難理解這種觀點的眞正含義了。正如王葆玹指出的，公羊家以麟爲孔子受命之瑞，「這樣的主張給人以野心勃勃的印象，似乎儒家不是一個可以輔佐任何朝廷的學派，而是一個擁戴孔氏而自有其宗教信仰與政治抱負的集團。」〔註148〕如果將這樣的主張在邏輯上作合理的延伸的話，其結論必定是在王朝更迭的順序上，取代周而王天下的本來應當是孔子。對於實際存在的漢朝來說，這無疑是一種危險的理論。漢朝劉姓的君主們自然不會傾向於此，甚至還要加以取締。許愼《五經異議》便記載：

> 公羊說：哀十四年獲麟，此受命之瑞，周亡失天下之異。左氏說：麟是中央軒轅大角獸，孔子修《春秋》者，禮修以致其子，故麟來爲孔子瑞。……許愼謹案：公議郎尹更始，待詔劉更生等議石渠，以爲凶吉不並，瑞災不兼，今麟爲周亡失天下之異，則不得爲瑞，以應孔子至。〔註149〕

尹更始與劉更生（向）都是石渠閣會議中穀梁學派的代表，他們提出麟「不得爲瑞，應孔子至」的觀點，顯然是爲駁斥出自公羊學派的「麟來爲孔子瑞的」〔註150〕說法而發。石渠閣會議的實質便是在穀梁之學在漢宣帝的扶植下，對公羊學派進行壓制。穀梁學者否認「麟爲孔子受命之瑞」，正是爲了迎合了漢宣帝專制主義的意向。許愼的這段記載，恰好從一個方面說明了宣帝時公羊衰落而「穀梁大盛」的原因。

正因爲如此，此後的公羊學理論在將興的「新王」究竟是孔子還是代周而起的漢朝這一問題上便發生著微妙的變化，特別是在何休那裡，這種「麟爲孔子受命之瑞」的理論便遭遇到了徹底的顛覆。《公羊傳》哀公十四年：「孔子曰：『孰爲來哉，孰爲來哉！』反袂拭面，涕沾袍。」何休云：

> 夫子素案圖錄，知庶姓劉季當代周，見薪採者獲麟，知爲其出，何者？麟者，木精。薪採者，庶人燃火之意，此赤帝將代周居其位，故麟爲薪採者所執。西狩獲之者，從東方王於西也，東卯西金象也；言獲者，兵戈文也：言漢姓卯金刀，以兵得天下。不地者，天下異

〔註148〕王葆玹《今古文經學新論》，第256頁。

〔註149〕《禮記正義》引，見阮元校刻《十三經注疏》，中華書局，1980年版，第1425頁。

〔註150〕按照王葆玹考證許愼《五經異議》中所說左氏以爲「麟來爲孔子之瑞」，應當是沿襲公羊「麟爲孔子受命之瑞」之說，今據其說。參見氏著《今古文經學新論》，第254頁。

> 也。又先是〈蟲眾〉蟲冬蹢，彗金精掃旦置新之象。夫子知其將有
> 六國爭疆，從橫相滅之敗，秦項驅除，積骨流血之虐，然後劉氏乃
> 帝，深閔民之離害甚久，故豫泣也。

按照讖緯圖錄的說法，《公羊傳》中提到的「薪採者」與「西狩獲麟」正暗指取代周朝而起的以火德爲王的新的劉姓王朝〔註151〕。於是在何休的筆下，「麟爲孔子受命之瑞」就一變而成爲漢興的祥瑞了。他接著又說道：

> 得麟之後，天下血書魯端門曰：「趨做法，孔聖沒，周姬亡，彗
> 東出，秦政起，胡破術，書記散，孔不絕。子夏明日往視之，血書
> 飛爲赤鳥，化爲白書，署曰《演孔圖》，中有作圖製法之狀。孔子仰
> 推天命，俯察時變，卻觀未來，豫解無窮，知漢當繼大亂之後，故
> 作撥亂之法以授之。

就這樣孔子的《春秋》便也被當做是爲漢而製作的一部撥亂反正的法典了。何休這些觀點來自《書緯·中侯》《春秋緯·演孔圖》，這是他喜引緯書的明證。值得注意的是，「《春秋》爲漢制法」一直被人們看成是漢代公羊學中的一個重要命題，不過在董仲舒那裡只是含糊地提到「孔子立新王之道」〔註152〕、「《春秋》應天作新王之事」〔註153〕，對這個命題做出直白表述的卻是產生與哀平之際的緯書。除去上列何休轉述的例子外，還有：《春秋緯》：「孔子曰：『丘覽史記，援引古圖，推集天變，爲漢帝製法，陳述圖錄。」「丘水精，治法，爲赤制方。」（《春秋公羊傳注疏》隱公第一題引）《孝緯·援神契》：「玄丘制命，帝卯行。」（《魯相史晨碑》引）等等。就這樣，在緯書中孔子便成爲爲漢立法的聖人，劉邦則是受命的帝王了。

　　正如前文所提到的，今文經中公羊學對讖緯的影響最爲直接，緯書中的這種觀點自然是與當時的公羊學說相互影響相互雜糅而成。聯繫我們在之前中提到的董仲舒之後公羊學中出現的「麟來爲孔子瑞」的觀點，公羊學說的這種轉變是非常明顯的。造成這種轉變的一個主要原因，就是公羊學者鑒於這種的觀點在政治上的危險性，便利用讖緯將其改造成爲「麟爲漢將受命之

〔註151〕 按照這種解釋，麟爲木精，木色蒼，象徵著木德的姬周王朝。火燃薪，採薪
　　　　 者獲麟，正象徵象徵代周而起的以火德而王的新的王朝。西狩獲麟，由東往
　　　　 西而去，東卯西金，卯金和在一起就是劉（劉）字，所以這個新王朝便是指
　　　　 漢朝。
〔註152〕 《春秋繁露·玉杯》。
〔註153〕 《春秋繁露·三代改制質文》。

瑞」，其發生的時間約在宣帝召開石渠閣會議之後到哀平之際這個時段內。這種改變對於之後公羊學的發展來說是極為重要的。自石渠閣會議以來，「《穀梁》之學大勝」，王莽當政後，又扶持《左傳》、《周禮》等古文經學，《公羊傳》的地位可謂是岌岌可危了。不過經歷了兩漢之際的動盪後，在東漢的春秋學領域內，公羊之所以能排擠掉穀梁、左氏，在太學中取得獨尊的地位，除去東漢的建立者劉秀對讖緯特別崇信外，公羊利用讖緯提出的「麟為漢將受命之瑞」、「《春秋》為漢製法」能夠為劉漢皇朝的權威和法統提供理論基礎，怕也是一個重要的因素。

行文至此，我們不禁要問，這種理論與何休「三世說」的聯繫又在哪裏呢？如前文所提及的那樣，人們在討論何休的歷史哲學時，都會涉及到「三世說」中由「衰亂」而「昇平」進而「太平」的發展過程和真實的春秋歷史卻是一個愈發混亂的亂世這一對難解的矛盾。造成這種矛盾的原因，恰是何休在描述這種發展過程時依據的是《春秋》「文辭」上的差異（「異辭」），而不是實際歷史的變化。當然，在這當中卻也不排除何休有對實際歷史發展的認識來作為其理論的背景。正如劉家和先生指出那樣，「漢代公羊學家的由衰亂而昇平而太平的三世說雖確有誇大之處（如天下遠近大小若一，在今天的世界上也達不到），但並非完全荒謬絕倫，而是有其相當切實的歷史基礎的。如果說在孔子的時候還不能完全看清楚，那麼到了漢代，公羊學家們再回顧秦漢大一統的歷史來路時，就不難看出春秋時期歷史的真正意義了」〔註154〕。如果從何休強調的「《春秋》為漢製法」這一角度來看，依據於《春秋》文辭中的這個從「衰亂」而「昇平」進而「太平」的變化過程，不正也是漢皇朝由的統一到擴張以及民族融合的歷史過程的寫照嗎？

五、太平思想與漢末清流思潮

與之前宣揚「《春秋》為漢而作」和「麟為孔子受命之瑞」的公羊學家們不同，何休所處的桓靈時期，東漢王朝已經處於瀕臨崩潰的危險邊緣。因此，無論是作為學說的締造者還是實際政治的參與者，這種理論對於他來說，都有著特殊的意義。在他看來，「上有聖明帝王，天下太平，然後乃至」的麒麟，理所當然的應該是「聖漢將興之瑞」。但是，在何休的周圍，絲毫不存在能夠

〔註154〕劉家和《史學的悖論與歷史的悖論》，見氏著《史學、經學與思想》，第 391 頁。

稱作太平的狀態。如同春秋是亂世一樣，何休的時代也是亂世。所以，何休在「三世說」中強調的「太平世」便帶有一種託於自身所處亂世的感懷與期許，更蘊含著對於現實的關注和經世的情懷。這種情懷是和他的黨人身份以及他與清流的密切關係不能分開的。

在政治上，何休始終是作為清流人物中的一員而參與其中。《後漢書‧儒林傳》載：

> 休字邵公，任城樊人也。父豹，少府。休……以列卿子詔拜郎
> 中，非其好也，辭疾而去。不仕州郡。進退必以禮。太傅陳蕃辟之，
> 與參政事。蕃敗，休坐廢錮。

在仕途上，「以列卿子詔拜郎中」和地方州郡的徵辟，都非其所好。可是對於清流首領太傅陳蕃的徵召，他卻欣然響應。建寧元年（168 年）陳蕃死後，何休作為其門生故吏受到牽連，在第二次黨錮之禍中遭到禁錮，直到光和二年（179 年），朝廷對黨禁部分解除後，何休才得以重入仕途。史載其「又辟司徒。群公表休道術深明，宜侍帷幄，佞臣不悅之，乃拜議郎。」因受到宦官的排擠，何休未能得到「侍帷幄」的重用，只擔任了閒職的議郎，這與他曾為黨人的身份有關。

東漢朝廷的黨錮政策一方面禁閉了有正義感的士人們進入仕途的途徑，另一方面卻也刺激了他們內在的進行著述的欲求。在此期間，「以著述為事」成為許多黨人們共同的行動。〔註 155〕這些著述不僅是禁錮者們排解孤寂的行為，更反映出他們對於自然、人生以及現實社會和政治的思考與關切。何休的《公羊解詁》也是在這個時期寫成，借助於注解這種形式，他便曲折地表達了對於時政的譏刺以及在《春秋》和漢制之間尋求脈絡的態度〔註 156〕，從而與當時的清流思潮相互映襯。

例如對《公羊傳》「宋三世無大夫，三世內娶也」一句，何休在僖公二十五年和文公八年的注中分別解釋說：

〔註 155〕如應奉「及黨事起，奉乃慨然以疾自退。追愍屈原，因以自傷，著《感騷》
三十篇，數萬言。」（《後漢書》卷 48《應奉列傳》）荀爽「後遭黨錮，隱於
海上，又南遁漢濱，積十餘年，以著述為事，遂稱為碩儒。」（《後漢書》卷
62《荀淑列傳附子爽傳》）陳紀「及遭黨錮，發憤著書數萬言，號曰《陳子》。」
（《後漢書》卷 62《陳寔列傳附子紀傳》）張奐「時，禁錮者多不能守靜，或
死或徙。奐閉門不出，養徒千人，著《尚書記難》三十餘萬言。」（《後漢書》
卷 65《張奐列傳》）。

〔註 156〕參見吉川忠夫著，王啟發譯《六朝精神史研究》，第一章，第 4 節，南京：江
蘇人民出版社，2010 年版。

> 三世謂慈父、王臣、處臼也。内娶大夫女也。言無大夫者，禮
> 不臣妻之父母，國内皆臣，無娶道，故絕去大夫名，正其義也。外
> 小惡正之者，宋以内娶，故公族以弱，妃黨益彊，威權下流，政分
> 三門，卒生篡弒，親親出奔，疾其末，故正其本。

> 宋以内娶，故威勢下流，三世妃黨爭權相殺，司城驚逃，子哀
> 奔亡，主或不知所任，朝廷久空。

「三世内娶」本是關涉到殷人的婚制與禮俗的問題〔註157〕，何休卻聯繫到宋
國此後發生的妃黨相爭，這已經超出了單純的爲經作注範圍。這種引申的目
的，便是藉此來隱喻東漢中期以後外戚弄權的政治狀況。

對於與外戚交替弄權的宦官，何休在《解詁》中更是用一種隱蔽的手法
加以抨擊。如對《公羊傳》襄公二十九年：「君子不近刑人，近刑人則輕死之
道也」的傳文，他解釋說：

> 刑人不自賴，而用作閽，由之出入，卒爲所殺，故以爲戒。

在此後哀公四年「盜殺蔡侯申」時又解釋說：

> 罪人者，未加刑也。蔡侯近罪人，卒逢其禍，故以爲人君深戒，
> 不言其君者，方當刑放之，與刑人義同。

東漢時期，所謂「刑人」、「刑隸」、「刑餘」以及「司昏守夜」等稱呼都往往
被當成宦官的蔑稱，何休在這裡正是巧妙地運用《春秋》的實例來告誡統治
者寵幸宦官所帶來的禍患。

關於用人與選舉制度，何休在《解詁》中亦曾言到：

> 當春秋時，廢選舉之務，置不肖於位，輒退絕之以生過失，至
> 於君臣忿爭出奔，國家之所以昏亂，社稷之所以危亡，故皆錄之。
> 錄所奔者爲受義者，明當受賢者，不當受惡人也。〔註158〕

同時也借用魯國叔肸的例子說：

> 宣公篡立，叔肸不仕其朝，不食其祿，終身於貧賤，故孔子曰
> 「篤信好學，守死善道。危邦不入，亂邦不居。天下有道則見，無
> 道則隱」，此之謂也。禮，盛德之士不名，天子上大夫不名。《春秋》
> 公子不爲大夫者不卒，卒而字者，起其宜爲天子上大夫也。孔子曰：

〔註157〕參見牟潤孫《宋人内婚》，見氏著《注史宅叢稿》，北京：中華書局，2009 年
　　　　版。
〔註158〕《春秋公羊傳注疏》隱公元年，見阮元校刻《十三經注疏》，2200 頁。

「興滅國，繼絕世，舉逸民，天下之民歸心焉。」〔註159〕

這雖然說的是春秋的問題，但明顯是針對當時由於濁流勢力的干擾而造成的原有的徵辟和選舉制度混亂，以及宦官「寵貴無極，子弟親戚，並荷榮任」〔註160〕的現狀。這種極力主張選用賢者和選拔逸民的觀點，也正是和太學中清流們「文學將興，處士復用」〔註161〕的呼籲相一致的。

從以上的這些事例中不難發現，何休《解詁》的觀點在許多方面都受到了當時清流思潮的影響。他在「三世說」中提出的「太平世」，自也打上了這種烙印。《後漢書・陳蕃列傳》載：

蕃與后父大將軍竇武，同心盡力，徵用名賢，共參政事，天下之士，莫不延頸想望太平。

很早以來，對「太平」的期望便是儒家政治思想中最高標準，而對於身處東漢末年政治漩渦中的清流們，這種標誌更是有著特別的意義。被稱為「不畏強禦陳仲舉」的陳蕃，素為太學生所敬重，更是清流的領袖人物。靈帝繼位後，陳蕃與外戚竇武一起，徵集天下名賢，共參國事，藉以反抗宦官專權。「想望太平」便代表了當時清流士人們對於政治變革的熱烈期待之情。作為陳蕃的辟召者之一的何休，自也曾被這種「太平」的期望所感染。雖然此後陳蕃、竇武謀誅宦官事敗被殺，何休也遭到禁錮，但這種對於現實「太平」的想望，在他的「三世說」中卻以經學的方式得以理念化了。

當然，對於「太平」的想望，並不只限於精英階層的儒家士大夫範圍內，作為一種社會思潮，它有著更廣的社會基礎。在東漢興起的作為「民間思想」代表的道教，對此便有更多的關注。在漢代至少就有兩部以「太平」為名的道經，一部是西漢成帝時期，齊地方士甘忠所撰的《包元太平經》；另一部是東漢順帝時，宮崇將其師于吉所撰進呈朝廷的《太平清領書》，也就是傳世《太平經》。東漢黃巾起義所依託的宗教組織稱為「太平道」，其依據的宗教經典便是《太平經》。馮友蘭曾經認為，何休提出的「太平世」的概念「可能是從農民起義的思想中接受過來的，可能是農民起義思想的曲折反映。」〔註162〕何休與太平道的興起恰好處於同一個時代，從「太平」作為一種廣泛的社會

〔註159〕《春秋公羊傳注疏》宣公十七年，見阮元校刻《十三經注疏》，2288頁。
〔註160〕《後漢書》卷43《朱暉傳附孫穆傳》。
〔註161〕《後漢書》卷53《申屠蟠列傳》。
〔註162〕馮友蘭《中國哲學史新編》（中卷），北京：人民出版社，1998年版，第348頁。

思潮的角度看，二者間存在影響的可能性是有的，但是要講到二者在思想上的具體聯繫，還要在《公羊解詁》與《太平經》的具體比對中才能求得。

不可否認，何休《解詁》中的一些觀點的確與《太平經》的思想有相近之處。如他所說「天地所生，非一家之有，有無當相通。」〔註163〕「明名山大澤不以封諸侯，以為天地自然之利，非人力所能加，故當與百姓共之。」〔註164〕便與《太平經》主張的「財物乃天地中和所有，以共養人也」〔註165〕，任何人不得獨佔的論調頗為相同。又如對於社會模式，《太平經》中把社會分為三個等次，即「太平」、「中平」和「不平」，認為「太平」是最完滿的社會，「逢其太平，則可安枕而治，逢其中平，則可力而行之，逢其不平，則可以道自輔而備之。」〔註166〕這也與何休講的「衰亂」、「昇平」、「太平」遞進有相似之處。

不過就他們對「太平」所作的描述和理解來看，二者間卻又存在著很大的區別。《太平經》中對於「太平」的解釋是從是宇宙和合的角度說的：

> 悉理太者，大也，迺言其積大行如天，凡事大也，無復大於天者也。平者，乃言其治太平均，……氣者，乃言天氣悅喜下生，地氣順喜上養；氣之法行於天下地上，陰陽相得，交而為和，與中和氣三合，共養凡物，三氣相愛相通，無復有害者。太者，大也；平者，正也；氣者，主養以通和也；得此以治，太平而和，且大正也，故言太平氣至也。

在這種「太平」的狀態下，天氣、地氣與和氣相互間發生聯繫，但不產生矛盾，彼此和諧發展、供養萬物。與之相應，在人類社會中，人也分別有男、女、子的關係和君、臣、民的地位，「男女相通，並力同心共生子。三人相通，並力同心，共治一家。君臣民相通，並力同心，共成一國」〔註167〕。人與人之間公平相待，和睦相處，每個人都盡自己的社會責任和義務。可見，在《太平經》中「太平」的基本精神就是要使處於社會各種不同地位的人們的要求，都得到合理的滿足，各個階層的利益互不侵犯，這裡調和論的色彩是非常明顯的。而在何休的描述的「太平世」中卻很少看到這樣的內容。

〔註163〕《春秋公羊傳注疏》隱公元年，見阮元校刻《十三經注疏》，第2199頁。
〔註164〕《春秋公羊傳注疏》桓公十六年，見阮元校刻《十三經注疏》，第2222頁。
〔註165〕王明《太平經合校》，北京：中華書局，1960年版，第247頁。
〔註166〕同上書，第178頁。
〔註167〕同上書，148頁。

另外，《太平經》中闡發的一個重要內容就是「均平」、「均財」、「均化」之類的平均思想。它是從是從天生人和財這個意義上來闡述這種平均的：

> 此財物乃天地中和所有，以共養人也。此家但遇得其聚處，比若倉中之鼠，常獨足食，此大倉之粟，並非獨鼠有也，小內之錢財，本非獨以給一人也。其有不足者，悉當從其取也。〔註168〕

這就說是，人們在財產面前是平等的，人人都有權享用社會財富，不許有人像倉中之鼠那樣，把財產據爲己有。不過，它所說的財產卻僅限於錢糧等生活資料，不包括生產資料如土地等，它只是想通過解決社會消費品分配領域的不合理問題，來改善社會關係。反觀何休，雖然他也在講的「財富均平」，但是他理解的「太平」卻是建立在作爲財富的生產資料（土地）與勞動平均化的井田制的基礎之上的：

> 頌聲者，大平歌頌之聲，帝王之高致也。《春秋》經傳數萬，指意無窮，狀相須而舉，相待而成，至此獨言頌聲作者，民以食爲本也。夫飢寒並至，雖堯、舜躬化，不能使野無寇盜；貧富兼併，雖皋陶製法，不能使彊不陵弱，是故聖人制井田之法而口分之。〔註169〕

在何休看來，造成社會動蕩的原因便是由於百姓的飢寒引發的「野有寇盜」以及貧富分化造成的以強陵弱，改變這種狀況從而達至「太平」的途徑便是恢復古老的井田制。爲此他之後長文注釋中更是對以井田制和以此基礎的社會做了非常詳盡的描述，勾勒出一幅太平盛世的圖景。

這種思想並不是何休的發明。自從戰國孟子以來直至兩漢，人們對於井田制的設想便從未間斷過。作爲思想領域內的一個傳統，恢復井田以行仁政，在東漢後期隨著土地兼併問題的日益嚴重而得到了有力的光大〔註170〕。當時的思想家，如崔寔、仲長統等都曾提出過恢復井田的主張。如仲長統《損益篇》云：

> 井田之變，豪人貨殖，館舍布於州郡，田畝連於方國。身無半通青綸之命，而竊三辰龍章之服；不爲編戶一伍之長，而有千室名邑之役。榮樂過於封君，勢力侔於守令。財賂自營，犯法不坐。刺客死士，爲之投命。至使弱力少智之子，被穿帷敗，寄死不斂，冤

〔註168〕同上書，247頁。
〔註169〕《春秋公羊傳注疏》宣公十五年，見阮元校刻《十三經注疏》，第2287頁。
〔註170〕參見黃樸民《何休評傳》，第229頁。

枉窮困，不敢自理。雖亦由網禁疏闊，蓋分田無限使之然也。今欲
張太平之紀綱，立至化之基趾，齊民財之豐寡，正風俗之奢儉，非
井田實莫由也。〔註171〕

可見將實行井田制當成是「太平之綱紀」，確是當時一些學者的共同的認識。
何休「太平世」以井田制爲中心，很大程度上是與這種思想潮流相一致的。
不過與其他學者抨擊的豪家貨值以及由此引起的財富積聚和土體兼併不同，
何休在《解詁》中對於商業貨殖似乎並沒有過多的譴責，而是將重點放在了
與井田相互配合的地方制度方面來加以解說：

在田曰廬，在邑曰里。一里八十戶，八家共一巷。中里爲校室，
選其耆老有高德者名曰父老，其有辯護伉健者爲里正，皆受倍田，
得乘馬。父老此三老孝悌官屬，墾正比庶人在官吏。民春夏出田，
秋冬入保城郭。田作之時，春，父老及里正旦開門坐塾上，晏出後
時者不得出，莫不持樵者不得入。五穀畢入，民皆居宅，里正趨緝
績，男女同巷，相從夜績，至於夜中，故女功一月得四十五日作，
從十月盡正月止。男女有所怨恨，相從而歌，饑者歌其食，勞者歌
其事。男年六十，女年五十無子者，官衣食之，使之民間求詩，鄉
移於邑，邑移於國，國以聞於天子，故王者不出牖戶盡知天下所苦，
不下堂而知四方。〔註172〕

很顯然，何休所描繪在這套制度中，「里」作爲一個能夠做到「財富均平」的
基層單位被加以強調。這種理想社會便是由里爲基礎，從里到鄉、邑再到國
而逐層統一起來。這種思想來源於儒家經典中記載的古老制度，可是如果將
東漢鄉邑制的確朝著崩壞的方向發展的現實與之相較，就會發現這種強調並
非只是建立在復古的空想中，而是有著明確的現實意義。導致東漢政權走向
瓦解的政治原因除了在朝廷上把持權柄的宦官和他們的敵手之間的鬥爭外，
另一種力量在便是根深蒂固的地方主義，主要是擁有特殊土地利益的地方豪
族和龐大的家族勢力對於地方權力的侵奪。東漢後期的社會現實是地方的豪
族依仗財力與武力，十分露骨地想支配自己周遭的鄉邑社會，在這種被學者
們稱之爲「豪族的領主化」的過程中，引發的小農階層的沒落，同時也加速

〔註171〕《後漢書》卷49《仲長統列傳》。
〔註172〕《春秋公羊傳注疏》宣公十五年，見阮元校刻《十三經注疏》，第2287頁。

了豪族內部分化，導致著古老的鄉邑秩序的解體〔註173〕。何休非常敏銳地察覺到這種變化，並且提醒統治者們建立這種地方基層的秩序對於國家的重要性。伴隨著鄉邑秩序的解體，東漢原有的選舉之法也受到了不同程度的破壞。所以何休接著又講到：

> 十月事訖，父老教於校室，八歲者學小學，十五者學大學，其有秀者移於鄉學，鄉學之秀者移於庠，庠之秀者移於國學。學於小學，諸侯歲貢小學之秀者於天子，學於大學，其有秀者命曰造士，行同而能偶，別之以射，然後爵之。士以才能進取，君以考功授官。

建立在這種制度描述上的論證，不正也表達了清流人士呼籲吸納有德的賢人以及遵守選拔人才的鄉舉里選之法立場嗎？由此便可看出，儘管何休對「太平世」的描繪雖然具有某種程度的空想成分，但這些設計與現實的關聯程度是非常之深刻的，其背景正是古老鄉邑秩序迅速崩潰的狀態。與當時清流人士的策略性的建議和批判式的議論不同，這些思想恰是由借助《春秋公羊傳》這一經典注釋方式間接地表達出來，在委婉與平實之中卻又不免有些晦澀和詭譎了。

我們不妨這樣來總結何休「三世說」產生思想背景：從思想源流和取徑上講，其中既有對之前公羊學說的沿襲，又夾雜著許多讖緯的內容；從思想的社會基礎來看，東漢末社會矛盾和清流思潮的在其中更起到了極大的激勵作用，從而使之成為東漢後期儒家思想當中的一種最為獨特的理論。

不可否認，何休是漢代公羊學的總結者和集大成者，但公羊學在他身後卻幾成絕響，也是不可爭辯的事實。這固然是今文經學衰微的大勢使然，但也有何休本人的一些原因。何休和鄭玄曾有過一次著名的爭辯：

> 時任城何休好公羊學，遂著《公羊墨守》、《左氏膏肓》、《穀梁廢疾》。玄乃發《墨守》，鍼《膏肓》，起《廢疾》。休見而歎曰：『康成入吾室，操吾戈以伐我乎！〔註174〕

作為今文經師的何休敗在了古今雜糅的鄭玄手下。對於何休在這次爭辯中失利的原因，王葆玹曾做過這樣的分析：

> 一方面是由於鄭玄著論之後的中國迅速步入戰亂時期，今文經學各家學者多無暇提出有力的反駁；另一方面是由於何休將闡發義

〔註173〕參見川勝義雄著，徐谷芃等譯《六朝貴族制社會研究》，第二章，第二節，上海：上海古籍出版社，2007年版。

〔註174〕《後漢書》卷35《鄭玄列傳》。

例當成《春秋》公羊學的重點，使公羊學趨於條理化和義理化，並
略有向史學轉化的意向，湊巧的是，條例、義理及史學均爲古文經
學之所長。在這次辯論之後，今文經學在學理上已處劣勢，難以繼
續左右社會思潮的走向。〔註175〕

以「例」解說《春秋》，並不始自何休，自西漢時期已然。如胡毋生即有「條
例」，按何休自己所說，他就曾依據胡毋生之說對《公羊傳》的條例進行歸納
和整理〔註176〕。但《春秋》「無達辭」，故其義「有常有變」，所以解《春秋》
切不可以拘泥於文辭。何休用統一的「例」來解說經傳，往往會有難以圓通
之感，爲此他也創制出許許多多的「變例」來彌縫其說，這樣一來他的公羊
學說就就不免陷入一種繁瑣、牽強與穿鑿了的境地了。何休用「條例」解說
《公羊傳》，有向史學轉化的趨勢，確實是棄其所長，就其所短〔註177〕。由現
在殘存的一些零星記載當中，我們能夠發現鄭玄之所以能夠取得辯論的勝
利，正是由於何休所闡發的「條例」多於史實不相符和。就歷史思想而言，
何休的「三世說」在古代遠不及五德終始說的影響深遠，在他之後幾乎無人
響應，與上述原因不無關係。從這些方面來看，後來的經學家們每每將何休
當作公羊的「罪人」〔註178〕，並非全無道理。

不過，歷史爲人們展示出的卻往往是一個個充滿戲劇性的過程，何休的
「三世說」在陳迹了近兩千年後，卻在近代找到了知音。清代中葉以後思想
家龔自珍、魏源、康有爲、梁啓超等人將其發揚光大，不但在維新變法中成
爲宣揚變法的思想武器，而且蘊含於「三世說」中歷史進化觀點也成爲學人
接受西方近代進化論的內在基礎，從而推進了19世紀中國學術實現向近代學

〔註175〕王葆玹《今古文經學新論》，第275頁。

〔註176〕何休《春秋公羊傳序》云：「往者略依胡毋生條例，多得其正。故遂隱括，使
就繩墨焉。」見阮元校刻《十三經注疏》，第2191頁。

〔註177〕這裡不妨列舉一段陳澧對何休義例所作的評論：「何休以時、月、日爲褒貶，
遂強坐人罪。如宣公十六年『秋，郯伯姬來歸』，何注云：『棄歸，例有罪時，
無罪月。』徐疏云：『有罪時者，此文書秋也。無罪月者，即成五年春王正月
杞叔姬來歸之屬是也。』此但以不書月，強坐以有罪，而又不能言其何罪。
又如成十五年『夏六月宋公固卒』，何注云：『不日者，多取三國賂，非禮也，
故略之。』此以不書日而求其罪不可得，但有三國賂事，遂以坐之耳」（陳澧
《東塾讀書記》，第204頁）。陳氏所云可謂是對何休附會史實而強合其條例
的最好說明了。

〔註178〕皮錫瑞《經學通論》四《春秋》「論存三統明見董子書並不始於何休据其說是
足知古時二帝三王本無一定」條，北京：中華書局，1954年版。

術的飛躍〔註179〕。由此看來，何休又未嘗不是公羊的「功臣」矣！

第四節　歷史中的「常」與「變」

一、「反經」與「行權」

在中國古代思想當中「經」與「權」是很有特色的一對範疇，它們主要反映的是事物的常規性與變動性，或原則性與靈活性之間辯證關係〔註180〕。在漢代的公羊學家看來，《春秋》中就含有這樣的辯證思想。如董仲舒曾經說過：

> 《春秋》之道，固有常有變，變用於變，常用於常，各止其科，
> 非相妨也。〔註181〕

他所說的《春秋》「變」、「常」之道，是根據公羊大義而作的闡發。在《公羊傳》中這種「變常」之義即體現為「經權」的理論，所謂「常」是對「經」而說的，所謂「變」則是對「權」而言的。

在進入正題的討論之前，先有必要對「經」與「權」從字義及思想淵源上作一些闡釋。

關於「經」，《說文》釋曰：「經，織也。」其本義即指織物中與緯線相對的縱線。《說文》釋「緯」曰：「緯，織橫紋也。」徐灝《說文解字注箋》云：

> 蓋織以經為主，而後緯加之。經者所以織也，經其常也。戴氏
> 侗曰：「凡為布帛必先經而後緯，故經始、經營、經常之義生焉。」
> 灝謂大經猶言大綱，故經常亦曰綱常也。

則「經常」是其引申義，指客觀事物恒常不變之常道或法則。

關於「權」，《說文》釋曰：「權，黃華木，從木雚聲。一曰反常。」在指稱具體事物上，「權」原指懸掛在秤桿上的秤錘，可稱量物體的輕重。如《孟

〔註179〕參見陳其泰《清代公羊學》（北京，東方出版社，1997年4月第1版）及《今文公羊學說的獨具風格和歷史命運》（《北京大學學報》（哲學社會科學版），1997年第6期）。

〔註180〕關於這個問題，可參看張立文《中國哲學範疇史》（人道篇）（北京，中國人民大學出版社，1995年版）和葛榮晉《中國哲學範疇通論》（北京，首都師範大學出版社，2002年版）中對「經」和「權」的論述。

〔註181〕董仲舒《春秋繁露・竹林》。

子・梁惠王上》：「權，然後知輕重。」《漢書・律曆志上》：「權者，銖、兩、斤、鈞、石也，所以稱物平施，知輕重也。」《廣雅》：「秤錘謂之權。」徐灝在《說文解字注箋》中更指出：

> 借爲權衡之權，今所謂秤錘也。衡主平，稱物之輕重。

可見，「權」的原意爲秤錘，與「衡」，即秤桿相應，遂構成了測定物體輕重的「秤」。因爲在稱量時需要根據所稱物體的輕重來變換「權」的位置，由此「權」就有了「權力」、「權宜」、「權變」和「變通」等涵義。

至於「權」字如何由許愼所說的黃花木引申爲權力、權謀與權變，章太炎在《章氏叢書・小學問答》中有所詳述：

> 問曰：「《說文》『權，黃華木。』諸言『權衡』『權力』，其本
> 字云何？答曰：「當爲『捲』。《說文》：『捲，氣勢也。』《小雅》『無
> 拳無勇』，《齊語》『有拳勇股肱之力』，皆借爲捲；《齊風・箋》字
> 作『攉』，云勇壯也。是故言『捲力』移以言『錘』。錘者，以勢力
> 挽仰衡，是故錘謂之捲。」

趙紀彬據此又提出「權」的字義的發展經由了四個步驟，即從拳力或勇力到權力、能力、力量，又到標準，最後到權謀、權變之義〔註182〕。

以上是就「經」與「權」的字義略作敍述。若從思維發展的軌迹來看，「經權」之說則發軔於孔子：

> 子曰：可與共學，未可與適道；可與適道，未可與立；可與立，
> 未可與權。〔註183〕

在他看來「權」確是比立身、適道與爲學更高的層次。《論語・微子》載孔子論謂虞仲、夷逸云：

> 隱居放言。身中清，廢中權。

虞仲、夷逸是古代的賢者，逃世隱居，所以被孔子所稱道。《論語集解》引馬融云：「遭亂世，自廢棄以免患，合於權也」〔註184〕。形勢不合適宜，就放言自廢主動退隱以免世患，在孔子看來這是合於權智的變通。這種思想在《荀子》中也有透露，據《哀公》篇記載，魯哀公問賢人於孔子，孔子答道：「所謂賢人者，行中規繩而不傷於本，言足法於天下而不傷於身。」哀公又問何

〔註182〕趙紀彬《釋權》，見氏著《困知二錄》，北京：中華書局，1981年版。
〔註183〕《論語・子罕》。
〔註184〕見阮元校刻《十三經注疏》，第2530頁。

爲大聖，孔子說道：「所謂大聖者，知通乎大道，應變而不窮，辨乎萬物之情性者也。」這裡提到的「行中規繩」者，是守「經」的賢人，而能夠「應變而不窮」的卻是達「權」的大聖了。

孟子繼承孔子關於「權」的思想，又有所發揮。《孟子‧離婁上》記載關於嫂溺援手之事：

> 曰：「嫂溺，則援之以手乎？」曰：「嫂溺不援，是豺狼也。男子授受不親，禮也；嫂溺，援之以手者，權也。」

趙岐注：「權者，反經而善也」〔註185〕。男女之間授受不親，這是常禮；而嫂子溺水，不援手去救援，則是豺狼。在這兩難之中，孟子認爲應該選擇後者，捨棄前者，孟子把這種選擇叫做「權」，即一種在非常情況下的變通之舉。《韓詩外傳》也載孟子之言曰：「夫道二，常之謂經，變之謂權。懷其常道而挾其變權，乃得爲賢」〔註186〕。這是「權」與「經」對稱的先例。

由以上的列舉可知，「行權」思想在孔孟處還只是著重於作一般倫理上的討論，而此後的《公羊傳》則將其引入了歷史領域，成爲思考歷史和評判史事的一種重要依據。《公羊傳》「行權」思想較爲完整的表達，見於對祭仲「出忽立突」一事的評價當中：

> 九月，宋人執鄭祭仲，祭仲者何？鄭相也。何以不名？賢也。何賢乎祭仲？以爲知權也。其爲知權奈何？古者鄭國處於留。先鄭伯有善於鄶公者，通乎夫人以取其國，而遷鄭焉，而野留。莊公死已葬，祭仲將往省於留，塗出於宋，宋人執之。謂之曰：「爲我出忽而立突。」祭仲不從其言，則君必死，國必亡。從其言，則君可以生易死，國可以存易亡。少遼緩之，則突可故出，而忽可故反，是不可得則病，然後有鄭國。古人之有權者，祭仲之權是也。權者何？權者反於經，然後有善者也。權之所設，舍死亡無所設。行權有道，自貶損以行權，不害人以行權，殺人以自生，亡人以自存，君子不爲也。〔註187〕

魯桓公十一年（前701年），鄭國的大臣祭仲被宋國所執，宋人要祭仲驅逐國君昭公忽而迎立宋女所生的公子突。祭仲經過權衡之後，暫時答應了宋國的要求，立的公子突爲君。後來，祭仲又驅逐了公子突，重新迎立忽爲國君。

〔註185〕趙岐《孟子注》，見阮元校刻《十三經注疏》，第2722頁。
〔註186〕許維遹校釋《韓詩外傳》卷2，北京：中華書局，1980年版，第34頁。
〔註187〕《公羊傳》桓公十一年。

對於祭仲的這種行為歷來評價褒貶不一，如《穀梁傳》就指出：

> 死君難，臣之道也。今立惡而黜正，惡祭仲也。〔註188〕

這是從嚴守君臣大義的角度來評價這件事情，所以對祭仲加以貶斥。而《公羊傳》卻對祭仲的行為大加贊許，把他當作了「知權」的賢者。因為在它看來，祭仲如果拒絕宋國的要求，非但自身死難，而且宋國也會攻伐鄭國，到那時不但國君難保，鄭國也可能因此滅亡。祭仲先讓國君忽避難他國，待時機成熟後再驅逐公子突，重新迎立忽為國君，就不但保存了國君，也挽救了鄭國。由此，《公羊傳》進而提出了「經」與「權」的關係，即「權者反於經，然後有善者也。」所謂「經」是指恒常的原則，祭仲「出忽立突」擾亂了君位繼承的宗法制度，「專廢置君」也逾越了大夫的職份，這都是違背「經」的行為。但從「權」的要求看，祭仲的行為雖然違反了「經」卻最終達致了善的結果。可以說「權」實際上是說明了歷史之「常」中有時出現的「變」，以及在其處理上相應的靈活性。

雖然對於「經「和「權」的敘述在《公羊傳》中只此一處，但在全書中確實不止一次地通過對歷史事件的稱述和評價，表達了贊成「行權」的思想。例如《春秋》莊公十九年載：「秋，公子結媵陳人之婦於鄄，遂及齊侯、宋公盟。《公羊傳》云：

> 媵者何？諸侯娶一國，則二國往媵之，以姪娣從。姪者何？兄之子也。娣者何？弟也。諸侯壹聘九女，諸侯不再娶。媵不書，此何以書？為其有遂事書。大夫無遂事，此其言遂何？聘禮，大夫受命不受辭，出竟有可以安社稷利國家者，則專之可也。

陳侯娶婦，魯國有女子隨嫁，魯莊公派公子結送行。因為此前魯國與齊國有隙，公子結出境後遇到齊、宋聯合謀攻伐魯國，於是作出靈活決定，矯奉魯君之命與兩國結盟，以此解除了魯國的國難。按照禮的要求，大夫奉諸侯之命外出朝聘，只限於完成所派遣的本職之事，不能自作主張進行其他活動，否則就是「專命」。然而公子結的行為卻是在危急的情況下所行的「權變」之舉。《公羊傳》用這個例子說明了處於變化的情況下如何以「權」濟「經」。

通過以上所舉的事例可以知道，《公羊傳》認為在社會歷史當中是有「常則」的，如君臣大義、禮法原則等等都是「常」的表現。但它也看到了歷史是在不斷變化的，在一些特殊的情況下，人們的行為就不能恪守常則，而是

〔註188〕《穀梁傳》桓公十一年。

要以「權」應變。可以說，公羊學中的經權思想既是對原則性與靈活性之間的辯證關係所作的精闢論述，同時也是對社會歷史當中的「常」與「變」所作一種深刻思考。

二、「貴時」與「順勢」

在《春秋》三傳當中，《穀梁傳》的思想似乎比較貧乏，它既不像《左傳》那樣重在對社會歷史作出詳細的敘述，也沒《公羊傳》當中的對重大歷史主題的關注。但從書中不多的一些記載來看，對於社會和歷史的發展，《穀梁傳》也有自己獨到的看法。這最明顯地體現在它對宋楚泓之戰的評價當中。

《春秋》僖公二十二年記載：「冬十有一月己巳朔，宋公及楚人戰於泓，宋師敗績。」對此《公羊傳》和《穀梁傳》都有相應的評述。《公羊傳》云：

> 宋公與楚人期，戰於泓之陽，楚人濟泓而來，有司復曰：「請迨其未畢濟而擊之。」宋公曰：「不可。吾聞之也，君子不厄人。吾雖喪國之餘，寡人不忍行也。」既濟，未畢陳。有司復曰：「請迨其未畢陳而擊之。」宋公曰：「不可。吾聞之也，君子不鼓不成列。」已陳，然後襄公鼓之。宋師大敗。故君子大其不鼓不成列，臨大事而不忘大禮，有君而無臣，以為雖文王之戰，亦不過此也。

宋襄公恪守所謂的君子之道，一再貽誤戰機，導致了宋軍的慘敗，但《公羊傳》卻認為他的的做法值得大加讚揚，「雖文王之戰，亦不過此也」，依它看來這簡直是可以比作一場聖戰了。顯然，《公羊傳》是按照「禮」的標準來衡量泓之戰的，但這樣的評論卻背離了當時的客觀形勢，因而也就顯得十分迂闊。

對此，《穀梁傳》卻有不同的看法：

> 泓之戰，以為復雩之恥也。雩之恥，宋襄公有以自取之。伐齊之喪，執滕子，圍曹，為雩之會，不顧其力之不足，而致楚成王，成王怒而執之。故曰：禮人而不答，則反其敬；愛人而不親，則反其仁；治人而不治，則反其知。過而不改，又之，是謂之過。襄公之謂也。古者被甲嬰胄，非以興國也，則以征無道也，豈曰以報其恥哉？宋公與楚人戰於泓水之上。司馬子反曰：「楚眾我少，鼓險而擊之，勝無幸焉。」襄公曰：「君子不推人危，不攻人厄。須其出。」既出，旌亂於上，陳亂於下。子反曰：「楚眾我少，擊之，勝無幸焉。」

> 襄公曰：「不鼓不成列。」須其成列而後擊之，則眾敗而身傷焉，七
> 月而死。倍則攻，敵則戰，少則守。人之所以為人者，言也。人而
> 不能言，何以為人？言之所以為言者，信也。言而不信，何以為言？
> 信之所以為信者，道也。信而不道，何以為道？道之貴者時，其行
> 勢也。

這裡沒有從經文的微言大義上著手，而是從歷史上評價了宋襄公的作為。依
次列舉了他伐齊之喪、執滕子、圍曹、粵之會等等，指出宋襄公爭霸企圖是
自不量力，終於導致了同楚國的戰爭。《穀梁傳》接著又指出，在泓之戰中宋
的失敗完全是因為襄公違背了「倍則攻，敵則戰，少則守」戰爭的原則。宋
襄公「不攻人厄」、「不鼓不成列」的做法似乎是恪守信義的表現，但卻背離
了「道」的要求，所以這種「信」並不是真正意義上的「信」。值得注意的是，
關於「道」，《穀梁傳》提出了一個「道之貴者時，其行勢也」的論斷。對此，
范甯注引范凱曰：

> 道有時，事有勢，何貴於道？貴何於時。何貴於時？貴順於勢。

〔註189〕

這就是說「道」最終是要歸結到「貴於時」和「順於勢」的要求上，也就是
要順應時勢的發展變化。春秋時期，戰爭的規模和殘酷程度都遠遠超過了早
先的時代。宋襄公在戰爭中還遵循那種古老的遊戲式的戰爭規則，是不符合
時代發展要求的，其結果也必然會以失敗而告終。《穀梁傳》在這裡提出的「貴
時」與「順勢」的思想，其中多少已經包含了對客觀歷史發展趨勢的認識。

對於「勢」的論述，在先秦古籍中早已有之，其中「勢」字皆作「埶」。
「埶」甲骨文中寫作，像種植草木之形。《說文》：「埶，穜也。」段玉裁注曰：
「周時六藝字亦作埶……又《說文》無勢字，蓋古用埶為之。」朱駿聲《說
文通訓定聲》也講到了經傳中穜、種、埶字多互借，認為氣勢之「勢」乃「埶」
字之轉注。今人桂勝更是據此指出「埶」字象徵植物一經播種後本身具有的
蓬勃向上的力量趨勢，由此則推演出自然之勢與人為之勢等諸多意義〔註190〕。

作為哲學意義上的「勢」，在先秦時期主要是作為法家的政治術語和兵家
的軍事術語來使用的。如《孫子兵法》中有《勢篇》專門討論「勢」在戰爭
中的重要性。它所說的「勢」是指有利的形式，作戰的態勢等等。在法家那

〔註189〕范甯《春秋穀梁傳集解》；見阮元校刻《十三經注疏》，第2400頁。
〔註190〕桂勝《周秦勢論研究》，武漢：武漢大學出版社，2000年版，第3～11頁。

裡，商鞅提出了「貴勢」，慎到也講到了「重勢」，韓非子則進一步把法、術、勢三者結合創造出一套政治學理論。這些都是就權勢、威勢、勢力而言的。

　　值得注意的是，在《商君書》中還講到了聖人「爲必治之政」的道理：

　　　　聖人知必然之理、必爲之時勢，故爲必治之政。戰，必勇之民；
　　行，必聽之令。是以兵出而無敵，令行而天下服從。黃鵠之飛，一
　　舉千里，有必飛之備也；麗麗、巨巨，日走千里，有必走之勢也。
　　虎、豹、熊、羆，鷙而無敵，有必勝之理也。聖人見本然之政，知
　　必然之理，故其制民也，如以高下制水，如以燥濕制火。〔註191〕

這裡把勢、時、理聯繫在一起，說明聖人只有掌握「必然之理」、「必爲之時勢」，才能爲必治之政。雖然這還是從政治學的意義上所作的討論，但其中提到的「理」與「時勢」已經蘊含著歷史發展的必然道理和客觀趨勢的意思。這同《穀梁傳》中所說的「貴時」與「順勢」的思想非常相似〔註192〕。

　　《穀梁傳》對「順勢」的強調，還表現在傳文中的「定分」即社會分工思想當中。《春秋》成公元年載：「三月，作丘甲。」《穀梁傳》云：

　　　　作，爲也。丘爲甲也。丘甲，國之事也。丘作甲，非正也。丘
　　作甲之爲非正，何也？古者立國家，百官具，農工皆有職以事上。
　　古者有四民，有士民，有商民，有農民，有工民。夫甲，非人人之
　　所能爲也。丘作甲，非正也。」

丘是當時地方行政組織單位，「甲」則指甲士而言。魯國的「作丘甲」的具體內容雖不可詳知，但大抵同晉國的作「爰田」、「州兵」，鄭國的作「丘賦」一樣，都是一種增加軍賦的制度，其目的則是爲了增強對齊國的防禦力量〔註193〕。《穀梁傳》將「作丘甲」之「甲」釋作鎧甲，顯然是從字面而來的附會。雖然這種解釋是錯誤的，但其卻也透露出這樣一些認識：首先，它以「作丘甲」非正，就有反對統治者加重人民的賦稅負擔的意思。其次，它也注意到了民的分職，即有士民、商民、農民、工民之別。《穀梁傳》正是藉此強調了隨著社會的發展，人們在社會生產當中應有其不同的分工，並非所有人都應參與製作鎧甲。

〔註191〕《商君書・畫策》。
〔註192〕《穀梁傳》中的一些思想頗有同《商君書》、《韓非子》相近似的地方，此即
　　　　可視爲一例。關於《穀梁傳》同法家思想的關係，詳見下章第二節。
〔註193〕《左傳》成公元年：「爲齊難故，作丘甲。」

在中國古代的歷史觀當中，「時」與「勢」是比較重要的一對範疇，它們
都涉及到客觀歷史發展的趨勢與法則的問題。瞿林東先生曾經指出：「中國古
代史學家和史學批評家對於歷史變動原因的認識，至少是循著兩條相關的線
索逐步發展的。一條線索是『天命』與『人事』的關係，另一條是『人意』
與『時勢』的關係。這兩條線索在時間上很難截然劃分開來，有時甚至是交
互進行的；而當人們不斷地從『天命』的神秘羈絆下掙脫出來後，他們會更
多地面臨『人意』與『時勢』的困擾」〔註194〕。將「時」與「勢」運用在歷
史撰述當中，用以說明歷史的發展，《史記》當中就已之。此後，對於「時」
與「勢」的討論，代有其人。如唐代思想家柳宗元在繼承前人思想的基礎上，
明確地用「勢」來說明歷史變化的動因。清初學者王夫之又進一步對「勢」
作了闡述，提出「勢」與「理」的對應關係，從而對歷史變化原因作了更高
層次的概括。章學誠在《原道》一文中也用「勢」來解釋「道」的歷史演化。
可以說，從司馬遷到章學誠，中國古代的史學家關於「勢」的觀念經歷了漫
長而有意義的發展過程。如果沿著這一過程向上追溯，對於「時勢」的認識
與把握，早在《商君書》和《穀梁傳》中就已露出了萌芽，這在中國古代歷
史觀的發展當中是有一定意義的。

〔註194〕瞿林東《中國古代史學批評縱橫》，北京：中華書局，1994年版，第68頁。

第三章　社會政治秩序的多重思考

司馬談在《論六家要旨》中曾經說道：

> 《易大傳》云：「天下一致而百慮，同歸而疏途。」夫陰陽、儒、墨、名、法、道德，此務爲治也，直所從言之異路，有省不省耳。〔註1〕

從他的話中不難看出，諸子百家所言雖然各異其趣，但最終都以「爲治」爲其歸趣，實質上都是致意於治理天下的方法。在這些討論中自然不能缺少對於政治秩序、社會制度等方面的關注。正如前人所謂「彰往而察來」〔註2〕，「述往事，思來者」〔註3〕，就史學的目的和意義而言，不僅要以摹繪過往的歷史爲其歸旨，更要在對歷史的思考當中，觀察現實以啓發未來。所以這些問題自然也應該成爲歷史觀研究中所要關注的一個重要方面。

眾所周知，中國古代社會自春秋到戰國，期間明顯發生了一種重大的變化。對此，清初學者顧炎武曾有描述：

> 如春秋時猶尊禮重信，而七國則絕不言禮與信矣，春秋時猶尊周王，而七國則絕不言王矣；春秋時猶嚴祭祀、重聘享，而七國則無其事矣；春秋時猶論宗姓氏族，而七國則無一言及之矣；春秋時猶宴會賦詩，而七國則不聞矣；春秋時猶有赴告策書，而七國則無有矣。邦無定交，士無定主，此皆變於一百三十三年之間，史之闕文，而後人可以意推者也，不待始皇之併天下，而文武之道盡矣。〔註4〕

〔註1〕司馬遷《史記·太史公自序》。
〔註2〕《周易·繫辭下》。
〔註3〕《史記·太史公自序》。
〔註4〕顧炎武《日知錄》卷13「周末風俗」條。

顯然，這是一種觸及面很廣的變化，其中最爲明顯的則是涉及整個社會結構的變化。顧氏所說的這種社會變動，至少在春秋中期就已出現並日趨加劇。對此，孔子早有言道：

> 天下有道，則禮樂征伐子天子出；天下無道，則禮樂征伐自諸侯出。自諸侯出，蓋十世希不失矣；自大夫出，五世希不失矣；陪臣執國命，三世希不失矣。天下有道，則政不在大夫；天下有道，則庶人不議。〔註5〕

這番言論略可反映春秋時期社會結構的變化及其所帶來的政治秩序的改變。就孔子本人來說，他認爲自己所處的正是這樣的一個「無道」的時代：天子式微，諸侯僭禮，大夫當政，陪臣執國命，完全失去了傳統的規範。面對這種亂世的刺激，孔子的歷史思考由現實問題引發，其重心自然也就放在如何建立與穩定社會政治秩序的思考之上〔註6〕。

可是孔子並非在位者，他的政治理想在其一生當中始終無法實現，最終只好將這種重大的責任寄託於《春秋》。孟子曾說：「世衰道微，邪說暴行有作。臣弒君者有之，子弒其父者有之。孔子懼，作《春秋》」〔註7〕。表明孔子希望透過《春秋》的筆削以明褒貶，達到「正名」的目的，以使亂臣賊子懼怕，進而重新建立社會秩序〔註8〕。惟此，他才會有「知我者其惟《春秋》乎！，罪我者其惟《春秋》乎！」〔註9〕的感歎。在其後的「三傳」中，無論其重點在於解經抑或述史，對於政治秩序的關注與構想都成爲它們思想當中的共同部分，從一個側面反映了先秦儒家學派圍繞「爲治」這一主體而展開的思考。

〔註5〕 《論語・季氏》。

〔註6〕 勞思光指出：孔子之時「禮制急遽崩解，由傳統習俗所形成之規範力量即日見消失，天下進入一無序狀態。孔子面對此種嚴重時代的問題，遂以重建一普遍秩序爲己任。」（氏著《新編中國哲學史》第1卷，桂林：廣西師範大學出版社，2005年版，第80頁）。

〔註7〕 《孟子・滕文公下》。

〔註8〕 孔子認爲爲政必以正名爲本。《論語・子路》：「子路曰：『衛君待子而爲政，子將奚先？』子曰：『必也正名乎？』……名不正則言不順，言不順則事不成，事不成則禮樂不興，禮樂不興則刑罰不中，刑罰不中則民無所措手足。』」而正名的目的即在於讓社會中的每一分子個安其位，上下無所覬覦。《論語・顏淵》：「齊景公問政於孔子。孔子對曰：『君君，臣臣，父父，子子。』」即是對正名觀念的明確解釋。

〔註9〕 《孟子・滕文公下》。

第一節　「禮」的標準與政治秩序

一、「禮」──價值評判與歷史思考

　　「禮」在先秦的思想文化當中無疑是最為重要的一個概念。東漢許慎曾釋禮為「事神致福」〔註10〕之事，他這種說法也為近代以來的考古發現所證明〔註11〕。所謂「事神」之事主要是祭祀神靈的行為，這種意義上的「禮」雖然可以追述到甲骨文記述時代之前原始宗教中的儀式典禮，但為後來儒家所稱道「禮樂」卻是指始於西周初期的一套制度與文化上的建構。可以說，作為思想觀念意義上的「禮」，萌芽於周初，顯著於西周之末，而流行於春秋時代〔註12〕。孔子就曾對此說過：

　　　　殷因於夏禮，所損益可知也。周因於殷禮，所損益可知也。〔註13〕

　　　　周兼於二代，郁郁乎文哉，吾從周。〔註14〕

雖然孔子認為，周禮有古遠的起源，夏商周三代的文化有其一脈相傳的聯繫，但「兼於二代」的周禮無疑是他心目中的理想制度。孔子畢生的政治理想也都是為了恢復周禮而努力。

　　在這裡我們不必對周禮的結構、內容及其演變再作闡述，但不可否認，進入春秋以後，隨著周王室的衰微和諸侯國的日益強大，傳統的周禮已經不能再維持社會的秩序，歷史遂進入了一個傳統上稱之為「禮崩樂壞」的時代。正因為如此，「禮」的話題越發被當時的人們所關注和重視〔註15〕。

　　《春秋》當中的一個重要思想就是對「禮」的強調。司馬遷在《太史公自序》中轉述其師董仲舒之言曰：

　　　　《春秋》者，禮義之大宗也。

〔註10〕許慎《說文解字》：「禮，履也，所以事神致福也。從示從豊，豊亦聲。」
〔註11〕如王國維根據殷墟出土甲骨文中有「豊」字這一事實判定，「豊」字乃是會意字，表示「盛玉以侍奉神人之器」。推之而奉神人之酒醴亦謂之醴，又推之而奉神人事通謂之禮。參見《觀堂集林》卷6，第291頁。
〔註12〕參見徐復觀《中國人性論史》（先秦篇），上海：上海三聯書店，2001年版，第41頁。
〔註13〕《論語・為政》。
〔註14〕《論語・八佾》。
〔註15〕劉澤華曾指出：春秋時期「一方面是禮崩樂壞，另一方面又是復興禮的呼聲四起，特別是理論性的論證，為禮的再興提供了理性的根據」（劉澤華《先秦禮論初探》，見《中國文化研究集刊》，上海：復旦大學出版社，1987年版）。

《春秋》之所以能被稱爲禮義之大宗，正是因爲其中蘊含著有關禮義的事例。
清代學者沈欽韓指出：「後之學者，捨禮而言《春秋》，於是以《春秋》爲刑
書，以書法爲司空城旦之科」〔註16〕。劉文淇在《左傳舊注疏證》也認爲「釋
《春秋》必以禮明之。」〔註17〕說明欲研治《春秋》，非懂禮則不能通其大義。
可見講《春秋》不能與禮分開，合禮和非禮的各種事例，即構成了《春秋》
的大義所在。不過，《春秋》究竟只是一部「斷爛朝報」式的史書，它的禮治
思想非得依靠於傳的揭櫫，否則難明其意。《春秋》三傳當中釋禮、論禮之處
甚多，而以《左傳》最爲豐富。漢末大儒鄭玄曾就此說道：

> 《左氏》善於禮，《公羊》善於讖，《穀梁》善於經。〔註18〕

所謂「善於禮」，一方面應是指《左傳》記載朝聘、盟會、祭祀、田獵諸事甚
多，從中多可探詢古禮的遺存。另一方面，《左傳》全書中對「禮」闡發與褒
揚在「三傳」中也最爲突出；崇禮、辨禮、論禮可以說是《左傳》全書貫穿
始終的一種思想精神。據楊伯峻所作的統計，《左傳》中「禮」字出現 492 次，
另外還有「禮食」1 次，「禮書」、「禮經」各 1 次，「禮秩」1 次，「禮義」3 次，
但講「仁」不過 33 次；而《論語》講禮 75 次，講仁卻有 109 次。他由此認
爲《左傳》把「禮」提到最高地位，《論語》卻以「仁」爲核心〔註19〕。這種
單純依靠統計的辦法是否能夠得出準確可靠的結論，我們不必深究〔註20〕，
但是這個比較的結果卻至少反映了《左傳》對「禮」的重視程度。

《左傳》在敘述史事時經常會以「禮」爲標準來判斷事情和評價人物。
例如：

> 秋七月，天王使宰咺來歸惠公、仲子之賵。緩，且子氏未薨，
> 故名。天子七月而葬，同軌畢至；諸侯五月，同盟至；大夫三月，

〔註16〕 沈欽韓《左傳補注序》，叢書集成初編本，北京：中華書局，1985 年版。
〔註17〕 劉文淇《左傳舊注疏證》，北京：科學出版社，1959 年版。
〔註18〕 鄭玄《六藝論》，范宵《春秋穀梁傳集解序》楊士勳疏引，見《十三經注疏》，
第 2358 頁。
〔註19〕 楊伯峻《論語譯注》，北京：中華書局，1980 年版，第 16 頁。
〔註20〕 例如關於孔子思想的核心是「仁」或是「禮」，學界有不同的觀點。如楊伯峻
認爲，孔子批判地繼承春秋時代的思潮，不以「禮」爲核心，而以「仁」爲
核心。匡亞明雖然主張「仁」與「禮」相統一，「仁」是內在的主導因素，禮
是外在的表現形式；但他也認爲孔子還是把「仁」放在「禮」之上的（參見
氏著《孔子評傳》，濟南：齊魯書社，1985 年版）。蔡尚思則力主在孔子思想
中，「禮」是主體，孔子之學是禮學（參見氏著《孔子思想體系》，上海：上
海人民出版社，1982 年版）。

同位至；士逾月，外姻至。贈死不及尸，弔生不及哀，豫凶事，非
禮也。〔註21〕

　　冬，公至自唐，告於廟也。凡公行，告於宗廟。反行，飲至、
舍爵，策勳焉，禮也。〔註22〕

　　二十四年春，刻其桷，皆非禮也。〔註23〕

像這樣的「禮也」、「非禮也」的記載在書中出現頻率相當之多。上自國之大
事、外交往來，下至宗廟中的布飾定制、生活起居等事例，《左傳》對它們都
有是否符合禮制標準和規範要求的評述，這其中就反映出作者對於政治秩
序、倫理關係等方面所作的歷史思考與評判。

　　這種事例，又被稱為「禮經」：

　　　七年春，滕侯卒。不書名，未同盟也。凡諸侯同盟，於是稱名，
　　故薨則赴以名，告終稱嗣也，以繼好息民，謂之「禮經」。〔註24〕

關於滕侯的去世，《春秋》只寫了「滕侯卒」三字，卻沒有記載滕侯的名氏。
《左傳》為之作了補充，說明國君之卒，必須先發訃告通知同盟的國家，告
知嗣位者是誰，這樣便是「禮經」〔註25〕。杜預釋「禮經」說：「乃周公所制
禮經也……仲尼修《春秋》，皆承策為《經》。丘明之《傳》博采眾記，故始
開凡例」〔註26〕。這樣的解釋未必符合《左傳》的本義。按字義訓示，「經」
乃是常例、常道之意〔註27〕，「禮經」指的正是正常合禮的大法〔註28〕，換句
話說是正常的合理的社會法則。

〔註21〕 《左傳》隱公元年。
〔註22〕 《左傳》桓公二年。
〔註23〕 《左傳》莊公二十四年。
〔註24〕 《左傳》隱公七年。
〔註25〕 查檢《春秋》全文，同盟而不書名者，例子尚多。如隱公八年六月「辛亥，
　　　　宿男卒。」成公十四年「秦伯卒。宿、秦均未同盟之國，而未稱名。僖公二
　　　　十三年又云：「凡諸侯同盟，死則赴以名，禮也。赴以名，則亦書之，不然則
　　　　否，辟不敏也。」則稱名於不稱名，又以赴告為據。參見楊向奎《略論「五
　　　　十凡」》，見氏著《繹史齋學術文集》，第216頁。
〔註26〕 杜預《春秋經傳集解》，第41頁。
〔註27〕 《說文》云：「經，織也」。徐灝《說文解字箋》：「經者，行之織也，經其常
　　　　也。」王肅《周易集解》曰：「經，常也。」按以上諸說，「經」本義是指織
　　　　布的經絲，引申則為經常、常道、規則之義。
〔註28〕 《禮記・禮器》：「必舉其定國之數，以為禮之大經。」《禮記・祭統》：「禮有
　　　　五經，莫重於祭」（五經指吉禮、凶禮、賓禮、軍禮、喜禮）。所謂「禮經」，
　　　　即指此類。

在《左傳》作者眼中，這種「社會法則」不僅是用作歷史評價當中的一個標準，它更直接關係著社會局勢的治亂興衰。《左傳》襄公十三年「君子曰」對此有較爲完整的表述：

> 世之治也，君子尚能而讓其下，小人農力以事其上，是以上下有禮，而讒慝黜遠，由不爭也，謂之懿德。及其亂也，君子稱其功以加小人，小人伐其技以馮君子，是以上下無禮，亂虐並生，由爭善也，謂之昏德。國家之敝，恒必由之。

在這裡「上下」之間的「有禮」或「無禮」，顯然被當作了國家治與亂的重要原因。所謂「國家之敝，恒必由之」，在作者看來又近似乎一種歷史發展的定律。所以《左傳》主張以「禮」爲模式，建立並鞏固傳統的政治等級秩序。這種秩序規範的具體內容，在書中是借晉師服之口得以說明：

> 國家之立也，本大而末小，是以能固。故天子建國，諸侯立家，卿置側室，大夫有貳宗，士有隸子弟，庶人、工、商，各有分親，皆有等衰。是以民服事其上而下無覬覦。〔註29〕

「禮」的精神即在於「分」和「有別」，所謂「本末」、「上下」、「分親」、「等衰」即爲「有別」的反映，而維持它們的目的和結果則是「民服事其上而下無覬覦」。這段言論可以說對宗法等級制度的合理性和必要性都作出了理論上的論證。

《左傳》中的「禮也」或「非禮也」的評斷，許多都是針對著維護上述政治秩序而發的。如莊公十八年（前676年），虢公丑和晉獻公一起朝見周天子，惠王給他們的賜品都是「玉五瑴，馬三匹」。公與侯顯然有著不同的「名位」，即政治等級。按照「禮」的規定，對其的賜品也要有所不同，以此來體現上下之別。但周王卻不加以區別，實際上是違反了「皆有等衰」的秩序規定，以至於遭到了《左傳》「非禮」〔註30〕的譴責。相反，對於有助於維護宗法等級制度傳統的行爲，在大多數情況下，《左傳》都抱著褒揚和贊許的態度。如魯襄公十年（前563年），晉國平定偪陽，晉悼公命周內史「選其族嗣，納諸霍」。這是「繼絕世」和「滅國不絕祀」的舊傳統，所以被《左傳》稱之爲「禮也」〔註31〕。又如魯昭公五年（前537年），晉國大夫韓宣子由楚返晉路

〔註29〕《左傳》桓公二年。
〔註30〕《左傳》莊公十八年。
〔註31〕《左傳》襄公十年。

經鄭國，鄭簡公「勞諸圉」，而韓宣子卻「辭不敢見」。儘管按照當時的國勢來看，晉強鄭弱，但韓宣子是大夫，鄭簡公是國君，所以韓宣子只能接受鄭國大夫的慰勞。他的這種態度正是「上下有禮」的體現，因此也得到《左傳》「禮也」〔註32〕的肯定。

從這種維護「禮」的角度出發，《左傳》對春秋時期一些諸侯國進行的改革，則持反對態度。例如，魯宣公十五年（前594年）魯國實行「初稅畝」，正式承認私田合法，並按畝收稅。《左傳》對此評論說：「非禮也。穀出不過籍，以豐財也」〔註33〕。認為只有周代「籍田以力」的井田制才是豐富財貨的好辦法。

在政治上，《左傳》也反對成文法的公佈。魯昭公六年（前536），鄭國的子產把「刑書」鑄在鼎上公佈，即所謂的「鄭人鑄刑書」。晉國大夫叔向為此移書子產表示反對，《左傳》記載下了這封書信的內容：

> 昔先王議事以制，不為刑辟，懼民之有爭心也。猶不可禁禦，是故閑之以義，糾之以政，行之以禮，守之以信，奉之以仁，制為祿位，以勸其從，嚴斷刑罰，以威其淫。懼其未也，故誨之以忠，聳之以行，教之以務，使之以和，臨之以敬，蒞之以彊，斷之以剛。猶求聖哲之上、明察之官、忠信之長、慈惠之師，民於是乎可任使也，而不生禍亂。民知有辟，則不忌於上，並有爭心，以徵於書，而徼幸以成之，弗可為矣。夏有亂政，而作《禹刑》，商有亂政，而作《湯刑》，周有亂政，而作《九刑》，三辟之興，皆叔世也。今吾子相鄭國，作封洫，立謗政，制參辟，鑄刑書，將以靖民，不亦難乎？《詩》曰：「儀式刑文王之德，日靖四方。」又曰：「儀刑文王，萬邦作孚。」如是，何辟之有？民知爭端矣，將棄禮而徵於書。錐刀之末，將盡爭之。亂獄滋豐，賄賂並行，終子之世，鄭其敗乎！肸聞之，「國將亡，必多制」，其此之謂乎！

這番言辭是春秋時期政治領域內關於「禮治」與「法治」兩種思想矛盾與碰撞的一段最為具體的報導。叔向從歷史出發，指出先王之道「不為刑辟」，而夏商周三代亂政的根源，皆在於刑辟之作。禮的本義是講「等差」的，而法的作用卻是「同一」的，這就難免破壞了宗法社會原有的尊卑貴賤的等級秩

〔註32〕《左傳》昭公五年。
〔註33〕《左傳》宣公十五年。

序。所以叔向認為，「棄禮而用刑」結果只會帶來民眾「不忌於上」、「並有爭心」等一系列的後果。人們的行為只考慮到刑法，就不會再出現由禮治而來的對統治者的敬畏之心的服從。

在叔向致書子產的二十三年之後，叔向自己的祖國晉國也鑄了刑鼎，把前執政范宣子所作的刑書刻在上面拿來公佈。《左傳》在敘述這件事的同時，也記載下孔子對此的批評：

> 晉其亡乎！失其度矣。夫晉國將守唐叔之所受法度，以經緯其民，卿大夫以序守之。民是以能尊其貴，貴是以能守其業。貴賤不愆，所謂度也。文公是以作執秩之官，為被廬之法，以為盟主。今棄是度也，而為刑鼎，民在鼎矣，何以尊貴？貴何業之守？貴賤無序，何以為國？且夫宣子之刑，夷之蒐也，晉國之亂制也，若之何以為法？〔註34〕

孔子是站在「道之以德，齊之以禮」〔註35〕的禮治立場上的，所以他的評論與叔向所說的大致相同，都是維護和懷念一種溫情脈脈、彬彬有禮的禮制秩序。《左傳》所引叔向、孔子的言論在一定程度上也能反映作者自己的觀點。在他看來，「民有爭心」即為「亂政」的根源所在，而禮治所規定的等級制度的要義在於削解爭心，使得「民服事其上而下無覬覦」〔註36〕，從而達到治世的目的。所以《左傳》是竭力反對這種「棄禮」而用法的做法的。

前文業已指出，《左傳》對於春秋時期的社會變動持有一種肯定的態度，表現出發展的歷史變易思想。所以，作者應該能夠意識到春秋是一個禮治秩序日趨解體的時代，但在對待如何重建社會政治秩序這一問題上，他卻主張采用鞏固傳統宗法社會中的禮治秩序的方法來響應這種歷史的變動，這就又不免退回到保守中去了。

當然，如果站在今人的角度上來看待這個問題，這種思想也並非沒有其積極的因素。那就是它多少透露了這樣一種認識：運用單純的法令秩序，顯然是難以達到治國安幫的效果，要做到長治久安還需要依靠禮義教化等綜合性的手段〔註37〕。這種認識在一定程度上也是被後來的歷史發展所證明了的。

〔註34〕《左傳》昭公二十九年。

〔註35〕《論語‧為政》。

〔註36〕《左傳》桓公二年。

〔註37〕舉例來說，這種思想在《左傳》記載的子產答覆叔向責難的的回信中就可以看到。子產在回信中說：「若吾子之言。僑不才，不能及子孫。吾以救世也。

二、關於「禮」的新認識

（一）「禮」與「儀」的辨析

《左傳》的崇禮，除了表現在將「禮」作爲歷史評價、價值判斷的標準外，還存在於全書眾多的禮論當中。這些禮論，一方面故然有承接西周至孔子以來的傳統觀念的地方；另一方面，由於時代的差異，也決定了其中的一些思想有不同於以往的地方，從而反映出了《左傳》對於「禮」的一些新的認識。

同以往的思想相比較，《左傳》中關於禮的論述，顯然更加強調了「禮」作爲社會規範和政治秩序的價值和標準。《左傳》昭公二十五年載：

> 子大叔見趙簡子，簡子問揖讓周旋之禮焉。對曰：「是儀也，非禮也。」簡子曰：「敢問何謂禮？」對曰：「吉也聞諸先大夫子產曰：『夫禮，天之經也，地之義也，民之行也。』……」簡子曰：「甚哉，禮之大也！」對曰：「禮，上下之紀，天地之經緯也，民之所以生也，是以先王尚之。故人之能自曲直以赴禮者，謂之成人。大，不亦宜乎？」

據徐復觀考證，《詩經》上言「禮」，多和「儀」連在一起，或多偏重於「儀」的意義，重在生活的形式方面。但到春秋時代，則有時將「禮」與「儀」分開，而使其與生活之內容密切關聯著，這是「禮」的意義進一步的發展〔註38〕。《左傳》中的這段記載，正反映出關於「禮」的新觀念在春秋時期的確立。這種觀念注重於「禮」和「儀」的區分。區分的原因，從上引材料中可以看得很清楚，即「禮」已不應只是一套人所遵循的形式上的儀節，而是要有其內在的本質。這種本質重在「上下之紀」，就是要有自覺明確的社會規範，尤其應包括經國濟世的有助於建立統治秩序的內容。值得注意的是，子大叔這番話更是將「禮」看作是天、地、民的普遍法則，即所謂的「天之經、地之義、民之行」。這裡「天經」、「地義」代表了宇宙自然的法則，而作爲「民行」的「禮」則是人世社會傚仿自然的法則而建構的，顯然「禮」在這裡被賦予了一種形而上的涵義。

既不承命，敢忘大惠。」（《左傳》昭公六年）從這封信的內容來看，子產自己也認爲「鑄刑書」不過是爲了緩和社會現實矛盾（即所謂的「救世」）的權宜之計，而無法顧及到子孫後代。

〔註38〕徐復觀《中國人性論史》（先秦篇），第41頁。

這種「禮」與「儀」的分別更是被《左傳》作者所認同。《左傳》昭公五年載：

> （魯昭）公如晉，自郊勞至於贈賄，無失禮。晉侯謂女叔齊曰：「魯侯不亦善於禮乎？」對曰：「魯侯焉知禮？」公曰：「何爲？自郊勞至於贈賄，禮無違者，何故不知？」對曰：「是儀也，不可謂禮。禮所以守其國，行其政令，無失其民者也。今政令在家，不能取也。有子家羈，弗能用也。奸大國之盟，陵虐小國。利人之難，不知其私。公室四分，民食於他。思莫在公，不圖其終。爲國君，難將及身，不恤其所。禮之本末，將於此乎在，而屑屑焉習儀以亟。言善於禮，不亦遠乎？君子謂：「叔侯於是乎知禮。」

魯昭公在訪問晉國的各種儀典之上，其進退應對都能合於禮數，並無失禮之處，但晉大夫女叔齊卻批評昭公不懂得「禮」。因爲在他看來，「禮」的要求是要能夠守國、行令和得民，而郊勞至於贈賄的一套繁文縟節只是「禮」的儀度，而非「禮」的實質。這裡女叔齊表達了和子大叔同樣的思想。《左傳》用「君子謂」的形式肯定了女叔齊的觀念，稱讚他「於是乎知禮」。可見，在作者的眼中「禮」已不再被當成是一種形式上的儀式與節度，突出的是其作爲政治秩序的核心原則的意義。

在《左傳》記載的其他關於「禮」的議論當中，更是可以看到這種強調「禮」作爲政治秩序核心的傾向。如「禮，經國家、定社稷、序人民、利後嗣也」〔註39〕。「夫名以制義，義以出禮，禮以體政，政以正民」〔註40〕。「夫禮，所以整民者也」〔註41〕，「禮，國之幹也」〔註42〕等等。其中最爲突出的事例則見於齊景公與晏嬰的一段對話當中：

> 齊侯與晏子坐於路寢，公歎曰：「美哉室！其誰有此乎？」晏子曰：「敢問何謂也？」公曰：「吾以爲在德。」對曰：「如君之言，其陳氏乎！陳氏雖無大德，而有施於民。豆區釜鍾之數，其取之公也薄，其施之民也厚。公厚斂焉，陳氏厚施焉，民歸之矣。《詩》曰：『雖無德與女，式歌且舞。』陳氏之施，民歌舞之矣。後世若少惰，

〔註39〕《左傳》隱公十一年。
〔註40〕《左傳》桓公二年。
〔註41〕《左傳》莊公二十三年。
〔註42〕《左傳》僖公十一年、襄公三十年。

陳氏而不亡，則國其國也已。」公曰：「善哉！是可若何？」對曰：
「唯禮可以已之。在禮，家施不及國，民不遷，農不移，工賈不變，
士不濫，官不滔，大夫不收公利。」公曰：「善哉！我不能矣。吾今
而後知禮之可以爲國也。」對曰：「禮之可以爲國也久矣。與天地並。
君令臣共，父慈子孝，兄愛弟敬，夫和妻柔，姑慈婦聽，禮也。君
令而不違，臣共而不貳；父慈而教，子孝而箴；兄愛而友，弟敬而
順；夫和而義，妻柔而正；姑慈而從，婦聽而婉；禮之善物也。」
公曰：「善哉！寡人今而後聞此禮之上也。」〔註43〕

齊景公感歎於陳氏的強大和好施，認爲有可能使齊國政權歸陳氏所有。對此
晏嬰則提出「唯禮可以已之」的看法，認爲只有恢復「禮」才是挽救政局的
唯一辦法。顯然在這裡《左傳》的作者又借助晏嬰之口，把「禮」在建立社
會規範和穩定政治秩序中所具有作用大大地強調了。

（二）「量力」、「相時」與「荷祿」

《左傳》在強調禮儀之分的同時，還指出在具體的實踐當中，「禮」的實
施要遵循量力而行、相時而動的原則。例如在鄭莊公打算恢復滅亡的許國後，
君子曰：

　　禮，經國家，定社稷，序民人，利後嗣者也。許無刑而伐之，
服而舍之，度德而處之，量力而行之，相時而動，無累後人，可謂
知禮矣〔註44〕。

這裡所說的「禮」，內容相當豐富，涉及到國家、社稷、民人以及後嗣，把「禮」
擡到了一個相當高的地位。值得注意的是，作者在強調「禮」的作用的同時，
更是它同德、力、時等因素結合起來。「度德而處之，量力而行之，相時而動」，
對於「禮」的要求來說，這其中就包含有一個靈活的原則。《左傳》認爲只有
考慮到德、力、時而靈活地行禮，才是所謂的「知禮」。

與這種原則相違背，息侯因爲言語上的衝突，而發動了伐鄭的戰爭，結
果大敗而回。作者又藉此評論道：

　　君子是以知息之將亡也。「不度德，不量力，不親親，不徵辭，
不察有罪，犯五不韙而以伐人，其喪師也，不亦宜乎！」〔註45〕

〔註43〕《左傳》昭公二十六年。
〔註44〕《左傳》隱公十一年。
〔註45〕《左傳》隱公十一年。

息侯「不度德，不量力」正是不知禮的表現，因此也必將導致失敗。一方面是對「禮」的追求，一方面是靈活原則的運用。「禮」固然是重要的，但德、力、時等方面的因素也不能忽視，這是《左傳》關於「禮」的理論的新創造〔註46〕。

除去從社會政治的角度關注「禮」之外，《左傳》還從個人的得失利害關係中論證了尊禮的必要。魯昭公三年（前539年），鄭簡公如晉，大夫公叔段（伯石）作爲相禮者，「甚敬而卑，禮無違者」，因此得到了晉平公的嘉獎和賞賜。《左傳》就此發論：

> 君子曰：禮，其人之急也乎！伯石之汰也，一爲禮於晉，猶荷其祿，況以禮終始乎？《詩》曰：「人而無禮，胡不遄死？」其是之謂乎！

公叔段是個驕奢的人〔註47〕，一旦尊行了「禮」，卻能夠得到福祿，何況那些始終實行禮儀的人呢？《左傳》所說的「禮，其人之急」，認爲禮能「荷其祿」的觀點，正是從個人的利益角度來考慮「禮」的。晉人涉佗在晉衛的盟會上侮辱了衛侯，衛人因此叛晉，而晉人也殺了涉佗。對此君子曰：「此之謂棄禮，必不鈞。《詩》曰：『人而無禮，胡不遄死。』涉佗亦遄矣哉！」〔註48〕對於「必不鈞」杜注曰：「言必見殺，不得與人等」〔註49〕。《左傳》認爲棄禮必死，這更是從個人的存亡安危來的角度來強調守禮的重要了。

這種對「禮」作功利方面的解釋，確與孔孟思想有不相一致的地方。如孔子就曾說「君子喻於義，小人喻於利」〔註50〕。把重義和重利作爲區別君子和小人的標誌。孟子有時則把「義」與「利」對立起來看待。如他對梁惠王說：「何必曰利？亦有仁義而已矣」〔註51〕。認爲只要行仁義，就可以王天下。對於國家的治亂，他更是認爲政治的混亂是由於「上下交征利」結果，將「征利」〔註52〕看作是導致國家敗亂的直接原因〔註53〕。

〔註46〕參見浦衛忠《春秋三傳綜合研究》，第84頁。
〔註47〕楊伯峻注曰：「伯石欲爲卿而僞讓者三，子產惡之。」見氏著《春秋左傳注》，第1239頁。
〔註48〕《左傳·定公十年》。
〔註49〕杜預《春秋經傳集解》，第1678頁。
〔註50〕《論語·里仁》。
〔註51〕《孟子·梁惠王上》。
〔註52〕趙岐注「征，取也。」見阮元校刻《十三經注疏》，第2665頁。
〔註53〕《孟子·梁惠王上》。

對於「利」，《左傳》卻沒有這樣尖銳的看法，從「義以出禮，禮以體政」〔註54〕，「義以建利……民厚生而德正，用利而事節」〔註55〕，「利，義之和也……利物足以和義」〔註56〕之類的話來看，《左傳》始終認爲「義」即是「禮」的內在根據，而「義」又需要「利」來體現和成就。在這裡，禮、義、利三者的關係是相互統一的，並沒有像孟子那樣將它們對立起來看待。當然，《左傳》畢竟是一部史書，對於義利之辨不可能作出更深層次的思考，但它看到了個人利害（利）對社會秩序（禮）穩定所起的影響和作用，這無疑也是歷史認識上的一種進步。

第二節　《公羊》《穀梁》的「尊王」思想

一、關於「尊王」思想

如前文已經指出的那樣，對社會政治秩序的構想與重建，構成了《春秋》經傳歷史觀中的一大關目，而在這個社會等級秩序中居於頂端位置的天子（王）也必是其關注的重點。儘管春秋以來，周天子早已式微，其所在者「惟祭與號」〔註57〕，但孔子作《春秋》倡導尊王，其用意即在於重建禮制，恢復「禮樂征伐自天子出」的政治的秩序。正因爲如此，《春秋》也有所謂「王道備」〔註58〕和「王道之大者」〔註59〕之類的美譽。

在「三傳」當中，《左傳》的「尊王」不甚明顯〔註60〕，但對以解說《春秋》大義爲主的《公羊傳》和《穀梁傳》來說，「尊王」思想確爲貫穿其始終的一大綱維。下面我們就此作分類而言之。

《春秋》的教化作用，有「屬辭比事」之說〔註61〕。說明它的褒貶大義很多都是通過辭句的選摘和事例的排遣得以顯現。對《春秋》中的這些用辭及其背後所蘊含的深意，《公羊傳》、《穀梁傳》多有闡釋，其中就有很多包含「尊王」之義。

〔註54〕《左傳》桓公二年。
〔註55〕《左傳》成公十六年。
〔註56〕《左傳》襄公九年。
〔註57〕《穀梁傳》昭公三十二年。
〔註58〕《史記‧十二諸侯年表》。
〔註59〕《史記‧太史公自序》引董仲舒語。
〔註60〕參見本書第三章第二節論述。
〔註61〕《禮記‧經解》。

例如，《春秋》隱公元年記載：「冬，十有二月，祭伯來。」《公羊傳》云：

祭伯者何？天子之大夫也。何以不稱使？奔也。奔則曷爲不言
奔？王者無外，言奔則有外之辭也。

祭伯爲東周王畿內的諸侯，對於他的這次訪魯，《公羊傳》認爲是「出奔」，
即由周出逃到了魯國。在它看來，《春秋》記載祭伯「出奔」而不用「奔」字，
這是因爲「王者無外」。「普天之下，莫非王土，率土之濱，莫非王臣」〔註62〕，
既然周王是天下的共主，那麼王臣逃到哪裏去都不能算是「外」。所以祭伯雖
「奔」，《春秋》卻不使用「奔」這個字。與《公羊傳》所說的「出奔」不同，
《穀梁傳》認爲祭伯訪魯是「來朝」，並進一步說明：

其弗謂朝何也？寰內諸侯，非有天子之命，不得出會諸侯。不
正其外交，故弗與朝也。聘弓鍭矢不出竟場，束脩之肉不行竟中，
有至尊者不貳之也。

指出沒有天子之命，諸侯間是不得外交的〔註63〕，更強調了天子擁有「尊者
不貳」的地位。雖然在解釋經文中「祭伯來」的意思上，二傳大異其趣，但
它們「尊王」的思想立場卻完全相同。

又如，魯隱公三年（前720年）周平王去世，《春秋》記載道：「三月庚
戌，天王崩。」對這條經文，《公羊傳》解釋說：

何以書葬？天子記崩不記葬，必其時也。諸侯記卒記葬，有天
子存，不得必其時也。曷爲或言崩，或言薨？天子曰崩，諸侯曰薨，
大夫曰卒，士曰不祿。

這裡講到了《春秋》在記載不同政治等級的人去世時，採用了不同的文辭。借「崩」
字，表示出周天子和他人有著不同的身份等級。對此《穀梁傳》更有詳釋：

高曰崩，厚曰崩，尊曰崩。天子之崩，以尊也。其崩之何也？
以其在民上，故崩之。其不名何也？大上，故不名也。

這就不僅說明了「崩」字，而且還特別強調出天子作爲「大上」有著至高無
上的至尊地位。

這種「尊王」思想還體現在對「王命」的重視與尊奉之上。《春秋》僖公
八年記：「春，王正月。公會王人、齊侯、宋公、衛侯、許男、曹伯、臣世子
款、鄭世子華〔註64〕，盟於洮。」《公羊傳》曰：

〔註62〕《詩經·小雅·北山》。
〔註63〕《左傳》對此的解釋是「非王命」，與《穀梁傳》相近。
〔註64〕《左傳》和《穀梁傳》載經文均無「鄭世子華」四字。

　　　　王人者何？微者也。曷爲序乎諸侯之上？先王命也。

《穀梁傳》：

　　　　曰：「王人之先諸侯，何也？貴王命也。

這裡所記的「王人」只是周王的一個使者，其地位遠在齊桓公、宋桓公等人之下，但《春秋》把這個「王人」列在諸侯之前。爲此，《公羊傳》、《穀梁傳》都認爲其中含有深意，其意就在於「先王命」或「貴王命」。天子是至尊無上的人，所以派遣臣子和諸侯相會，雖然地位微賤，也要把他序列在諸侯之前，即把天子之命看得高於一切。

　　《公羊傳》、《穀梁傳》都曾指出《春秋》的記載有爲尊者、賢者和親者諱的內容〔註65〕，所以它們認爲凡是周天子有重大的過錯或者蒙受恥辱，《春秋》的記載都要爲之隱諱，以表達對周王的遵崇。這種觀點在「天王狩於河陽」〔註66〕一例中，體現的最爲明顯。魯僖公二十八年（前 632 年），諸侯會盟於溫，晉文公以霸主的身份召周襄王前來與諸侯會面，這種以臣召君的做法當然是對周天子權威的挑戰，所以《春秋》書其「狩於河陽」〔註67〕。《公羊傳》曰：

　　　　狩不書，此何以書，不與再致天子也，

何休《解詁》云：「深正其義，使若天子自狩，非致也。」表示對晉文公致天子的批評。《穀梁傳》也說：

　　　　全天王之行也。爲若將守而遇諸侯之朝也，爲天王諱也。

更指出要爲這種以臣召君的做法予以隱諱。

　　又如，《春秋》宣公元年記：「冬，晉趙穿帥師侵柳。」《公羊傳》曰：

　　　　柳者何？天子之邑也。曷爲不繫乎周？不與伐天子也。

《公羊傳》認爲柳爲天子之邑，而《春秋》卻不說是周的柳邑，這是不贊成諸侯伐天子。雖然這種說法與史實出入較大〔註 68〕，但其爲王者諱的思想卻是很明確的。

〔註65〕《公羊傳》閔公元年云「《春秋》爲尊者諱，爲親者諱，爲賢者諱。」《穀梁傳・成公八年》亦有「爲尊者諱恥，爲賢者諱過，爲親者諱疾」之語。

〔註66〕《左傳》、《公羊傳》經文作「狩」，《穀梁傳》作「守」。

〔註67〕《左傳》僖公二十八年載孔子言曰：「以臣召君，不可以訓，故書曰『天王狩於河陽』。」

〔註68〕《左傳》、《穀梁傳》「柳」字均作「崇」，爲國名，與《公羊傳》異。按《左傳》記載，崇爲秦之附屬國，時晉欲與秦國求成，恐不獲准，趙穿建議攻崇，以逼秦求和。故有宣公元年，趙穿伐崇之事。

再如，《春秋》成公元年記：「秋，王師敗績於貿戎。」〔註69〕《公羊傳》曰：

> 孰敗之？蓋晉敗之。或曰：貿戎敗之。然則曷爲不言晉敗之？
> 王者無敵，莫敢當也。

《穀梁傳》也說：

> 不言戰，莫之敢敵也。爲尊者諱敵不諱敗，爲親者諱敗不諱敵，
> 尊尊親親之義也。然則孰敗之？晉也。

周王被人打敗，《春秋》卻沒有記戰勝者是誰。《公羊傳》、《穀梁傳》都認爲這是要維護王者的尊嚴，強調「王者無敵」，即沒有誰可以成爲與之對等的力量。

將這種爲王者隱諱的觀念推演開來，《公羊傳》則認爲凡能尊崇周天子的諸侯，都應該予以嘉美；雖然他們偶有惡行，也要爲之隱諱。如《春秋》僖公元年：「齊師宋師曹師次於聶北，救刑。」《公羊傳》云：

> 救不言次，此其言次何？不及事也。不及事者何？刑已亡矣。
> 孰亡之？蓋狄滅之。曷不言狄滅之？爲桓公諱也。

《春秋》僖公九年：「春王三月丁丑，宋公御說卒。」《公羊傳》曰：

> 何以不書葬？爲襄公諱也。

何休《解詁》云：「襄公背殯，出會宰周公，有不子之惡，後有征齊、憂中國、尊周室之心，功足以除惡，故諱不書葬，使若非背殯也」〔註70〕。齊桓公、宋襄公都有匡周室，尊天子的行爲，所以要爲他們隱諱過失，以表彰他們的「尊王」。

相反的，對於沒有尊崇天子之心的諸侯，《公羊傳》則要予以貶斥。如《春秋》僖公元年：「齊師、宋師、曹師次於聶北，救邢。」《公羊傳》說：

> 曷爲先言次而後言救？君也。君則稱其師何？不與諸侯專封
> 也。……諸侯之義，不得專封也。

齊、宋、曹等國統兵的人都是君主，卻爲何不稱齊君、宋君、曹君，而稱爲齊師、宋師、曹師。在《公羊傳》看來，這是因爲此次行動沒有得到周王的

〔註69〕《左傳》作「茅戎」，爲戎之一支，其分佈一說即今山西平陸之茅津渡，一說子河南修武一帶。據《左傳》周師當爲茅戎所敗，《公羊傳》記載當以「或說」爲是。

〔註70〕何休《春秋公羊解詁》，見《十三經注疏》，第2252頁。

批准，《春秋》不贊成「諸侯專封」，因此不稱「君」以示貶損。《春秋》宣公十一年：「楚人殺夏徵舒。」《公羊傳》云：

> 此楚子也，其稱人何？貶。曷爲貶？不與外討也。……諸侯之義，不得專討也。

這裡稱楚爲「人」是表示貶意，原因是殺夏徵舒沒有徵得天子的同意。雖然《公羊傳》認爲夏徵舒弒君罪有應得，但還是表示了不贊成「諸侯專討」這樣一種態度。

以上對《公羊傳》、《穀梁傳》中的「尊王」思想作了一番大略的梳理。總的說來，這種思想在二傳當中是通過對文辭的解釋、王命的重視、爲周王隱諱以及對諸侯的褒揚和貶斥等多個方面得以表達的。由此它們將周天子與諸侯嚴格地區分開來，突出了周天子至高無上的地位以及與諸侯之間嚴格的君臣名分。

但是春秋畢竟是一個王綱解紐，諸侯爭霸的時代，尊奉周王實際上已經成爲了一句空話。《公羊傳》、《穀梁傳》的許多思想雖然來自於觀念，但卻總脫離不了對歷史記載的依賴，故其析理有時則不免流於對歷史的穿鑿附會。皮錫瑞就曾指出：

> 如魯隱非眞能讓國也，而《春秋》借隱公之事，以明讓國之義。祭仲非眞能知權也，而《春秋》借祭仲之事，以明知權之義。齊襄非眞能復仇也，而《春秋》借齊襄之事，以明復仇之義。宋襄非眞能仁義行師也，而《春秋》借宋襄之事，以明仁義行師之義。所謂見之行事，深切著名。孔子之意，蓋是如此。故其所託之義，與其本事不必盡合。孔子特欲借之以明其作《春秋》之義，使後之讀《春秋》者，曉然知其大義所存，較之徒託空言而未能征實者，不益深切而著明乎？〔註71〕

《春秋》本爲魯國史書，皮氏以「其所託之義，與其本事不必盡合」來理解它，不免帶有今文經學家的狹隘與偏執。不過這種「以借事而明義」的做法，在《公羊傳》和《穀梁傳》中卻表現的十分突出。就以上講到的「尊王」的思想而言，與其說《公羊傳》、《穀梁傳》是在憧憬「禮樂征伐自天子出」的西周時代，倒不如說是借用尊奉周天子來表達它們實現「大一統」的政治理想〔註72〕。

〔註71〕皮錫瑞《經學通論·春秋》，「論春秋借事明義之旨只是借當時之事作一樣子其事之合與不合備與不備本所不計」條。
〔註72〕關於這一點會在本書第五章中作專門的討論。

二、君權觀念的比較

以上主要討論了《公羊傳》、《穀梁傳》共有的「尊王」思想，與這個問題相關的是它們對於君主權力的理解和思考，為了使討論能夠更為清晰和深入，先讓我們從文化淵源上對《公羊傳》、《穀梁傳》的思想背景作一番簡略的回顧。

（一）思想背景的回顧

從地域文化的角度來關照學術發展的做法，是中國學術一貫的傳統，按照這種傳統思考《公羊傳》和《穀梁傳》，就不能不提及西漢時期今文經學中的齊學和魯學兩派。經學的成立和發展可以說代表了兩漢學術的精神與性格，正因為如此，「兩漢經學」一直是許多學者對於漢代學術特點的概括。在這當中，最受人們關注的問題大概非今古文經學的對立及其後的融合莫屬了。不過就今文經學自身的發展而言，至少在西漢一朝，也有齊學和魯學二派的分別〔註73〕。齊學一派最重視的經典是《公羊傳》，而作為另一派別的魯學，卻是以《穀梁傳》作為代表的〔註74〕。在今古文經學的爭論當中，《春秋》學一直是其關鍵所在。巧合的是，今文經學在其發展過程中，內部派別對立、爭論的焦點也圍繞著《春秋》之學而展開。

關於這個問題最具代表性的記載見於《漢書・儒林傳》當中：

> 宣帝即位，聞衛太子好《穀梁春秋》，以問丞相韋賢、長信少府
> 夏侯勝及侍中樂陵侯史高，皆魯人也，言穀梁子本魯學，公羊氏乃
> 齊學也，宜興《穀梁》。

漢武帝時尊崇公羊學家，《公羊傳》因此得以大興。衛太子（戾太子）受命習學《公羊傳》，「既通，復私問穀梁而善之」。漢宣帝（衛太子之孫）即位後，因聞衛太子好《穀梁傳》，乃命開講《穀梁》。至甘露元年（前 53 年），經過

〔註73〕當然對於這種劃分學者們也有不同的看法，如徐復觀先生在《中國經學史的基礎》中提出反證，認為這種按齊魯地域劃分經學流派的做法「全是妄生枝節」。蒙文通先生在《經史抉原》一書中，也指出漢代經學除齊、魯兩派外，還有晉學存在。由於本書的主旨不是對漢代經學的研究，故對這些問題暫不至喙。這裡只是借用這種劃分來考察《公》、《穀》在思想上的異同，及其所反映的地域文化之差異。

〔註74〕對於《穀梁傳》是否世今文經的問題，也有不同的看法。如崔適就認為「《穀梁》亦古文學也」（崔適《史記探源》，第218頁）。這種觀點帶有強烈的疑古偏見，置《漢書・儒林傳》的記載於不顧，所以並不可信。

十餘年講授，《穀梁》之學得以大盛，於是引起上述記載二傳的爭論〔註75〕。當然這段記載只是反映出齊魯二學存在的辯爭，卻還不是對它們學術特點的說明。要具體瞭解齊學和魯學的分別，還需要溯求於它們的文化背景和歷史淵源。

就齊魯兩地而言，遠在其建國之始的西周初期，由於治理策略的不同，就為其日後文化上的差異定下了基調。《淮南子‧齊俗》載：

> 昔太公望、周公旦受封而相見，太公問周公曰：「何以治魯？」周公曰「尊尊親親。」太公曰：「魯從此弱矣！」周公問太公曰：「何以治齊？」太公曰：「舉賢而上功。」周公曰：「後世必有劫殺之君。」

《史記》中也有一段頗相類似的記載：

> 周公卒，子伯禽固已前受封，是為魯公。魯公伯禽之初受封之魯，三年而後報政周公。周公曰：「何遲也？」伯禽曰：「變其俗，革其禮，喪三年然後除之，故遲。」太公亦封於齊，五月而報政周公。周公曰：「何疾也？」曰：「吾簡其君臣禮，從其俗為也。」及後聞伯禽報政遲，乃歎曰：「嗚呼，魯後世其北面事齊矣！夫政不簡不易，民不有近；平易近民，民必歸之。」〔註76〕

這些記載大概都是來源於戰國秦漢間流傳的故事，與齊、魯建國的實際情況恐有出入〔註77〕，但透過它們卻也反映出兩地文化差異的淵源所在。從歷史上來看，齊魯兩國都是周人經營東方的產物。魯國本為周王室同姓，又為周公之後，故此在受封時接受周王室給予的器物特厚，其中又有祝、宗、卜、史、備物、典策等，在文化上扶持力度頗大，這其中不無以文化征服與改造「商奄之民」的用心〔註78〕。所以魯國的文化中所保留的西周禮樂傳統最多，

〔註75〕 參見《漢書‧儒林傳》。

〔註76〕 《史記‧魯周公世家》。

〔註77〕 西周之初，魯國始封當在河南的魯山。其後周公踐奄，乃遷移到山東曲阜。是以春秋時，河南許昌還有屬於魯國的「許田」。有關魯的建立可參見傅斯年《大東小東說》、陳槃《春秋大事表列國爵姓及存滅表譔異》。趙緝先生也據傳世及金文資料指出營、熒、榮皆源為一字，從而認為齊之始封當在榮，而非山東的營丘（參見趙緝《姜太公首封地新考──論營丘之營即榮亦即榮》，《管子研究》，2002年第4期）。

〔註78〕 《左傳》定公四年載：「昔武王克商，成王定之，選建明德，以蕃屏周。故周公相王室，以尹天下，於周為睦。分魯公以大路，大旂，夏后氏之璜，封父之繁弱，殷民六族，條氏、徐氏、蕭氏、索氏、長勺氏、尾勺氏。使帥其宗氏，輯其分族，將其類醜，以法則周公，用即命於周。是使之職事於魯，以

以至於進入春秋後，人們還有魯國「猶秉周禮」〔註79〕、「周禮盡在魯矣」〔註80〕的說法。與之相關的是魯國的宗法血緣紐帶的基礎也特別牢固，儒家在這一環境中成長發展，因此其思想當中最重要的幾個概念如「仁」、「禮」、「孝」等，處處都與魯國這一特定的地域相互關聯。

齊國在其建國伊始，並沒有得到魯國那樣的文化扶持，受周文化影響波及程度不深。從地理環境上看，齊國瀕臨大海，有魚鹽資源，礦產豐厚，農業卻相對落後，所以自然地向手工業、商業方向上發展。《史記·貨殖列傳》說：「故太公望封於營丘，地潟鹵，人民寡，與是太公勸其女功，極技巧，通魚鹽，則人物歸之，繦至而輻湊。」《鹽鐵論》也說：「太公封於營丘，闢草萊而居焉。地薄人少，於是通利末之道，極女工之巧」〔註81〕。所有這些因素導致齊國的文化走上了一條「不慕古，不留今，與時變，與俗化」〔註82〕道路。這樣就使得齊國和魯國的風氣很不一樣，齊學和魯學的偏向也很不一樣，特別是在戰國後期經過了稷下學宮對諸子百家的綜合後，齊地的思想文化更是顯現出一種兼容並蓄的多元化風格。

齊魯兩地的這種差異至少在西漢一朝乃至到了東漢時期還有表現。文獻當中不乏這樣的反映。如漢高祖滅項羽後，以魯為楚領土，舉兵圍魯，而「魯中諸儒，尚講誦習禮，絃歌之音不輟」〔註83〕。在楚漢戰火離亂之際，魯地的儒生且如此，可見禮樂傳統之深厚。與之形成對比的是，到了西漢中期齊地風俗還很特殊。武帝立子閎為齊王時，曾戒之曰：「齊地多變詐，不習於禮義。」〔註84〕《漢書·地理志》在提到齊地的狀況時也說：「至今其土多好經術，矜功名，舒緩發達而足智。其失，誇奢朋黨，言與行謬，虛詐不情。急之則離散，緩之則放縱。」其文化上的積習亦可見一斑。

齊魯間這種文化上的差異，自然導致了學術的不同風格。就儒學而言，總的來說，齊學中多夾雜了些道家、陰陽家乃至與神仙方術的東西，所顯示的特色往往是「變」道的、革新的、權宜的、尚簡易的和實用主義或功利主

昭周公之明德。分之土田倍敦，祝、宗、卜、史，備物、典策，官司、彝器。因商奄之民，命以《伯禽》，而封於少皞之虛。」
〔註79〕《左傳》閔公元年。
〔註80〕《左傳》昭公二年。
〔註81〕《鹽鐵論·輕重》。
〔註82〕《管子·正世》。
〔註83〕《史記·儒林列傳》。
〔註84〕褚少孫補《史記·三王世家》。

義的。而魯學則更多地保持了原始儒家思想的特點，以禮樂爲本，所顯示出的往往是保守的、法古的、理想主義的，守經而不從權的特色〔註85〕。

以上之所以要作這些敘述，是因爲這些特點在分別代表齊學與魯學的《公羊傳》和《穀梁傳》中也有充分的表現，這種差異和特點在本書涉及二傳思想的比較時當然都可適用。但如果僅就下面要論述的「君權」觀念而言，概括地說，《公羊》不只提倡「尊王」，而且還有限制君權的思想；而《穀梁》不但強調「尊王」，並且還有將君主權力絕對化的傾向。

（二）《公羊傳》對君權的限制

《公羊傳》講「尊王」的地方很多，如上文中所列舉的「王者無敵」、「諸侯之義不得專封」、「諸侯之義不得專討」等等，特別是所謂的「誅心」之說，在歷史上曾造成過很壞的影響。不過這只是問題的一個方面，從另一方面來看，《公羊傳》雖然借「尊王」來強調君主集權，但在公羊學的理論當中也包含了許多限君權的「非常異義可怪之論」。比如公羊學中的天人感應和災異的思想，其中故然包含有許多現在看來不可理解和十分荒謬的東西，但不可否認這種災異告譴思想，在歷史上也曾起到了一定的限制君權過渡膨脹的作用〔註86〕。除此而外，公羊大義當中更有一套「王魯」和「孔子當新王」的理論。《公羊傳》哀公十四年載：

> 麟者，仁獸也，有王則至，無王者則不至。有以告者，曰：「有
> 麕而角者。」孔子曰：「孰爲來哉？孰爲來哉？」反袂拭面，涕沾袍。

對於《公羊傳》所說的獲麟之事，王充在《論衡·指瑞》中作了如下的介紹：

> 《春秋》曰：「西狩獲死麟。」人以示孔子，孔子曰：「孰爲來
> 哉？孰爲來哉？」反袂拭面，淚涕沾襟。儒者説之，以爲天以麟命
> 命孔子，孔子不王之聖也。

孔穎達《禮記正義》引許愼《五經異義》說：

> 公羊説：哀十四年獲麟，此受命之瑞，周亡失天下至異。左氏

〔註85〕馬宗霍指出：「大抵齊學尚恢奇，魯學多迂謹；齊學喜言天人之理，魯學頗守
　　　　典章之遺」（氏著《中國經學史》，北京：商務印書館，1937年版，第46頁）。
〔註86〕《春秋》經傳中的災異觀也與本書所要討論的問題緊密相關，但考慮到前人
　　　　對此已經有了較爲充分的研究，再無重複的必要。相關的研究可以參看劉家
　　　　和《春秋三傳的災異觀》（見氏著《古代中國與世界》，武漢：武漢出版社，
　　　　1995年版）以及黃肇基《漢代公羊學災異理論研究》（臺北：文津出版社，1998
　　　　年版）。

說：麟是中央軒轅大角獸，孔子修《春秋》者，禮修以致其子，故
麟來爲孔子瑞。……許慎謹按：公議郎尹更始、待詔劉更生等議石
渠，以爲吉凶不幷，瑞災不兼，今麟爲周亡失天下之異，則不得爲
瑞，以應孔子至。〔註87〕

根據王充和許慎的說法，大致可以明白公羊家所謂的「王魯」以及「孔子當
新王」的意思，即是認爲周亡之際當孔子受命，實際上都暗含了孔子繼周後
受命而王天下的意思。徐復觀在論及董仲舒思想時也曾經提到：

「以春秋當新王」，若僅就孔子作《春秋》，制義法，以示後王
有所準繩法式，這是可以成立的。但仲舒之所謂「新王」，固然不是
像漢的《公羊》博士們爲了鞏固自己地位而說《春秋》是爲漢立法，
也不是泛指爲後王立法，而實是以孔子即是新王；孔子作《春秋》，
即是把新王之法，表現在他所作的《春秋》裏面。但孔子畢竟是一
個平民，抽象地說孔子是「素王」，固未嘗不可。可是《春秋》二百
四十二年的紀錄，都是歷史事實；在具體的歷史事實中，如何能安
置一位抽象的素王呢？仲舒於是把魯國當作是新王的化身，而出現
「王魯」的說法；「王魯」，是說孔子在《春秋》中賦予魯國以王的
地位。而魯國之王，並不是魯君而是孔子自己。〔註88〕

這段論述對我們理解公羊學中的「王魯」和「孔子當新王」的說法很有啓發。
公羊學說中的這種主張確實可以給人留下這樣的印象，即似乎西漢的公羊學
家們不僅是一個輔佐和擁護劉氏皇朝的學派，而且更像是一個擁戴孔子而自
有其獨立信仰與政治抱負的集團〔註89〕。這種傾向，在西漢一朝的公羊學家
和劉氏皇帝們所保持的那種密切且又微妙的關係當中更有著曲折的反映，董
仲舒和漢武帝就是顯著的一例。

當然在我們看來，公羊學家的這類思想當中，最具有價值的還是它們延
續並發展了原始儒家一貫的批判精神。孟子就曾說過：「孔子成《春秋》而亂
臣賊子懼」〔註90〕。到了西漢的公羊家那裡，《春秋》的作用更不限於使亂臣
賊子畏懼，而是還要「貶天子，退諸侯」了。如董仲舒說：

〔註87〕見阮元校刻《十三經注疏》，第1425頁。
〔註88〕徐復觀《兩漢思想史》第2卷，第214頁。
〔註89〕參見王葆玹《今古文經學新論》，第256頁。
〔註90〕《孟子·滕文公下》。

　　　　周道衰微，孔子爲魯司寇，諸侯害之，大夫壅之，孔子知言之
　　不用，道之不行，是非二百四十二年之中，以爲天下儀表。貶天子，
　　退諸侯，討大夫，以達王事而已矣。〔註91〕

在西漢儒生中頗有不少堅持這種批判精神的人，如轅固生的「湯、武革命」
論便是「貶天子」的一種具體表現〔註92〕，董仲舒在這一點上似乎和轅固生
有思想的淵源。其後更有儒生公開指責漢德已衰，要漢帝禪位於賢者。最顯
著的例子是昭帝時（前78年）眭弘的〔註93〕和宣帝時（前60年）的蓋寬饒〔註
94〕都因上書言禪讓而誅死或自剄。以上所舉諸例除蓋寬饒的禪讓主張出自《韓
氏易傳》，不屬於齊學外〔註95〕，轅固生爲齊人，亦治《齊詩》〔註96〕，而眭
弘更爲董仲舒再傳弟子。由此可見，「貶天子」的思想確實是今文經齊學當中
的一種主張。而宣帝時期《穀梁》之學之所以受到重視，除了和宣帝的出身
有關之外，最大的原因就是由於當時儒生深受公羊學「貶天子」的影響，不
但抨擊武帝的政策，甚至要求劉氏下臺。爲了打壓公羊學，宣帝乃大力扶植
起《穀梁傳》，《穀梁》之學遂得以大盛〔註97〕。不過到了東漢以後，曾爲公
羊家宣揚的禪讓的學說卻逐漸演變成爲權臣篡位的工具，所謂「舜、禹之事，
吾知之亦」〔註98〕，它的批判價值也就蕩然無存了。

　　以上的討論主要是針對西漢的公羊學說而展開，同時我們也要看到公羊
學本身就是一個不斷發展和變化的過程，歷代公羊家都是在吸收前輩思想的
基礎上，根據他們自己所處時代的需要，提出他們自己對《春秋》和《公羊

〔註91〕《史記・太史公自序》引。按《漢書・司馬遷傳》中引此段文字，作「貶諸
　　　　侯」，而無「天子退」三字，當爲班固有意刪之。
〔註92〕參見《史記・儒林列傳》。
〔註93〕《漢書・眭弘傳》。
〔註94〕參見《漢書・蓋寬饒傳》。
〔註95〕《漢書・蓋寬饒傳》載：「寬饒奏封事曰：『方今聖道浸廢，儒術不行，以刑
　　　　餘爲周、召，以法律爲《詩》、《書》。』又引《韓氏易傳》言：『五帝官天下，
　　　　三王家天下，家以傳子，官以傳賢，若四時之運，功成者去，不得其人則不
　　　　居其位。』書奏，上以寬饒怨謗終不改，下其書中二千石。時，執金吾議，
　　　　以爲寬饒指意欲求禪，大逆不道。」
〔註96〕《史記・儒林列傳》載：「清河王太傅轅固生者，齊人也。以治詩，孝景時爲
　　　　博士。」
〔註97〕關於「《穀梁》大盛」原因的具體分析，可參見陳蘇鎮《漢代政治與春秋學》，
　　　　北京：中國廣播電視出版社，2001版，第322～341頁。
〔註98〕《三國志・魏書》卷二《文帝紀》裴松之注引《魏氏春秋》載曹丕語。

傳》的開掘和理解〔註99〕。所以對於西漢公羊學家們所提出的這些限制君權的思想，在原始的《公羊傳》中也必然會有所反映。下面我們不妨就來找尋一下這些蛛絲馬迹。

《春秋》昭公二十五年載：「齊侯唁公於野。」《公羊傳》曰：

唁公者何？昭公將弒季氏，告子家駒曰：「季氏爲無道，僭於公室久矣，吾欲弒之何如？」子家駒曰：「諸侯僭於天子，大夫僭於諸侯久矣。」

這是今本《公羊傳》的文字，但對照其他文獻來看，其中卻有語句的佚失。阮元《十三經校勘記》於「諸侯僭於天子，大夫僭於諸侯」句下曰：

唐石經、諸本同，《考工記》「畫繢之事，其象方天時變。」注引子家駒曰「天子僭天」，今何本無此句。〔註100〕

對《公羊傳》昭公二十五年「天子僭天」的這條佚文，陳立更是作了詳細的考察：

《續漢志》引《春秋考異郵》云：「天子僭天，大夫僭人主，諸侯僭上。」《漢書‧貢禹傳》：「大夫僭諸侯，諸侯僭天子，天子過天道。」《周禮‧考工記》云：「土以黃，其象方天時變」。注：「古人之象，無天地也。」爲此記者時有之耳。子家駒曰：天子僭天，意亦是也。彼疏云：「子家駒曰：『天子僭天，諸侯僭天子，大夫僭諸侯』。彼云天子僭天，未知所僭何事。要在古人衣服之外別加此天地之意，故亦是僭天，故云：意亦是也。」則傳文當有天子僭天語。《公羊禮說》云：「天子僭天，今本無此句。兩漢諸儒多引之，蓋《嚴氏春秋》也。漢武帝側仲舒曰：「蓋檢者不造元黃旌旗之色。」《貢禹傳》：「天子無過天道。」然未知過天道爲何事，而造元黃旌旗之色爲何證也。及觀《考工記》注：「古人之象無天地也。」引子家駒此天子僭天語。又鄭司農云：「天時變，謂盡天隨四時色。」知古人無一字無來歷也。〔註101〕

〔註99〕陳其泰先生在論述公羊學說的理論特徵時，歸納出「政治性」、「變易性」和「解釋性」三個方面的內容。就「解釋性」方面來看，陳先生認爲公羊學說「可視爲中國古代一門解釋學。」陳其泰《春秋公羊學說體系的形成及其特徵》，《山東大學學報》（哲學社會科學版），2002年第6期。

〔註100〕見阮元校刻《十三經注疏》，第2332頁。

〔註101〕陳立《公羊義疏》，見中華書局編輯部編《清人注疏十三經》，第四冊，北京：中華書局，1998年版，第548頁。

陳立的考證可謂詳盡，由此可見「天子僭天」一句，確為何本《公羊傳》沒有的佚文。有人認為這種差異大概是因為《公羊傳》在漢代流傳師承不一所致〔註102〕，不過更大的可能則是由於「天子僭天」這種說法觸及到了君主統治的某些敏感神經，因而被後來儒生所諱言，終於在歷史中隱匿了蹤跡。

「天子僭天」的具體內容是指什麼？陳立在《義疏》中已作了充分的說明，即所謂「取法天地可，直以天地自居，則過其分。」類似於這種「天子僭天」的說法，在別的文獻當中也能找到相似的佐證。如陳立又引《說苑》曰：

> 孔子與景公坐。左右曰：「國史來言周廟燔」。孔子曰：「是釐王廟也」。景公曰：「何以知之？」孔子曰：「皇皇上帝，其命不忒。天之與人，必報有德。禍亦如之。夫釐王變文武之制，而作元黃宮室，輿馬奢侈，不可振也。故知天殃其廟」。

周天子作元黃宮室，即是「以天地自居」，這樣的「過天道」的行為自然是一種僭越。諸侯僭天子是大惡的行為，而天子僭天也是一種大惡的行為。從《公羊傳》表達的這種思想來看，天子雖然可以效法天地但卻不能等同於天。由這種思想推延開來，天子只是凡人中的一員，是政治機構中政治等級內的一級；天子既然存在於這個政治等級中，自然也就要有等級上的限制，因為在其上還有「天」的約束。

與「天子僭天」說之義相聯繫的，還有公羊學中所謂的「天子爵稱」之說〔註103〕。《春秋》成公八年：「秋，七月，天子使召伯來錫公命。」在《春秋》當中對於周王都稱其為「天王」，而稱「天子」者僅此一處，所以公羊家們認為此處包涵著深義。何休對此便注解道：

> 或言王，或言天王，或言天子，皆相通矣，以見刺譏是非也。王者，號也。德合元者稱皇。孔子曰：「皇象元，逍遙術，無文字，德明諡。」德合天地者稱帝，河洛受瑞可放。仁義合者稱王，符瑞應，天下歸往。天子者，爵稱也。聖人受命，皆天之所生，故謂之天子。〔註104〕

〔註102〕例如孫詒讓就疑此佚文「為公羊顏、嚴之異。」見《周禮正義》，北京：中華書局，1987 年版，第 3308 頁。

〔註103〕關於公羊學中的「天子爵稱」說，歷來學者很少論及，今人蔣慶在《公羊學引論》（瀋陽，遼寧教育出版社，1995 年 6 月第 1 版）中有專門論述，本書此處對蔣書多有參考，特此說明。

〔註104〕見阮元校刻《十三經注疏》，第 2293 頁。

所謂「爵」，是指統治秩序中的等級序列。天子爵稱，是將天子作為統治秩序中的一個等級位列來看待。自漢代以來流傳有所謂殷、周爵秩之說，如《白虎通》云：「殷爵質，法三光，故為三等，公、侯、伯是也；周爵文，法五行，故為五等，公、侯、伯、子、男。」杜佑《通典》亦云：「殷公、侯、伯三等，公百里，侯七十里，伯五十里；周公、侯、伯、子、男五等，公侯百里，伯七十里，子男五十里。」公羊學說卻於它們不同，而是將天子也看作一爵。從古代政治思想的發展來看，自殷周以來天子在政治上的權威多根據受「天命」的理論而來，而在這裡公羊學說卻將天子稱為「爵」，使天子也成為世俗等級中的一個秩位，與諸侯卿相士大夫並無本質的區別。「這種將天子世俗化、理性化的做法無疑會否認天子具有超越的合法性（受命而王），只承認天子具有世俗的合法性（執位至尊），這會使天子在專制時代難以確立統治的合法權威，不能為天子的統治提供超越的合法依據」〔註105〕。

由於史料不完備，我們今天已無法追溯這一思想演變的過程。但先秦文獻中已然清楚地留下了演變的痕迹。如孟子在回答北宮錡問周室班爵祿時就曾說過：

> 其詳不可得而聞也。諸侯惡其害己而皆去其籍，然而軻也嘗聞其略也：天子一位、公一位、侯一位、伯一位、子男同一位，凡五等也。〔註106〕

孟子所言天子一位，即是將天子作為爵制中的一位來看待。關於孟子和《公羊傳》，早有學者指出其間有著密切的關係〔註107〕。通過這個例子，我們可以看到「天子爵稱說」確實能夠在孟子那裡找到它的遠源。這種說法在後來漢代的文獻，特別是緯書中也有所保留〔註108〕，可以看作是今文經學的一種特

〔註105〕蔣慶《公羊學引論》，第 204 頁。

〔註106〕《孟子·萬章下》。

〔註107〕參見王葆玹《今古文經學新論》，劉家和《三傳災異觀比較》（見氏著《古代中國與世界》）等。

〔註108〕如《白虎通·爵篇》云：「天子者，爵稱也。爵所以稱天子何？王者父天母地，為天之子也。」此外，《緯書》中亦多載天子一爵之說：。如：《易緯·乾鑿度》云「孔子曰：『《易》有君人五號也。帝者，天稱也。王者，美行也。天子者，爵稱也。大君者，與上行異也。大人者，聖明德備也。』」《尚書緯·刑德放》云：「帝者，天號也。王者，人稱也。天有五帝以立名，人有三王以正度。天子者，爵稱也。皇者，煌煌也。」《孝經緯·鉤命訣》云：「天子者，爵稱也。」又云：「接上稱天子，明以爵事天；接下稱帝王，明以號令臣下。」

殊的理論〔註109〕，而與古文經學的政治主張有明顯分野。許慎在《五經異義》中曾提到：

> 天子有爵不？《易》孟京說，《易》有周人五號：帝，天稱，一也；王，美稱，二也；天子，爵號，三也；大君者，興盛行異，四也；大人者，聖人德備，五也。是天子有爵。《古周禮》說天子無爵，同號於天，何爵之有？許慎謹案：《春秋左氏》云施於夷狄稱天子，施於諸夏稱天王，施於京師稱王。知天子非爵稱，同古《周禮》義。〔註110〕

可見，在古文經學中是乾脆反對這種「天子爵稱」說的。

當然，我們也要看到，歷史的觀念永遠都是由現實與理想交織而成，無可諱言，現實所佔的比重似乎在任何時候都大於理想。「大一統」、天子受命而王等思想是《公羊》學派一貫的主張；但反觀天子一爵說，很明顯它與天子受命而王的理論有深刻的矛盾。「這種思想上的矛盾實質上也體現了《公羊》政治觀念中理想的成分與歷史現實之間的緊張。由於天子爵稱說超越了歷史的限度，表達的是公羊家限制權力的政治理想，所以才同天子受命而王說發生深刻的衝突，這一衝突在君主專制時代不能獲得完滿的解決，最後只能以隱諱進而放棄而告終」〔註111〕。雖然如此，這種限制君權的思想在中國古代的政治思想中確也不失為一個應予矚目的亮點。顧炎武在《日知錄》中曾經說道：「爲民而立之君，故班爵之意，天子與公、侯、伯、子男一也，而非絕

〔註109〕「天子爵稱」雖在《公羊傳》中未有明確地闡述，但從其傳文中似也能尋到一絲痕迹。《春秋》桓公十一年：「鄭忽出奔衛。」《公羊傳》云：「忽何以名？《春秋》伯子男一也。」何注云：「《春秋》改周之文，從殷之質，合伯子男爲一。」而在此之前董仲舒等也都談到過有所謂《春秋》三等爵之說。如《春秋繁露・三代改制文》：「周爵五等，《春秋》三等。《春秋》何三等？曰：王者以制，一商一夏，一質一文。商質者主天，夏文者主地，《春秋》者主人，故三等也。」褚少孫補《史記・三王世家》載時臣上武帝奏議亦云：「昔五帝異制，周爵五等，《春秋》三等，皆因時而序尊卑。」這裡所說的《春秋》三等爵爲何，則語焉不詳。裴駰《集解》引鄭玄云：「《春秋》變周之文，從殷之質，合伯子男爲一，則殷爵三等者，公侯伯也。」陳立《公羊義疏》亦推其說。蔣慶則對這種說法提出異義，認爲《春秋》三等爵制非如陳立所言爲公、侯、伯子男三等，而應爲：天子一等、公侯一等、伯子男一等（參見氏著《公羊學引論》，第202頁）。對照此後公羊家的說法，這種看法確有其理。
〔註110〕孔穎達《禮記正義》引，見《十三經注疏》，第1260頁。
〔註111〕參見蔣慶《公羊學引論》，第204～205頁。

世之貴。代耕而賦之祿，故班祿之意，君、卿、大夫、士與庶人在官一也，而非無事之食。是故知天子一位之意，則不敢肆於民上以自尊。知祿以代耕之意，則不敢厚取於民以自奉。不明乎此，而辱奪人之君，常多於三代以下矣」〔註112〕。可以說是對「天子爵稱說」中肯的評價了。

（三）《穀梁傳》對君權的強調

再來看《穀梁傳》對君權的態度。

首先，有必要提及日本學者本田成之在上世紀初寫成的《春秋穀梁傳考》一文。在該文中本田氏對《穀梁傳》的成書、時代以及思想特色都作了細緻而精當的考察；但最能引起我們注意的卻是他提到的《穀梁傳》當中頗帶有法家思想色彩的觀點〔註113〕。與此相關的是，今人浦衛忠也曾提到漢初的黃老思想對《穀梁傳》產生過一定的影響〔註114〕。雖然二家立論角度與觀點各自不同，但考慮到戰國秦漢間的黃老刑名法術之學本有著密切的關係〔註115〕，實際上他們所談的問題倒是有許多相近似之處了。作為《春秋》三傳之一的《穀梁傳》，在學術上的影響雖遠不及《左傳》與《公羊傳》，但畢竟也是代表了儒家思想的一部重要經典，其中竟會摻雜有法家的思想學說，這當然是個值得探討的問題。

說《穀梁傳》和法家有某些關聯，在其傳文當中似乎就能找到一些直接的根據。《穀梁傳》除直接解經外，也不乏對前代經師言語的引用，如如「北宮子曰」、「穀梁子曰」、「尸子曰」等（錢大昕以為他們同《公羊傳》中的公羊子、沈子、魯子、司馬子等一樣都是傳《春秋》者〔註116〕）。其中共有兩次提到了尸子，一次在隱公五年：「尸子曰：舞《夏》，自天子至諸侯皆用八佾。初獻六羽，始厲樂矣。」一次在桓公九年：「尸子曰：夫已，多乎道。」

關於尸子，《史記》曾略有提及：

〔註112〕顧炎武《日知錄》卷7「周班爵祿」條。

〔註113〕見江俠庵編著《先秦經籍考》。

〔註114〕浦衛忠《論黃老思想對〈穀梁傳〉的影響》，《中國社會科學院研究生院學報》，1996年第2期。

〔註115〕例如司馬遷在《史記》當中就將申商韓老合為一傳。並且明言「申子子學本於黃老，而主刑名」，又說韓非「喜刑名法術之學，而歸本於黃老」。此外從戰國到秦漢，兼治黃老刑名之學的人還有很多。

〔註116〕錢大昕《三史拾遺》，見《嘉定錢大昕全集》，南京：江蘇古籍出版社，1997年版，第57頁。

楚有尸子、長盧阿之吁子焉。自如孟子至於吁子世多有其書。
〔註117〕

至於其人其書，劉向《別錄》卻言之頗詳：

楚有尸子，疑謂其在蜀。今按《尸子》書，晉人也，名佼，秦相衛鞅客也。衛鞅商君謀事劃計，立法理民，未嘗不與佼規也。商君被刑，佼恐並誅，乃逃往入蜀；自爲造此二十篇書，凡六萬餘言，卒因葬蜀。〔註118〕

《漢書‧藝文志》也錄有：「《尸子》二十篇。」列於雜家。可見這個尸子名佼，曾經作過商鞅的老師，亦曾著書流於後世，即《漢志》所錄之《尸子》。如此看來，說《穀梁傳》和法家有些淵源關係，確有幾分道理。

不過到了清代，《別錄》的這種說法卻遭到不少學者的懷疑和反對。如阮沅在《穀梁注疏校勘記敘》中便指出：

隱五年、桓六年（案，應爲九年）並引尸子。説者謂即尸佼，佼爲秦相商鞅客，鞅被刑後，遂亡逃入蜀，而預爲徵引，必無是事。或傳中所言，非尸佼也。〔註119〕

今文經學者廖平也認爲尸子是：

《穀梁》）先師也……或以爲佼，非也。〔註120〕

雖然他們認定商君的老師尸子和《穀梁傳》中的尸子不是一個人，卻沒有做出什麼具體的考證。近人張西堂在考證《尸子》眞僞問題時，對尸子和《穀梁傳》的關係也持否定的態度。他指出既然尸子的言論出現在《穀梁傳》當中，那麼他必定是一位「私淑孔子，服膺聖道」的經師，然而這樣一位「聖人之徒」，又怎麼即能與刻削少恩商君親密呢？所以他認定商君老師的尸子必定也是任法重刑、棄知非智的主張者，和作爲《穀梁傳》經師的那個尸子絕不是一人。此外，他又根據《尸子》的佚文中有「穀梁俶傳《春秋》十五卷」的話，認爲尸子已經見到著於竹帛的《穀梁傳》，所以他更不可能是《穀梁傳》中所提到的那個人了〔註121〕。

〔註117〕《史記‧孟子荀卿列傳》。

〔註118〕裴駰《史記集解》引，見《史記》，北京：中華書局，1959年版，第2349頁。

〔註119〕阮元校刻《十三經注疏》，第2362頁。

〔註120〕廖平《穀梁古義疏‧隱五年》，渭南麗氏孝義家塾從書本（1930年）。

〔註121〕張西堂《尸子考辨》，見羅根澤編著《古史辨》第四冊，上海：上海古籍出版社，1982年版。

　　圍繞《尸子》一書的作者、時代及眞僞問題多有糾葛，自不在本書討論範圍之內，但對於所謂《穀梁傳》中尸子非尸佼的論證這裡卻有商討的必要。首先，張氏所舉《尸子》的這條佚文，其眞實性本就可疑。《漢書·藝文志》載「《穀梁傳》十五卷。」這與《尸子》所說的十九卷不相符合。而從《穀梁傳》中「傳曰」、「其一傳」等引稱看，在今《穀梁傳》著於竹帛之前就早已有所謂的「傳」在流傳了，未必據此就能認定尸子已經見到著於竹帛的《穀梁傳》。退而言之，即便《尸子》中關於《穀梁傳》的記載或《穀梁傳》中的「尸子曰」是後人所竄入，那豈不是正好說明了他們也認定尸佼和《穀梁傳》有關係嗎？其次，商鞅也並非只知任法重刑棄知非智，如他見秦孝公先時，先說以「帝道」和「王道」，再說以「霸道」。所謂「帝王之道」便是儒家宣揚的政治理論，只有「霸道」才是法家主張的「強國之術」。此外，商鞅和尸佼二者學說即使各不相同，也不妨礙其成爲師生的關係或共謀政事。這樣的例子在戰國本就很多，如曾子、荀子均爲儒家名宿，而其弟子吳起、韓非、李斯則係法家。由此看來，張西堂關於尸子的推論也就很難成立了。尸子其人在《漢書·古今人表》中就有記載，品列中中，與北宮子、魯子、公扈子、捷子、鄒衍相次。北宮子、魯子之名都見於《穀梁傳》、《公羊傳》當中，可見這裡所載的尸子自也是《穀梁傳》當中的尸子。而在《漢書·藝文志》中《尸子》下，班固自注也說：「名佼，魯人。秦相商君師之，鞅死，佼逃入蜀。」如果他們當眞是兩個人，素以「方智」著稱的《漢書》也應作一些說明吧。班固之時去古爲遠，且漢代也是經學昌盛的時代，相信班固在這個問題上是不會不知曉的。錢穆曾考證尸子「亦治《春秋》，正明以治，爲法家師，如吳起之流」〔註122〕。從各方面來看，這樣的推斷最爲妥帖。

　　關於《穀梁傳》的作者和傳授的記載頗爲模糊，《漢志》以爲是穀梁子，而具體名字不詳，後世學者又對此妄加猜測，如喜、嘉、淑、俶、寘等等，又有說「穀梁子受經於子夏，爲經作傳，傳孫卿，卿傳魯人申公，申公傳博士江翁」〔註123〕。這些記載雖不盡可靠，但《穀梁傳》有一個最初在師徒父子之間口耳相傳，到了西漢才與《公羊傳》先後著於竹帛之上的成書過程卻是可以肯定的。從「口說流行」到「著於竹帛」的這段時間，正是中國歷史上社會和思想最富激蕩變幻的時代，在此過程中《穀梁傳》受到其他不同學

〔註122〕錢穆《先秦諸子繫年》「尸佼考」條，第316頁。
〔註123〕楊士勛《春秋穀梁注疏》，見阮元校刻《十三經注疏》，第2358頁。

派的影響，並吸收他們的學說也是可能的。統觀《穀梁傳》全文，其中確實不乏這種例子。如它講「倍則攻，敵則戰，少則守」、「道之貴者時，其行勢也」，講「善爲國者不師，善師者不陳，善陳者不戰，善戰者不死，善死者不亡」，就接近於兵家的言論。再如「獨陰不生，獨陽不生，獨天不生，三合然後生」，這樣把傳統的天生萬物的觀念，和陰陽觀念糅合在一起的生成論，它與《周易》中講的陰陽和合很不一樣，卻和董仲舒的《春秋繁露》中的講法完全一致。此外值得注意的是文公六年的一段記載，「上泄則下暗，下暗則上聾。且暗且聾，無以相通。……故士造闢而言，詭辭而出，曰：『用我則可，不用我則無亂其德。』」這分明已不在是說什麼《春秋》的微言大義了，而是在講君主的御臣和臣子的侍君之技，其中便頗有些法家之「術」的味道了。

以上提到的僅是《穀梁傳》文中的一些零散的片斷，考察它與法家思想的關係，還需著眼於其一貫的學術觀點和政治主張。眾所周知，戰國秦漢間的法家有一個共同傾向，就是強公室而抑私門，尊君主而卑臣下，主張君主權力的絕對化。作爲儒家經典的《春秋》雖然也講「正名」、講「尊王」，在這點上和法家主張的「循法正名」、君權至上等理論確有相近的方面。但孔子在《春秋》中寄予的政治理想主要是從端正君臣大義的名分出發，恢復「禮樂征伐自天子出的」的政治秩序，這種秩序並不等同於後來法家所主張的那種絕對化了的君主集權與君主專制。相反地，《春秋》在「尊王」的同時，也時常流露出很強的政治批判精神。孟子就曾說過：

　　　世衰道微，邪說暴行有作，臣弒其君者有之，子弒其父者有之。
孔子懼，作《春秋》。《春秋》，天子之事也；是故孔子曰：「知我者其惟《春秋》乎！罪我者其惟《春秋》乎！」〔註124〕

又說：

　　　王者之迹熄而《詩》亡，《詩》亡然後《春秋》作。晉之《乘》，楚之《檮杌》，魯之《春秋》，一也；其事則齊桓、晉文，其文則史。孔子曰：「其義則丘竊取之矣。」〔註125〕

孟子所說的《春秋》之「義」絕不僅限於歷史的記載，而是要通過對歷史的評判和褒貶來作用於現實的社會政治。荀子也將《春秋》的特點概括爲一個「微」字：

〔註124〕《孟子・滕文公下》。
〔註125〕《孟子・離婁下》。

> 《春秋》之微也，在天地之間者畢矣。

楊倞注：「微謂褒貶沮勸」〔註126〕。就是說《春秋》在遣詞造句中暗寓有對政治上是非善惡的肯定或者批判，這也可看作是對孟子所說「義」的一種略顯含蓄的表達。由此可見他們都是把《春秋》當作具有批判意識和批判精神的論政議政書來看待了。《春秋》的這種批判意識，在此後的公羊學中又有進一步的發揮。公羊學家董仲舒就曾說：

> 孔子知言之不用，道之不行也，是非二百四十二年之中，以為天下儀表，貶天子，退諸侯，討大夫，以達王事而已矣。子曰：「我欲載之空言，不如見之於行事之深切著明也。〔註127〕

董仲舒對《春秋》的看法，顯然是孟子、荀子的觀點在邏輯上的合理的延伸，所不同的是，他對《春秋》的批判對象的理解已不局限於「亂臣賊子」，而是連高高在上的天子也在批判的範圍之內了。這些思想在《公羊傳》及此後公羊家們提倡的「大復仇」、「孔子當新王」、「天子一爵」、「天子僭天」等命題中也有不同程度地反映。反觀《穀梁傳》，雖然它與《公羊傳》一樣都是闡述微言大義為主，但在它的《春秋》義法中，卻很難看到這種批判意識，相反在政治觀點上卻往往表現出很強的尊君卑臣的思想，甚至有一種將君權絕對化了的傾向。

這種傾向在《穀梁傳》對《春秋》文辭的解釋中便有確實反映。如《春秋》隱公三年記載周平王去世，曰「天王崩。」《公羊傳》云：「天子曰崩，諸侯曰薨，大夫曰卒，士曰不祿」，這是解釋《春秋》記載不同身份的人去世所用的不同寫法。《穀梁傳》除蹈襲其說外，更對「崩」字大加闡揚：

> 高曰崩，厚曰崩，尊曰崩。天子之崩，以尊也。其崩之何也？
> 以其在民上，故崩之。其不名何也？大上，故不名也。

古者記死，尊卑同稱，其間並無明顯的區別。如《堯典》中便稱堯之死為「徂落」，又說舜「陟方乃死」等等。將「崩」作為天子死亡的特稱，那是此後政治等級制度森嚴後的產物。「崩」字本謂山土因壞朽而產生的塌陷〔註128〕，因為天子地位尊崇，於是便用山崩以喻其死。《穀梁傳》所說「高曰崩，厚曰崩，尊曰崩」，就已解釋清楚，不過它又解此發揮，將天子稱為「大上」，又說「以其在民上，故崩之」，強調天子完全凌駕於民眾之上，高不可攀，這就將君主

〔註126〕王先謙《荀子集解》，北京：中華書局，1988年版，第12頁。

〔註127〕《史記·太史公自序》。

〔註128〕《左傳》成公五年：「山有朽壞而崩。」

地位與權力絕對化了，表現出了很強的尊王思想。比之先秦儒家所說的「民貴君輕」，這種主張很不尋常。

尊王、尊周本是《春秋》重要的義法，而在三傳當中，《穀梁傳》於此的發揮最爲清晰。如《春秋》莊公十六年記齊桓公會諸侯「同盟於幽。」《公羊傳》曰：「同盟者何？同欲也。」《穀梁傳》曰：「同者，有同也，同尊周也。」《公羊》只是說「同盟」有共同的目的，而《穀梁》則明確說明這目的就是爲了「尊周」。又如《春秋》隱公七年：「冬，天王使凡伯來聘，戎伐凡伯於楚丘以歸。」這裡的「戎」，《左傳》、《公羊》均以爲是戎狄，《穀梁傳》卻獨唱異議說：

> 凡伯者何也？天子之大夫也。國而曰伐，此一人而曰伐，何也？
> 大天子之命也。戎者衛也。戎衛者，爲其伐天子之使，貶而戎之也。
> 楚丘，衛之邑也。

春秋本有二楚丘，一爲戎州己氏之邑，地界曹、衛之間，即杜預《集解》所云濟陰成武縣西南；一爲僖公二年（前 658 年）齊桓公遷衛之楚丘，地處滑縣東，漢曾設置立白馬縣〔註129〕。此處楚丘當爲戎地之楚丘，《穀梁傳》不明地理，遂將兩地相混，又不曉史實，錯將此時之楚丘屬衛國，更以此認定伐天子之大夫者爲衛國，而貶斥其爲夷狄。考其緣由，實在是由於《穀梁傳》秉持鮮明的「尊王」立場，由此推測並牽強附會而來。

《穀梁傳》記載和闡述的禮制，也不乏類似的內容。如《春秋》隱公元年：「冬，十有二月，祭伯來。」此處記載，頗爲簡略，以至於對祭伯來魯的原因，三傳記載不盡相同。《左傳》以其來魯「非王命」，《公羊》以爲「出奔」，《穀梁》則以爲「來朝」，且作進一步的說明：

> 其弗謂朝何也？寰內諸侯，非有天子之命，不得出會諸侯。不
> 正其外交，故弗與朝也。聘，弓鍭矢不出竟埸，束脩之肉不行竟中，
> 有至尊者不貳之也。

認定沒有天子之命，諸侯間不得外交，又是用以強調天子尊者不貳的地位。與此相似者，《春秋》隱公九年：「春，天王使南季來聘。」《左傳》和《公羊》於此無說，惟有《穀梁傳》獨發異議說：

> 聘諸侯，非正也。

認定只有諸侯聘問天子，而天子不能聘問諸侯。聘問實爲西周、春秋時期周

天子與諸侯國以及各諸侯國之間邦交中的一項重要的禮儀。《周禮‧秋官‧大行人》記載：「凡諸侯之邦交，歲相問也，殷相聘也，世相翰也。」除諸侯國間相互聘問外，天子亦可遣使聘問諸侯，如《周禮‧秋官‧大行人》：「時聘以結諸侯之好，殷覜以除邦國之慝，間問以諭諸侯之志，歸脤以交諸侯之福。」雖然《周禮》的記載與眞實的歷史間尙容有差距，但以周代宗法分封制度言之，周天子僅爲名義上的共主，與秦漢大一統後的體制絕不相似。證之《左傳》，周王室聘問諸侯之事可謂不絕於書，僅以魯國隱、桓、莊三公時代而言，王室下聘魯國就有六次之多〔註130〕。周天子向諸侯行聘問之禮，實屬當然之事。《穀梁傳》的議論實以秦漢之後的制度來繩墨春秋時代，其用意還在強調天子至尊的地位。所以就連《穀梁傳》忠實的注解者范甯對此都不能認同，只好用「甯所未詳」〔註131〕四個字來打發了。

關於君臣關係和朝代更替的討論，更是先秦政治思想中的一個重要的話題。《論語‧八佾》中記載的孔子與魯定公的一段對話，頗可代表先秦儒家在這個方面所持的觀點。魯定公問孔子：「君使臣，臣事君，如之何？」孔子答道：「君使臣以禮，臣事君以忠。」顯然，孔子並沒有從單一的方面解釋君主的絕對權威，而是強調了是君臣雙方面各有的節限。到了孟子那裡，對這個問題的看法更是發展成「君之視臣如手足，則臣視君如腹心；君之視臣如犬馬，則臣視君如國人；君之視臣如土芥，則臣視君如寇讎。」〔註132〕這一套「輕君」的理論了。即便是在強調禮制與刑法併兼的荀子，也特別強調儒者所秉持之「道」對於「美政」「美俗」的重要作用〔註133〕。

以上列舉的這些事例大略代表了先秦儒家在思考君臣關係上一貫的發展軌迹，在《穀梁傳》中雖然也不乏對於這些問題的關注，但比之前者，卻不難發現其間的確發生了一些根本性的傳變。不同之處就在於，它拋棄了先秦儒家所秉持的「輕君」、「從道不從君」的觀點，反而代之以對君主絕對權力的極力維護和對「君尊臣卑」觀點大力宣揚。例如魯桓公十一年（前701年），鄭國的大臣祭仲被宋國所執，被迫在參加推翻鄭國太子忽或讓宋軍攻打鄭國

〔註130〕分別是隱公七年：「冬，王使凡伯來聘。」隱公九年：「天王使南季來聘。」
　　　　桓公四年：「周宰渠伯糾來聘。」桓公五年：「天王使仍叔之子來聘。」桓公
　　　　八年：「天王使家父來聘。」莊公二十三年：「祭叔來聘。」
〔註131〕《春秋穀梁注疏》，見阮元校刻《十三經注疏》，第2371頁。
〔註132〕《孟子‧離婁下》。
〔註133〕《荀子‧儒效》。

而使鄭國有亡國之虞這二者間做一選擇。祭仲經過權衡之後，答應了宋國的要求。《公羊傳》在解說此事時，對於祭仲的做法大加褒獎，不但稱讚「何賢乎祭仲，以為知權也」，而且也據此演繹出一套頗具影響的「經權說」來。而《穀梁傳》對此的評價卻正好相反：

> 祭仲易其事，權在祭仲也。死君難，臣道也。今立惡而黜正，惡祭仲也。

在它看來，「死君難」是作為臣子之義，祭仲沒有遵守這種「臣道」，卻擅自廢立國君，當然是要加以譴責的。在這裡《穀梁傳》反對的當然不是隨機應變的「從權」做法，而是看到了像祭仲這樣能夠易主的權臣對君主權力所造成的威脅，強調是君權不能旁落的觀點。

這種觀點在僖公八年的一段記載中表達的更為充分。《春秋》載：「公與王人、齊侯、宋公、衛侯、許男、曹伯、陳世子款等會盟於洮。」王人是周天子派來參加盟會的使者，由於其地位較低，沒有名氏，所以只稱其為「人」。對於《春秋》的記載為何要將這個地位低微的「王人」置於其他諸侯之上，《穀梁傳》解釋說：

> 王人之先諸侯何也？貴王命也。朝服雖敝，必加於上，弁冕雖舊，必加於首；周室雖衰，必先諸侯。

眾所周知，春秋時期周天子權威衰弱，實際上已經不能行使天下共主的權力，《穀梁傳》顯然注意到了這個事實，所謂「朝服敝」與「冠冕舊」，正象徵了周王室的衰微。《穀梁傳》強調尊周、尊王，所以認為《春秋》將「王人」序列於諸侯之上，乃是出於尊重周王命令的的考慮。值得注意的是，《穀梁傳》這種「服冕」的比喻，其實指除了「尊周」外，更是關涉到古代政治倫理中將君臣關係絕對化的一種主張，而與法家的理論同調了。因為在在韓非子的著作當中，早已經出現相似的說法：

> 費仲說紂曰：「西伯昌賢，百姓悅之，諸侯附焉，不可不誅；不誅必為殷禍。」紂曰：「子言，義主，何可誅？」費仲曰：「冠雖穿弊，必戴於頭；履雖五彩，必踐之於地。今西戎昌，人臣也，修義而人向之，卒為天下患，其必昌乎？人臣不以其賢為其主，非可不誅也。且主而誅臣，焉有過？」〔註134〕

〔註134〕《韓非子・外儲說左下》。

不難看出，韓非引述故事中所用的「冠履」的比喻與《穀梁傳》「朝服雖敝，必加於上，弁冕雖舊，必加於首」的說法如出一轍。韓非是絕對的君主專制論者，極力主張維護君主神聖不可侵犯的權位。所以在他看來，即便是作爲無道之主的殷紂和賢臣的文王，他們之間的君臣關係也是不容改變的。這個例子清楚地表明，《穀梁傳》雖與法家在學統上並無明顯地相承關係，但卻有著若干思想上的溝通之處。有趣的是，這種「冠冕」說法在漢初黃生與博士轅固生在漢景帝面前辯論「湯武革命」時，也曾被加以引用：

> 黃生曰：「湯武非受命，乃弒也。」轅固生曰：「不然。夫桀紂
> 虐亂，天下之心皆歸湯武，湯武與天下之心而誅桀紂，桀紂之民不
> 爲之使而歸湯武，湯武不得已而立，非受命爲何？」黃生曰：「冠雖
> 敝，必加於首；履雖新，必關於足。何者，上下之分也。今桀紂雖
> 失道，然君上也；湯武雖聖，臣下也。夫主有失行，臣下不能正言
> 匡過以尊天子，反因過而誅之，代立踐南面，非弒而何也？」轅固
> 生曰：「必若所云，是高帝代秦即天子之位，非邪？」於是景帝曰：
> 「食肉不食馬肝，不爲不知味；言學者無言湯武受命，不爲愚。」
> 遂罷。是後學者莫敢明受命放殺者。〔註135〕

黃生就是《史記·太史公自序》中所說的司馬談曾「習道論於黃子」的黃子，應該是漢初黃老學派的一個重要人物。他舉的「冠履」的例證與《穀梁傳》和《韓非子》所說內容大體一致，都是強調了君主的絕對權威性和君臣絕對化的政治名分。考慮到《穀梁傳》文本的寫成時間當晚於此時，顯然是受到了黃生與《韓非子》的影響。此外，值得注意的是，與黃生辯論的轅固生以治《齊詩》著稱當時的儒生，他所宣揚的正是《齊詩》「五際說」中的「湯武革命」論。對於「湯武革命」的話題的討論，從《易·革卦·象傳》講「湯武革命，順乎天而應乎人。」到孟子所說的「聞諸一夫紂，未聞弒君也」〔註136〕和荀子講的「奪然後義，殺然後仁，上下移位然後貞，功參天地，澤被生民，夫是之謂權險之平，湯、武是也。」〔註137〕表現的是先秦儒家學派中對待政治秩序和朝代更迭問題頗相近似的觀點，即主張對於無道的昏君可以實行放伐的手段。這種思想也被公羊學者所信奉和承襲，如董仲舒就曾說過：「且

〔註135〕《史記·儒林列傳》。
〔註136〕《孟子·梁惠王下》。
〔註137〕《荀子·臣道》。

天之生民，非爲王也；而天立王，以爲民也。故其德足以安樂民者天予之。其惡足以賊害民者，天奪之。」「有道伐無道此天理也，所從來久矣，寧能湯、武而然耶？」〔註138〕以此肯定湯武的放伐。與之相比，《穀梁傳》的論調就與之前儒家的觀點有很大的轉變，即強調了君主的不可動搖的權威，並竭力將其絕對化，從而明顯地帶有法家思想的印迹了。研究者已經指出「《穀梁傳》對君臣之分、華夷之辨、男女之防，較之《公羊傳》更爲『嚴峻』」〔註139〕。而早在唐代，柳宗元也曾說過穀梁子「甚峻潔」〔註140〕，並要「參之以穀梁氏，以厲其氣」〔註141〕。這種「嚴峻」和「厲氣」在這裡的確也體現得十分明顯。

在前文當中我們已經提到，按照傳統習慣上對西漢經今文學的派別的劃分，《穀梁傳》是「魯學」，《公羊傳》、《齊詩》等則屬「齊學」。所以對於穀梁傳當中的這種思想傾向，似也能從今文經學派別的分流對立中得以解答。如在上文所舉轅固生言「湯武革命」一例中便不難窺見《穀梁傳》與今文經「齊學」一派在政治觀點上的一些不同。「齊學」所宣揚的「革命」觀點，顯然並不爲魯學的《穀梁傳》所支持，而在西漢今文經「齊學」派的儒者宣揚的「革命」說之外，他們對於所謂的「禪讓」學說也大有闡揚。尤其是自黃生與轅固生辯論，漢景帝說「言學者無言湯武受命」之後，儒生便不敢再討論有關「革命」話題，而是轉以言說「禪讓」之義了。

與通過武力征伐來完成朝代更迭的「革命」不同，「禪讓」是以「堯舜禪讓」爲其政治理想與歷史根據，讓天子主動將權位讓賢的政治理論。《漢書·眭弘傳》載：

> 眭弘字孟，魯國蕃人也。……孝昭元鳳三年正月，泰山、萊蕪山南匈匈有數千人聲，民視之，有大石自立……是時，昌邑有枯社木臥復生，又上林苑中大柳樹斷枯臥地，亦自立生，有蟲食樹葉成文字，曰「公孫病已立」，孟推《春秋》之意，以爲「石、柳，皆陰類，下民之象；泰山者，岱宗之嶽，王者易姓告代之處。今大石自立，僵柳復起，非人力所爲，此當有從匹夫爲天子者。枯社木復生，

〔註138〕董仲舒《春秋繁露·湯武不專殺》。
〔註139〕徐復觀：《兩漢思想史》卷3，第153頁。
〔註140〕柳宗元《報袁君陳秀才避師名書》，見《柳宗元全集》，第三冊，北京：中華書局，1979年版，第880頁。
〔註141〕柳宗元《答書中立論師道書》，見《柳宗元全集》，第三冊，第873頁。

> 故廢之家公孫氏當復興者也。」孟意亦不知其所在，即説曰：「先師
> 董仲舒有言，雖有繼體守文之君，不害聖人之受命。漢家堯後，有
> 傳國之運。漢帝宜誰差天下，求索賢人，禮以帝位，而退自封百里，
> 如殷、周二王後，以承順天命。」

眭弘並不知道公孫病已所指為日後即位的宣帝〔註142〕，只是根據民間流傳的
異象推斷「故廢之家公孫氏當復興」，主張劉氏應讓地位與賢人。眭弘受《春
秋》於嬴公，為公羊大師董仲舒的再傳弟子。他所憑藉的，正是傳自其先師
公羊大師董仲舒的有關「禪讓」的理論。這一提議一經提出，眭孟便被霍光
以「妖言惑眾，大逆不道」的罪名處死。宣帝神爵二年，司隸校尉蓋寬饒亦
奏封事云：

> 《韓氏易傳》言：「五帝官天下，三王家天下，家以傳子，官以
> 傳賢，若四時之運，功成者去，不得其人則不居其位。〔註143〕

宣帝廷議以蓋寬饒意欲求禪，大逆不道，下獄，寬饒終自剄死。蓋寬饒所援
引的《韓詩易傳》，乃韓嬰所傳。韓嬰為燕人，燕齊二地地域相接，學風近似，
所以他所持的觀點，亦可看作是「齊學」一派觀點的延續。

　　通過以上兩個事例大致可以看到今文經「齊學」一派學者對「禪讓」學
說的闡揚及以其後遭到朝廷的嚴厲壓制。那麼作為「魯學」代表的《穀梁傳》
對此的態度又是怎樣的呢？傳文當中對此雖並沒有明確的表達，但從隱公四
年的一段文字中尚可隱約看出一些端倪。《春秋・隱公四年》載：

> 戊申，衛祝吁弑其君完。
>
> 九月衛人殺祝吁於濮。
>
> 冬十有二月，衛人立晉。

衛國的祝吁弑衛君桓公自立為君，此後衛人殺祝吁，立衛桓公之弟晉為國君，
是為宣公，《春秋》的這幾段經文便是對衛國內亂的記載。《穀梁傳》對此評
價說：

> 衛人者，眾辭也。立者，不宜立者也。晉之名，惡也。其稱人
> 以立之，何也？得眾也。得眾則是賢也。賢則其曰不宜立，何也？

〔註142〕漢宣帝為戾太子之子，武帝之孫，小名又為「病已」，所以「公孫病已」實指
　　　　宣帝。當時距離巫蠱之亂為時不遠，太子黨勢力尚存，民間也普遍留有對太
　　　　子的同情，而昭帝體弱，又無子嗣，因此「公孫病已立」應該是太子黨勢力
　　　　為爭取戾太子之子宣帝繼承帝位的所造的輿論。

〔註143〕《漢書・蓋寬饒傳》。

《春秋》之義，諸侯與正而不與賢也。

《穀梁傳》所說的「正」，便是指嫡系的正傳。在它看來，雖晉雖是得到衛人用戶的賢者，但終因其不是嫡長，而缺乏繼承君位的合法性，所以要遭到《春秋》的貶斥。這裡雖未提及「禪讓」的問題，但這種「與正不與賢」的說法確實與之前儒家一貫提倡的君位應給予賢者的主張格格不入。考慮到上文中提到漢庭禁言「革命」與多次打擊「禪讓」提議的情況，《穀梁傳》這些議論恐怕也並非是無的放矢。其中的原因，大概便要以《穀梁傳》與《公羊傳》在觀點上的對立，以及穀梁學者與公羊學者在爭立學官上的交鋒來解釋了。

《穀梁傳》在漢初的傳授者，最早可追溯至武帝時期博士瑕丘江公。《史記‧儒林傳列》載：

> 瑕丘江公爲《穀梁春秋》，自公孫弘得用，嘗集比其義，足用董
> 仲舒。

《漢書‧儒林傳》所載稍異於此：

> 瑕丘江公受《穀梁春秋》及《詩》於魯申公，傳子至孫爲博士。
> 武帝時，江公與董仲舒並。江公吶于口，上使與董仲舒議，不如仲
> 舒。於是上因尊《公羊》家，詔太子受《公羊春秋》。

申公爲西漢今文經學「魯學」第一位大師，以傳授《魯詩》著稱，至於是否像班固所說《穀梁傳》也是經由他傳授於瑕丘江公，卻未必盡然。考《漢書‧終軍傳》載：

> 元鼎中，博士徐偃使行風俗。偃矯制，使膠東、魯國鼓鑄鹽鐵，
> 還，奏事，徙爲太常丞。御史大夫張湯劾偃矯制大害，法至死。偃
> 以爲《春秋》之義，大夫出疆，有可以安社稷，存萬民，顓之可也。

徐偃爲申公高徒，其所云《春秋》之義自當出自其師的傳授。不過他所說「大夫出疆，有可以安社稷，存萬民，顓之可也」，卻是援引《公羊傳》莊公十九年：「大夫受命不受辭，出竟有可以安社稷利國家者，則專之可也」的話。這條經義非但爲《穀梁傳》所無，而且就《穀梁》的政治主張而言，更是極力反對大夫的專權。由此可證，申公所傳與其弟子徐偃所云均非《穀梁》之義，可見當時申公所授的《春秋》絕非《穀梁》之義。近人陳澧曾在《東塾讀書記》中比較《穀梁傳》文多據《公羊》而撰作，從而推斷《穀梁》成書於《公羊》之後。金德建也曾指出《史記‧儒林列傳》中「瑕丘江公爲《穀梁春秋》」

一句中的「爲」字該當「作」字解釋，明白地說《穀梁傳》這部書是江公所作。聯繫這些發現，的確可以認爲《穀梁傳》是瑕丘江公和他的傳人們採用當時經師口頭相傳的一些經義，並參考《公羊傳》而編寫的一部著作。至於《穀梁傳》傳自子夏和荀子，那也只是漢儒們編造的用以自高身價的說法了。

　　《穀梁傳》在漢庭的第一次辯論，便因爲江公「吶于口」和丞相公孫弘本爲公羊學而有心祖護，導致漢武帝採納董仲舒之說，公羊學由此大興。昭帝時《穀梁》學者榮廣、皓星公並與《公羊》大師眭孟等人辯論，曾經屢次使得眭孟等人辭窮。至宣帝時，《穀梁》學者蔡千秋與《公羊》學者並說，宣帝善《穀梁》之說，蔡千秋因此擢升爲諫大夫給事中，選郎生十人從受《穀梁》。蔡千秋病卒，宣帝徵召瑕丘江公之孫（小江公）爲博士，並以劉向作爲助手。後小江公死，又徵召周慶、丁姓等人待詔保宮，卒授十人。從元康（約前 63 年）中始講《穀梁》，至甘露元年（前 53 年），經過十餘年的講授，這十人「皆明習」。於是宣帝「乃召《五經》名儒太子太傅蕭望之等大議殿中，平《公羊》、《穀梁》同異，各以經處是非」〔註 144〕，這就是著名的石渠閣會議。《漢書·孝宣本紀》記載：「詔諸儒講五經異同，太子蕭望之等平奏其議，上親稱制臨決焉。」在宣帝的支持和幫助下，這場《公》《穀》的辯論，《穀梁》一派終究佔了上風，與《公羊》同立於學宮，由是也達到了歷史上唯一的一次大盛。縱觀《穀梁傳》在西漢一朝的發展，始終伴隨著與《公羊》對峙與辯難的局面而逐次興起。也正是由於這種對峙與辯難，便使得《穀梁傳》在一些經義解釋與政治見解上總是與《公羊傳》站在對立的方面。前文曾經指出《穀梁傳》闡述的《春秋》義法中，卻很難看到《公羊傳》和公羊學中所有的那種政治批判意識，取而代之的則是一套宣揚君尊臣卑、君權至上的近於法家思想的政治理論。這些對立觀點，顯然便是出於《穀梁》學者爲了與《公羊》爭鋒而取媚漢庭以上邀天子的歡心的目的炮製而成。漢宣帝之所以偏愛《穀梁傳》，怕不僅是由於其祖戾太子喜愛《穀梁》而有意模仿爲之，更是欣賞它巧妙地利用儒家的外衣包裹了法家「君尊臣卑」的政治內核。試看宣帝與對太子（元帝）所說「漢家自由法度，本以霸王道雜之，奈何純任德教，用周政乎？」〔註 145〕的一席話便可以思之過半了。儒生夏侯勝曾經言

到：「士病不明經術，經術苟明，其取青紫如俯拾地芥耳。」〔註146〕確是一針見血地指出了漢儒通經致用的實質，所謂的《公》《穀》的爭辯也不過是這種風氣的具體表現罷了。儒家思想在西漢的法家化，曾是思想史研究者們所關注的一個話題，從《穀梁傳》的思想傾向以及其在西漢政治中的起落消長來看，的確爲我們認識這個問題提供了一個很好的事例。

第三節　崇霸思想和對於霸者的評判

一、「王霸」之論

司馬遷在《史記·六國年表》序中曾經扼要地對春秋歷史作出概括：

> 是後或力政，強乘弱，興師不請天子。然挾王室之義，以討伐爲會盟主，政由五伯，諸侯恣行，淫佚不軌，賊臣篡子滋起矣。齊、晉、秦、楚其在成周微甚，封百里或五十里。晉阻三河，齊負東海，楚介江淮，秦因雍州之固，四海迭興，更爲伯主，文武所襃大封，皆威而服焉。

他所說的「或力政」、「強乘弱」正是對春秋這個特殊時代歷史特點的濃縮，所謂「以討伐爲會盟主，政由五伯」，在王室式微的情況下，活躍在政治舞臺上的正是這些相繼而起的諸侯霸主。

對於春秋時代的霸主，孟子曾有「五霸者，三王之罪人也」〔註147〕的評價。這裡所說「三王」，即指夏禹、商湯、文武周王，「五霸」按通行之說是爲齊桓公、晉文公、秦穆公、宋襄公與楚莊王〔註148〕。在這裡，孟子比較了兩個不同的時代，即春秋和春秋之前的三代。在他看來，這兩個時代確實也

〔註146〕《漢書·夏侯勝傳》。
〔註147〕《孟子·告子下》。
〔註148〕關於「五霸」說法不一。楊伯峻指出其說有四：（甲）夏代之昆吾氏，殷代之大彭氏、韋豕氏，周之齊桓公、晉文公（《白虎通·號篇》）。但以《孟子》「五霸，桓公爲盛」之語觀之，顯然此說不是孟子之意。（乙）齊桓公、晉文公、秦穆公、楚莊王、吳王闔閭（《白虎通·號篇》）。（丙）齊桓公、晉文公、秦穆公、宋襄公、楚莊王（《白虎通·號篇》趙岐注同）。以《孟子》「秦穆公用之而霸」觀之，孟子所謂五霸，必是此兩說中之一。（丁）齊桓公、晉文公、楚莊王、吳王闔閭、越王句踐（《荀子·王霸篇》）。此說無秦穆公，當不合孟子之意。參見楊伯峻《孟子譯注》，北京：中華書局，1960年版，第289頁。

各自代表了兩種不同的政治理念和政治精神。他之所以講「五霸」是「三王」
的罪人，是因爲「三王」的時代代表著「王道」的化行〔註149〕，而「五霸」
的時代，則是「摟諸侯以伐諸侯」〔註150〕的力政時期。這種「王」與「霸」
的分別，也反映了儒家政治理念當中「德」與「力」的差別，因爲孟子也曾
說到：

> 以力假仁者霸，霸必有大國。以德行人者王，王不待大。〔註151〕

在他看來，「仁政」是「王道」之本，而五霸不過是依恃實力，「假仁」而稱
霸諸侯。「以力服人者，非心服也，力不贍也。」「以德服人者，中心悅而誠
服也」〔註152〕。所以只有依靠道德實行仁義，才可以使天下歸服。可見，孟
子將能否眞正實行仁政，作爲了衡量「王」與「霸」的標準。這裡的「王」
和「霸」不但代表了歷史階段上的差異，同時也蘊含著價值上的評判。

　　孟子之後，荀子對「王」與「霸」更有專門的闡釋。他認爲「用國者義
立而王，信立而霸」〔註153〕是區分王霸的標準。對於「春秋五霸」，他更復評
論道：「故齊桓、晉文、楚莊、吳闔閭、越句踐，是皆僻陋之國也，威動天下，
強殆中國，無它故焉，略信也。是所謂信立而霸也」〔註154〕。荀子對「五霸」
雖然沒有採取孟子那樣輕蔑的態度而是也有所肯定，但總體說來，似乎也是
批評多於肯定：

> 然而仲尼之門，五尺之豎子，言羞稱五伯，是何也？曰：然！彼
> 非本政教也，非致隆高也，非綦文理也，非服人之心也。鄉方略，審
> 勞佚，畜積修鬭，而能顚倒其敵者也。詐心以勝矣。彼以讓飾爭，依
> 乎仁而蹈利者也，小人之傑也，彼固曷足稱乎大君子之門哉！〔註155〕

〔註149〕譬如「春省耕而補不足，秋省斂而助不給。入其疆，土地闢，田野治，養老
　　　　尊賢」（《孟子·告子下》）等等。此外孟子所説的「王道」還可以從他以下的
　　　　話中求得：「五畝之宅，樹之以桑，五十者可以衣帛矣。雞豚狗彘之畜，無失
　　　　其時，七十者可以食肉矣。百畝之田，勿奪其時，數口之家可以無饑矣。謹
　　　　庠序之教，申之以孝悌之義，頒白者不負戴於道路矣。七十者衣帛食肉，黎
　　　　民不饑不寒，然而不王者，未之有也。」（《孟子·梁惠王上》）這樣的話孟子
　　　　在游説梁惠王、齊宣王時都曾説過，可見是其所主「王道」最具體的內容。
〔註150〕《孟子·告子下》。
〔註151〕《孟子·公孫丑上》。
〔註152〕《孟子·公孫丑上》。
〔註153〕《荀子·王霸》。
〔註154〕《荀子·王霸》。
〔註155〕《荀子·仲尼》。

所謂「讓飾爭，依乎仁而蹈利者」，確與孟子說的「以力假仁者」有著異曲同工之處。就後世而言，發軔於孟荀的「王霸」之論無論是從政治〔註156〕還是從思想〔註157〕方面，在此後中國的歷史當中都產生了深遠的影響。

　　孟子和荀子的「王霸之論」，明確認為「王」、「霸」二者基於不同的政治原理和政治精神並且嚴格加以區別，其尊「王」賤「霸」的思想是非常明顯的。但從儒家思想的發展軌迹來看，對於先王和春秋霸主的評價也並非像他們那樣地有著明顯的對立。我們不妨將討論上溯至孔子那裡。堯、舜、禹等先王在孔子心目中確實是最高的德治典型，這由下面的話可以證明：

　　　　子曰：大哉堯之為君也！巍巍乎！唯天為大，唯堯則之。蕩蕩
　　乎！民無能名焉。巍巍乎！其有成功也。煥乎，其有文章。〔註158〕

　　　　子曰：巍巍乎！舜禹之有天下也，而不與焉。〔註159〕

　　　　子曰：禹，吾無間然矣。菲飲食，而致孝乎鬼神；惡衣服，而
　　致美乎黻冕；卑宮室，而盡力乎溝洫。禹，吾無間然矣。〔註160〕

　　　　子曰，無為而治，其舜也。夫何為哉？恭己正南面而已矣。

〔註161〕

所謂「恭己正南面」即是「德治」〔註162〕，在孔子看來堯舜等先王確是「德

〔註156〕例如漢宣帝就曾有「漢家自有法度，本霸王道雜之」之語，漢代劉氏的治國
　　　　精神即可反映於這種王霸之道上。對這種「霸王道」，東漢思想家桓譚的論述
　　　　可以說是最為透徹的。《新論‧王霸》云：「夫王道之治，先除人害而足其衣
　　　　食，然後教以禮義，使知好惡去就，是故大化四湊，……霸功之大者尊君卑
　　　　臣，權統由一，政不二門，賞罰必信，法令著明，百官修理，威令必行，此
　　　　霸者之術。王者純粹，其德如彼；霸道駁雜，其功如此。」（《全後漢文》卷
　　　　十三）這裡所謂的「王道」即是儒家一貫所提倡德德治，所謂的「霸道」即
　　　　是與德治相對的法家之治。

〔註157〕如宋明理學家將「霸道」說成是利欲橫流的時代，認為自孔孟以後「王道」
　　　　就斷了，直到宋代才恢復了所謂的「王道」。

〔註158〕《論語‧泰伯》。

〔註159〕《論語‧泰伯》。

〔註160〕《論語‧泰伯》。

〔註161〕《論語‧衛靈公》。

〔註162〕如他說「為政以德，譬如北辰，居其所而眾星共之」（《論語‧為政》）。何晏
　　　　《論語集解》對「為政以德」的解釋引「包曰：德者無為，猶北星之不移而
　　　　眾星共（拱）之」，是包氏以德治乃無為之治，把上引兩段話相互印證，包氏
　　　　的解釋是有根據的。所以朱熹《集注》對前一段話的解釋也說「為政以德，
　　　　則無為而天下歸之」。需要指出的是，這裡的無為並非是道家所講的「無為而

治」的典範。雖然「德政」在孔子的政治思想中處於核心位置，但對所謂行使「力政」的春秋霸者，他也並非是一概反對。例如孔子就曾說過「晉文公譎而不正，齊桓公正而不譎」〔註163〕。從不將「仁」輕許與人的他，對齊桓公和管仲卻有著超乎尋常的評價〔註164〕。這與後來主張「仲尼之徒無道桓、文之事者」〔註165〕，評價管仲「功烈如其卑」〔註166〕的孟子有著截然的反差。

　　《春秋》當中也有涉及「霸者」的評論，如有所謂「晉文請請隧」、「王狩於河陽」、「楚莊問鼎」見譏於《春秋》之事，迨及朱熹更有「貴王賤伯」乃《春秋》大義所在的論調。拿朱子的說法與《論語》相比較，二者卻不盡一致；核之於「三傳」，其中關於霸者的評價似乎也遠不止譏貶削損之義。

二、《左傳》對霸者的評判

　　首先要作一點字義上的說明。關於「霸」，《說文》曰：「月始生魄然也，承大月二日，小月三日。」核對金文中的記載，「霸」字皆作此解。「王霸」之「霸」，原本當作「伯」字。《說文》：「伯，長也」。《左傳》成公二年孔疏引鄭玄云：「天子衰，諸侯興，故曰霸。霸，把也，言把持天子之政教，故其字或作伯，或作霸也」。鄭玄以「把」釋霸，恐爲附會之詞。據羅根澤考證：「王霸之霸，時亦作伯。但『伯』義《說文》訓長，在周爲制度名詞，爲侯伯之伯，無後世王霸之義。後世王霸之義，蓋因伯長之義，逐謂勢能諸侯之長者爲伯；而又恐與侯伯字溷，故時借霸字爲之」〔註167〕。核之先秦典籍，以「伯」爲「霸」者，至《論語》始有一見〔註168〕，此後《左傳》當中逐屢見「霸」字，且與「伯」字多有混用〔註169〕。其中的一例頗值得留意：

　　無不爲」之「無爲」。而是「不以自己的私意治人民，不以強制手段治人民，而堯在自己良好的影響之下，鼓勵人民自爲，並不是一事不作。」參見徐復觀《中國思想史論集》，上海：上海書店出版社，2004年版，第182頁。

〔註163〕《論語·憲問》。

〔註164〕如「桓公九合諸侯，不以兵車，管仲之力也；如其仁，如其仁。」「管仲相桓公，霸諸侯，一匡天下，民至於今受其賜。微管仲，吾其被髮左衽矣。」（《論語·憲問》）等等。

〔註165〕《孟子·梁惠王上》。

〔註166〕《孟子·公孫丑》。

〔註167〕羅根澤《古代政治學中之「皇」「帝」「王」「霸」》，見《諸子考索》，北京，人民出版社，1958年版，第116頁。

〔註168〕《論語·憲問》曰：「管仲相桓公，霸諸侯，一匡天下。」

〔註169〕「霸」字如：「齊始霸也。」（莊公十五年）「間攜二，覆昏亂，霸王之器也。」

四王之王也，樹德而濟同欲焉；五伯之霸也，勤而撫之，以役

王命〔註170〕。

這裡出現了「王」、「霸」的對舉，雖然與孟子所說「王霸」略有不同〔註171〕，

但已隱約顯露出「王」、「霸」之間有基於不同政治精神的分野。我們不妨再

結合書中一些具體的敘述，來看待這個問題。

較爲典型的一段記載是在成公十六年，曹人向晉懇求復國之辭中有云：

「君唯不遺德刑，以伯諸侯。」即指出以「伯（霸）諸侯」的憑藉是「不遺

德刑」。而這種依靠「德」與「刑」成霸的思想，在《左傳》記述當中更是被

不斷地反覆稱述。如：

招攜以禮，懷遠以德，德禮不易，無人不懷。〔註172〕

夫合諸侯以崇德也，會而列奸，何以示後嗣？夫諸侯之會，其德刑

禮義，無國不記。記奸之位，君盟替矣。作而不記，非盛德也。〔註173〕

貳而執之，服而舍之，德莫厚焉，刑莫威焉。服者懷德，貳者

畏刑。此一役也，秦可以霸。〔註174〕

大適小有五美：宥其罪戾，赦其過失，救其災患，賞其德刑，

教其不及。小國不困，懷服如歸。是故作壇以昭其功，宣告後人，

無怠於德。〔註175〕

（閔公元年）「是以知其不遂霸也。」（僖公二十二年）「四王之王也，樹德而
濟同欲；五伯之霸也，勤而撫之，以役王命。」（成公二年）「士之二三，猶
喪妃耦，而況霸主？霸主將德是以。」（成公八年）「疆言霸說於曹伯。」（哀
公七年）「伯」字如「諸侯無伯。」（僖公十九年）「君唯不遺德刑以伯諸侯。」
（成公十六年）「宜晉之伯也。」（襄公二十七年）「王伯之令也。」（昭公元
年）「是以求伯，必不行矣。」（哀公元年）諸「伯」字均與「霸」義無殊。
參見羅根澤《諸子考索》，第116頁。

〔註170〕《左傳》成公二年。

〔註171〕楊伯峻在注釋中指出：「『王』、『霸』對言，與戰國時『王』、『霸』對言意義
　　　　稍有不同……《春秋》以統一天下者爲王者爲『王』，能爲當時天下共主效力
　　　　者爲『霸』。」（《春秋左傳注》，第798頁）當然《左傳》在這裡記載的只是
　　　　齊國賓媚人（國佐）的話，所以可以看作是春秋時期的觀念的表達，但考慮
　　　　到《左傳》成書戰國時代，則全書中反映出的「王」、「霸」的思想，卻不能
　　　　不視爲戰國的產物。

〔註172〕《左傳》僖公七年。

〔註173〕《左傳》僖公七年。

〔註174〕《左傳》僖公十五年。

〔註175〕《左傳》襄公二十八年。

這類德與刑並舉的思想，顯然與孟子所說的「以力假仁」的評價有很大的差異。可以說在大多數情況下，《左傳》作者對於霸者的傾向是肯定其「德」的方面，而否定其「力」方面的。例如楚大夫屈完謂齊桓公曰：「君若以德綏諸侯，誰敢不服？君若以力，楚國方城以爲城，漢水以爲池，雖眾，無所用之」〔註176〕。強調的是「德」而不是「力」。周宰孔對晉獻公所說：「齊侯不務德而勤遠略」〔註177〕，肯定的也是「德」，卻否定了「遠略」。鄭子良說：「晉楚不務德而兵爭」〔註178〕，主張霸者應務「德」而不從「兵」。

這種從「德」而不從「力」的傾向，在《左傳》關於楚莊王霸業記載中更有突出的反映。魯宣公十二年（前597年），楚軍破鄭，鄭襄公降楚。楚莊王的左右主張滅鄭，楚莊王不納，而與鄭結盟而還。這件事情正是霸者德刑並重的典型事例。所以接下來《左傳》記述晉楚邲之戰前，借了晉國士會（隨武子）之口評論楚莊王道：

> 楚軍討鄭，怒其貳而哀其卑，叛而伐之，服而舍之，德刑成矣。
>
> 伐叛，刑也；柔服，德也。二者立矣。

士會因此主張，不可與「德刑成矣」的楚交戰。但晉國中軍之佐先縠（彘子）卻不同意：

> 晉所以霸，師武臣力也。今失諸侯，不可謂力。有敵而不徒，
>
> 不可謂武。由我失霸，不如死。

士會注重的是霸者「德」與「刑」的兼備，而先縠卻認爲晉國的霸業是「師武臣力」結果，主張有「武」與「力」足矣，而「德」的因素卻不在考慮之中。在此《左傳》作者通過敘事間接地顯示出了「德刑」與「武力」兩種相反的論調，對這兩種相反的論調，他也明確地作了裁決，即信奉「武力」的主戰論者先縠率晉軍與楚戰於邲，結果被打敗。就《左傳》在這裡的敘述而言，具備「德行」優於只依賴「武力」的判斷，表達得十分明確。

關於「伐叛，刑也；柔服，德也」的思想，《左傳》在其他地方也常觸及。如齊桓公遷被滅的邢封衛，是最著名的「存亡繼絕」的事業。對此，《左傳》評價道：「凡侯伯救患分災討罪，禮也」〔註179〕。又如，楚平王復封已設爲縣

〔註176〕《左傳》僖公四年。

〔註177〕《左傳》僖公九年。

〔註178〕《左傳》宣公十一年。

〔註179〕《左傳》僖公元年。

的陳、蔡，《左傳》稱讚「禮也」〔註180〕。如果就內容來區分這些作為，則「恤患補闕」、「救患分災」、「復封」屬於「德」；「正違治煩」、「討罪」則相當於「刑」。可以說，《左傳》中的霸者，在這樣的意義下，是「德」與「刑」並用，藉以保持中原秩序。所以，它反對只要有「武力」就足夠的極端論，但也決不是說，霸者完全不使用「武力」，正常的做法是保持「德」與「刑」的平衡〔註181〕。

《左傳》中關於霸者的思想也見於其對於「信」的強調。如其記載晉文公伐原，當其得知受到包圍的原不久降服後，仍決定撤兵。《左傳》借文公之口講出了「信」在政治中作用：「信，國之寶也，民之所庇也。得原失信，何以庇之，所亡滋多」〔註182〕。而在此後回顧晉文的霸業時作者又講到：

> 晉侯始入而教其民，二年，欲用之。子犯曰：「民未知義，未安其居。」於是乎出定襄王，入務利民，民懷生矣，將用之。子犯曰：「民未知信，未宣其用。」於是乎伐原以示之信。民易資者不求豐焉，明徵其辭。公曰：「可矣乎？」子犯曰：「民未知禮，未生其共。」於是乎大蒐以示之禮，作執秩以正其官，民聽不惑而後用之。出穀戍，釋宋圍，一戰而霸，文之教也。〔註183〕

「義」、「信」、「禮」被當作「文之教」的幾個因素被提出，其中「信」作為文公得以稱霸的一種重要的方面被予以了強調。

《左傳》對霸者「信」的強調，又往往是同「禮」的要求相結合的。如成公十五年，距第一次弭兵之盟僅兩年，楚國就要破壞盟約。楚國公子貞說：「新與晉盟而背之，無乃不可乎？」楚國主帥子反卻說：「敵利則進，和盟之有？」對此申叔時加以評論曰：「子反必不免。信以守禮，禮以庇身，信禮之亡，欲得免乎？」第二年爆發晉楚鄢陵之戰，子反因戰敗而被迫自殺，應驗了申叔時的預言。通過這個事例，《左傳》向人們說明了講禮修信才是成就霸業的必要條件。

由上述論述可知，在《左傳》中並沒有出現像孟子那樣嚴格的「王」、「霸」差別觀念，更沒有把「霸」與「力政」等同起來，而是反對絕對的「尚力」

〔註180〕《左傳》昭公十三年。
〔註181〕參見小倉方彥《〈左傳〉中的霸與德》，見劉俊文主編，許洋主等譯《日本學者研究中國史論著選譯》，第七卷，北京：中華書局，1993年版。
〔註182〕《左傳》僖公二十五。
〔註183〕《左傳》僖公二十五年。

的政治原則。由此，《左傳》對於霸者倒是提出了「尚德」、「行禮」、「重信」等一系列的標準。顯然，《左傳》是把這樣的霸者作為春秋歷史當中穩定社會政治秩序的主要力量來看待的，這種觀念《公羊》、《穀梁》二傳當中也有不同程度的反映。

三、《公羊》、《穀梁》對霸者的尊崇

「王者之迹熄而《詩》亡，《詩》亡然後《春秋》作。晉之《乘》，楚之《檮杌》，魯之《春秋》，一也；其事則齊桓、晉文，其文則史。」〔註184〕這是孟子議論諸侯國史乘的名言。由此可見，關於齊桓公、晉文公的事迹多為當時的史文所傳頌。不過，在孔子那裡他們之間卻有著「正」和「譎」的分別：

> 子曰：「晉文公譎而不正，齊桓公正而不譎。」〔註185〕

顯然，在他眼裏齊桓公的位置要遠遠高過晉文公。在此後的《公羊傳》和《穀梁傳》當中，齊桓公確實也有不同一般的地位，透過二傳關於桓公事迹的記載與評論，能夠反映出它們對春秋霸者所持的態度和要求。

與《左傳》相似，對於「信」的要求也是《公》、《穀》中霸者的標準〔註186〕，這可以從它們對於齊桓公所主盟會的評述中看得清楚。憑藉「桓盟不日」、「桓會不致」等義例，它們強調的是作為諸侯霸主所應具有的信義原則。

關於「桓盟不日」，《春秋》莊公十三年記：「冬，公會齊侯，盟於柯。」《穀梁傳》云：

> 曹劌之盟也，信齊侯也。桓盟雖內與，不日，信也。

《穀梁傳》認為關於魯國與外國的盟會，《春秋》中都應有詳細的日期，而這裡卻沒有記載，這是因為對齊桓公信義的相信與讚譽〔註187〕。對此，《公羊傳》更有詳細的描述：

〔註184〕《孟子‧離婁下》。
〔註185〕《論語‧憲問》。
〔註186〕從這點看來，「三傳」與荀子的「信立而霸」的觀點有著相似之處。
〔註187〕這類「日月時例」正是《穀梁傳》解經的特點，而其中牽強附會者不少。唐人啖助就曾指出：「《公》《穀》多以日月為例，或以書日為美，或以為惡。夫美惡在於事迹，見其文足以知其褒貶，日月之例，復何為哉！假如書日春正叛逆，與言甲子之日叛逆，又何差異乎？故知皆穿鑿妄說也。」（見陸淳《春秋集傳纂例》卷九）此數語對於批駁「日月時例」論褒貶，甚為有力。

—172—

何以不日？易也。其易奈何？桓之盟不日，其會不致，信之也。
其不日何以始乎此？莊公將會乎桓，曹子進曰：「君之意何如？」莊
公曰：「寡人之生則不若死矣。」曹子曰「然則君請當其君，臣請當
其臣。」莊公曰：「諾。」於是會乎桓。莊公升壇，曹子手劍而從之。
管子進曰：「君何求乎？」曹子曰：「城壞壓竟，君不圖與？」管子
曰：「然則君將何求？」曹子曰：「願請汶陽之田。」管子顧曰：「君
許諾。」桓公曰：「諾。」曹子請盟，桓公下與之盟。已盟，曹子摽
劍而去之。要盟可犯，而桓公不欺。曹子可仇，而桓公不怨，桓公
之信著乎天下，自柯之盟始焉。

可見，在「桓盟不日」的義例上，《公羊傳》和《穀梁傳》的觀點是相一致的，
不過《公羊傳》又曾添了關於曹沬（劌）「要盟」的記載。何休《解詁》云：
「臣約其君曰要，強見要脅而盟爾，故云可犯。」〔註188〕對於「要盟」可以
違背，但齊桓公卻並不記恨曹沬，因此信用得以著乎天下。曹沬「要盟」之
事未見《左傳》記載，而《荀子・王制》、《史記・刺客列傳》均有述及，恐怕
都是採自於戰國以來民間流傳的故事。《公羊傳》的記載雖未必可信，但它之
所以要強調這個故事，正是爲了突出桓公守信的霸主作風。

再來看「桓會不致」。「致」，《左傳》中稱爲「飲至」〔註189〕。楊伯峻指
出：「諸侯凡朝天子，朝諸侯，或與諸侯盟會，或出師攻伐，行前應親自祭告
禰廟，或者並祭告祖廟，又謙祝史祭告其餘宗廟。返，又應親自祭告祖廟，
並派遣祝史祭告其餘宗廟。計告後，合群臣飲酒，謂之飲致。」〔註190〕上引
《公羊傳》文即見「其會不致，信之也」的說法，魯公出則告廟，返則告至，
包含有喜其平安歸來之意〔註191〕。故此《穀梁傳》莊公二十七年云：

桓會不致，安之也。桓盟不日，信之也。信其信，仁其仁。衣
裳之會十有一，未嘗有歃血之盟也，信厚也。兵車之會四，未嘗有
大戰也，愛民也。

魯莊公與齊桓公之會，《春秋》不見書致，《公羊傳》和《穀梁傳》都認爲如

〔註188〕「臣約其君」，阮元《校勘記》云：「鄂本、宋本『其』作『束』，當據正。」
〔註189〕參見《左傳》桓公二年。
〔註190〕楊伯峻《春秋左傳注》，第 91 頁。
〔註191〕如《穀梁傳》襄公二十九：「夏五月，公至自楚。喜之也。致君者，殆其往而
　　　　喜其反，此致君之意義也。」

此書法是顯示其會絕無危險，即是所謂「安之也」之意〔註192〕，以此彰顯齊
桓公作爲諸侯霸主的信厚。

春秋二百四十二年當中，列國間的朝聘會盟不斷〔註193〕。這樣的情況，
除了表示春秋時代政治秩序的不安以及諸侯國間交往的頻繁外，也顯示出當
時人們對誠信觀念的普遍薄弱。《穀梁傳》云：「盟者，不相信也，故謹信也」
〔註194〕。就是說，會盟是用來表示和鞏固誠信的一種方式。從盟會的角度來
講，其可信性的取保是來源於道德的力量及人們對神明的敬畏，這兩股力量
在春秋時代不斷的衰弱，使得「信」觀念的作用在列國關係中也較社會生活
的其他方面喪失的更加迅速。對此，徐難于指出在春秋的爭霸戰爭中，信觀
念的作用呈現出較明顯的階段性，大致說來表現於春秋初期對盟約的信守要
求不強烈，信觀念相對不發達，到中期的守信與背信的衝突日益尖銳，再到
晚期「信」的作用在列國關係中已趨衰微〔註195〕。

在《穀梁傳》看來，這種「信義」念觀的普遍淪喪恰是歷史發展的一個
結果。《穀梁傳》隱公八年載：

> 秋，七月庚午，宋公、齊侯、衛侯盟於瓦屋。外盟不日，此其
> 日何也？諸侯之參盟於是始，故謹而日之也。誥誓不及五帝，盟詛
> 不及三王，交質子不及二伯。

《穀梁傳》所說的「謹而日之」，體現出對於盟會的重視，這種重視就是基於
「信」的要求。在它看來，從「誥誓」、「盟詛」到「交質子」反映出的正是
從五帝時代開始經歷「三王」再到「二伯」時期，這一歷史過程中信義觀念
的逐漸喪失。類似的思想在《公羊傳》中也有反映，如它所說「古者不盟，
結信而退」〔註196〕，以爲古者遇事相告言，信守不諭，而毋需誓約。惟其如
此，《公》、《穀》二傳對於齊桓公所主持的盟會，才會有著特意的贊許。它們

〔註192〕《公》《穀》所說的「不致」的義例實際只是它們自己的發揮罷了，核之以《春
秋》，這種說法並不可靠。孔穎達疏引杜預《釋例》云：「凡盟有一百五，公
行一百七十六。書致者八十二。其不書至者九十四，皆不告廟也。」可見《春
秋》書「至」與否，皆由於魯君歸來後是否告於宗廟，其中並不包含《公》
《穀》所說的那些微言大義。

〔註193〕據范文瀾《中國通史簡編》統計，春秋時期各國間的朝聘盟會多達四百五十
餘次。范文瀾《中國通史簡編》（修訂本），第一冊，第177頁。

〔註194〕《穀梁傳》僖公五年。

〔註195〕徐難于《試論春秋時期的信觀念》，《中國史研究》，1995年第4期。

〔註196〕《公羊傳》桓公三年。

憑藉著對「桓盟不日」、「桓會不致」等義例的闡發，強調的正是信義原則對
於維持社會政治秩序所起到的重要作用。

　　除了稱讚「信厚」的方面外，《公羊傳》對於齊桓公更是加之以「王者」
的美譽：

　　　　楚屈完來盟於師，盟於召陵。屈完者何？楚大夫也。何以不稱
　　　　使？尊屈完也。曷爲尊屈完？以當桓公也。其言盟於師、盟於召陵
　　　　何？師在召陵也。師在召陵，則曷爲再言盟？喜服楚也。何言乎喜
　　　　服楚？楚有王者則後服，無王者則先叛。夷狄也。而亟病中國，南
　　　　夷與北狄交。中國不絕若線，桓公救中國，而攘夷狄，卒怗占荊，
　　　　以此爲王者之事也。〔註197〕

當時歷史實際的情況是諸侯割據，南夷與北狄交侵，中國不絕若線。在《公
羊傳》看來，之所以會出現這些問題，就是因爲當時沒有「王者」。齊桓公此
時北伐山戎、南服荊楚，所行的正是「王者」之事，因此給予他如此的稱號。
《穀梁傳》莊公三十年也記道：

　　　　齊人伐山戎。齊人者，齊侯也。其曰人，何也？愛齊侯乎山戎
　　　　也。其愛之何也？桓內無因國，外無從諸侯，而越千里之險北伐山
　　　　戎，危之也。則非之乎？善之也。何善乎爾？燕，周之分子也，貢
　　　　職不至，山戎爲之伐矣。

《穀梁傳》的「愛之」、「善之」也是以北伐山戎藉顯齊桓所爲近乎「王者」
之事，與《公羊》的思想相比較接近，顯然也是把齊桓公當作了穩定中原各
國政治秩序的主要力量來看待了。

　　由此可見，在《公羊》、《穀梁》二傳當中除「尊王」思想之外，崇霸尊
桓也是其政治觀點之一端，反映了它們對於社會政治秩序所作的構想的一個
重要方面。

〔註197〕《公羊傳》僖公四年。

第四章　大一統與夷夏觀

　　從歷史上看，無論是作為一個政治實體還是作為一個文化實體，中國在其漫長的發展過程中未曾發生過所謂的破壞性的中斷——雖然在朝代反覆更迭的間隔期間不乏短暫的分裂，但卻始終保持了一種統一的趨勢。與世界上其他古老的文明相比，這種情況應該說是絕無僅有的。究其原因，固然與地域的、政治的以及民族的等諸多具體因素有關，但也和中國很早以來就已形成的統一意識密切關聯。就後者而言，最早見於《春秋》經傳當中的「大一統」思想，無疑是最具影響力和生命力的。兩千多年來，這種思想在維繫中華民族的團結與統一上不斷發揮著作用，從而成為一種為中國文化所特有的政治理想與歷史信仰。

第一節　統一意識的萌生和發展

　　統一意識的產生和發展，可以上溯到先秦時代。早在《詩經》中就有：「溥天之下，莫非王土，率土之濱，莫非王臣」〔註1〕的詩句，它認為全天下都是王的土地，所有的人都是王臣。這當然只是詩人所作的一種誇張的描述，因為即使是就以後一統的秦漢皇朝而言，詩中所說到的這種狀態也未能實現。但這樣的描寫卻也反映了一個問題，那就是在當時人們的思想意識裏認為是有統一的，全天下的統一。《詩經》所反映的這種思想，只是統一意識的一種比較古老的形式。就先秦時期的統一意識而言，絕不止上述詩句所表達的這些，它有著更為豐富的內容。

────────────────

〔註1〕《詩經·小雅·北山》。

　　對這個問題的討論，我們還是先從字義訓釋開始。在甲、金文裏尚未有「統」字，其字形最早見於小篆。許慎《說文解字》云：

　　　　統，紀也。從系充聲。

段玉裁注曰：

　　　　《淮南・泰族訓》曰：「繭之性爲絲，然非得女工煮以熱湯而抽其統紀，則不能成絲。」按此其本義也，引申爲凡綱紀之稱。〔註2〕

由此可見，「統」與「紀」可互訓。《說文》又云：

　　　　紀，別絲也。

段注：

　　　　別絲者，一絲必有其首，別之是爲紀，眾絲皆得其首，是爲統。
　　〔註3〕

根據以上說法可以得知，「紀」是繅絲時從蠶繭抽出的一根絲，而「統」是繅絲時從眾多蠶繭中抽出的絲頭，抓住它，就可在繅絲時順利地理順一束絲線。從這個意義上推衍開來，凡形容事物總束於一個根本，均可稱「統」，由此「統」字也就有了本、始、領、元、端、綱紀等諸多涵義〔註4〕。

　　「統」又可訓爲「合」。《漢書・序論下》顏師古注引張晏曰：「統，合也」〔註5〕。從這個意義上看，「統」就不但有「本」與「一」的涵義，而且也有了「合」的意思，突出的是其在空間上的延展意義。同時，因爲「統」又有「本」和「始」的意思，故也能引申爲「繼」。如《漢書・賈山傳》顏注引如淳曰：「統，繼也」〔註6〕。《說文》段注：「虞翻注《易》曰：『繼，統也』」〔註7〕。從這一方面看，「統」字又隱含著時間上的「接續」或「承接」的意思。

　　對於「統」字所具有的上述涵義，清初學者王夫之更復辨析。他在論及「正統」時曾說：

　　　　統之爲言，合而並之之謂也，因而續之之謂也……夫統者，合而不離、續而不絕之謂也。離矣而惡乎統之？絕矣，而固不相承，

〔註2〕段玉裁《說文解字注》，第645頁。
〔註3〕段玉裁《說文解字注》，第645頁。
〔註4〕參見阮元編《經籍纂詁》，成都：成都古籍書店，1982年版，第639頁。
〔註5〕《漢書》，北京：中華書局，1962年版，第4271頁。
〔註6〕《漢書》，第2332～2333頁。
〔註7〕段玉裁《說文解字注》，第645頁。

絕矣，而固不相承以爲統。崛起以一中夏者，奚用承彼不連之繫乎！

〔註8〕

較之前代學者論「正統」諸說〔註9〕，他的這番議論絕少言及「正」與「不正」，而專以辨「統」之合續爲要。所謂「合而不離」，說的是「統」於橫向空間上的延展與統合；所謂「續而不絕」，說的是「統」在縱向時間上之繼承和延續。這種對「統」作「續」與「合」兩方面的強調，無疑是一種高明的見識，對於理解「統一」的內涵也有很大啓發。我們不妨就沿著王船山的思路，從歷史發展中時間概念上的朝代之「續」與空間概念上的地理之「合」這兩條路徑，來對統一意識在先秦時期的發展作一番疏理工作。

　　像世界上的其他國家一樣，中國最初也是有許許多多的部落組成，然後由部落合併爲許多小邦，再逐漸統一爲地區性的國家。在這許許多多小邦之中，夏商周是依次出現的三個中心〔註10〕。它們的關係自然不像後來的朝代那樣是一種單純的前仆後繼的承接，而一度曾是同時並存的邦國〔註11〕。但即便就是在這樣的情況下，當時也存在某種程度的統一的中心觀念。作爲建立在眾多小邦之上的共主，夏商周三個王朝就是分離狀態中的統一象徵。雖然從邦國存在的角度來看，夏、商與周在年代上都有相當的重疊，換言之商曾是夏的邦國之一，周也曾經是商的邦國之一，而且即便到了西周和春秋，在周王室和一些諸侯國的關係中還看到這種存在的延續，比如繼承夏祀的杞國和繼承商祀的宋國。但從王朝或共主統治的角度而言，湯滅了夏才是商代之始，武王滅了商才是周代之始。這種分別在中國第一部正史《史記》裏就已有了明顯的表現，如司馬遷在作《本紀》時所注重的時夏、商、周三個邦的始末，其起點都不是作爲王朝創立者的禹、湯、文武王，而是他們的本支始祖顓頊、契和棄。在《三代世表》「帝王世國號」欄中所注重的卻是真正起作用的王朝，夏代自禹始至桀終；下接殷代，自湯始至紂終；下接周代，自武王始自共和行政終。

〔註8〕　王夫之《讀通鑒論》卷末《序論》一，北京：中華書局，1975年版，第1106頁。
〔註9〕　參見饒宗頤《中國史學上之正統論》。
〔註10〕　參見白壽彝主編《中國通史》第一卷《導論》，第363、364頁。
〔註11〕　考古學家早已通過晚近的考古資料指出傳統上的那種對於三代直接的繼承關係的強調的觀念需要作根本性的修正，從而認爲「夏、商、周三代之間的橫的關係，才是瞭解中國古代國家形成過程的關鍵。」張光直《青銅時代》，北京：三聯書店，1999年版，第67頁。

在人們的意識當中，這種夏商周三代在政治統治上的前後承接關係，就反映出一種統一的意識。它至少在《尚書・周書》諸誥中就已有了初步的表達。如《召誥》說周人要「監於有夏」，又要「監於有殷」；《多士》中也多次講到「殷革夏命」的典故，以此來解釋周取代殷的合理。這種觀念，還可以進一步從周人口中所描述的殷周關係和夏周關係中得到驗證。周與商曾經是小邦與大邦的關係，上世紀七十年代周原出土的甲骨卜辭中有若干條就透露了周商之間的這種關係。如卜祭祀的一片卜辭說：「癸巳彝文武帝乙宗，貞，王其祭成唐，鼎祝示及二女。其彝血三豚三，鹵有足。」文武帝即帝乙，成唐即成湯，周人祭祀帝乙與成湯，自是臣服與商。另一片卜辭說：「王其祐太甲，周方伯，□鹵足，丕左於受有祐。」周王求商先王太甲的保祐，而「周方伯」則是要冊封周人為方伯的意思〔註 12〕。周對商的這種臣屬關係在傳世文獻當中也有相當的反映。如在《尚書・周書》中，我們可以清晰地看到，周人在滅商後還習慣性地保留了代表這種關係的稱謂，把原來的殷商稱為「大邦殷」、「大國殷」、「天邑商」、「大邑商」〔註 13〕，而自稱為「小邦周」、「我小國」〔註 14〕等等。由此可見，對於殷周的君臣關係，周人並不諱言。對於商之前的夏，周人更是表現出一種特別的態度。如他們每每自稱為「區夏」〔註 15〕、「有夏」〔註 16〕。周人自稱為夏，或與其族源、活動的地域以及滅殷後政治宣傳等諸多因素有關〔註 17〕，同時也反映出周人對夏的認同意識，這種認同在其他文獻當中也有反映。《詩經・魯頌・閟宮》云：「赫赫姜嫄……是

〔註12〕 參見周原考古隊《陝西岐山鳳雛村發現周初甲骨文》，《文物》1979 年第 10 期；周原考古隊《扶風縣齊家村西周甲骨發掘》，《文物》1981 年第 9 期；許倬雲《西周史》，北京：三聯書店，2001 年版，第 63 頁。

〔註13〕 分別見《召誥》、《康王之誥》、《多士》以及「何尊」銘文。

〔註14〕 分別見《大誥》、《多士》。

〔註15〕 如《康誥》曰：「王若曰：「孟侯，朕其弟，小子封。惟乃丕顯考文王，克明德慎罰；不敢侮鰥寡，庸庸，祗祗，威威，顯民，用肇造我區夏，越我一、二邦以修我西土。」按「肇」，《爾雅・釋詁》曰：「始也」。「區」，《廣雅・釋詁》曰：「小也」。周人在這裡自稱「區夏」，亦即稱自己為「小夏」。這與《大誥》中記周人所說之「興我小邦周」，意義相同。

〔註16〕 如《君奭》曰：「公曰：君奭，在昔上帝割申勸寧王之德，其集大命於厥躬？惟文王尚克修和我有夏。」《立政》也說：「帝欽罰之，乃伻我有夏，式商受命，奄甸萬姓。」這兩處所說的「我有夏」顯然是周人的自稱。

〔註17〕 參見李民《〈尚書〉與古史研究》，鄭州，中州書畫社，1981 年版，第 84～98 頁。

生后稷……奄有下土，續禹之緒。」《逸周書・商誓》說：「昔在后稷，惟上帝之言，克播百穀，登禹之績。」《國語・周語上》也記載祭公謀父對周穆王說：「昔我先王世后稷，以服事虞、夏。」這些都說明周人相信自己的先祖后稷繼承了夏禹的業績。而西周以來的古史傳說更是把周人的先祖后稷作爲虞、夏或商的農官，如《尚書・舜典》把棄和禹、契、皋陶、垂、益、伯夷、夔、龍，並列爲臣。《尚書・益稷》又把稷和禹、益、皋陶、夔並列爲臣。這樣把姬姓周族始祖后稷和姒姓夏始祖禹，子姓商始祖契，姜姓之族伯夷，嬴姓之祖益，偃姓之祖皋陶，同樣作爲舜的大臣，各居要職，濟濟一堂，「是符合當時周人的政治要求的，也是符合周王朝以姬姓貴族爲主、聯合多異姓進行聯合統治的需要的」〔註18〕。

可見，至少從西周開始，夏商周是依次排序的王朝的觀念就已經顯露出來。這種對三代相繼與連續的認識，不但反映在作爲政權的更迭之上，也存在於對文化傳承的思考當中。例如針對作爲三代文化主幹的「禮」，孔子就曾指出：「殷因於夏禮，所損益可知也。周因於殷禮，所損益可知也」〔註19〕。說明三代之禮雖然有損有益，但夏商周的文化卻有著前後相繼的承接聯繫。在《禮記》中這種思想更是衍變成「三代之禮一也」〔註20〕的說法。可以說，這些觀點都不同程度地證明了當時人們認爲夏商周三代在文化上並非是各自獨立，而是有著一種一脈相承的關係。

以上所列舉的這些內容，反映了先秦時期統一的意識在朝代接續和文化認同上的表現。與此相關的另一個問題，是當時地理觀念的發展也與統一意識的形成有某種重要的關聯。早在殷商卜辭當中就有「四方」和「四土」的觀念，與它們相對應的是「大邑」或「商」，指的是處於「四方」或「四土」之中的商的都邑〔註21〕。這說明在殷人的地理觀念中，已經有了一種關於天下四方秩序的規範，其中多少就蘊含著一些統一的意味。

與這種觀念相聯繫，是後來在《詩》《書》中出現的「中國」。《詩經・大雅・蕩》曰：「文王曰咨，咨女殷商。女炰烋於中國。」《尚書・梓材》記載周公告誡康叔說：「皇天既付中國民越厥疆土於先王。」它們都提到了「中國」

〔註18〕楊寬《西周史》，上海：上海人民出版社，1999年版，第25頁。
〔註19〕《論語・爲政》。
〔註20〕《禮記・禮器》。
〔註21〕參見陳夢家《殷虛卜辭綜述》，第319頁。

一詞。在西周成王時器「何尊」中更有「惟武王既克大邑商，則廷告於上天曰：余宅茲中國，自之辟民」的銘文。記載了武王克殷後，舉行儀式報告上天說自己已據有了「中國」，並由此來統治民眾〔註22〕。《說文》曰：「或，邦也。」又曰「國，邦也。」段注云：「古或、國同用」〔註23〕。「或」即古「國」字，本指是指城和邑，由於天子所住的「國」（京師）處於中心、中樞地位，所以又稱爲「中國」。不過從上文所引文獻可以看到，周武王在滅商後還習慣的稱殷的京師爲「中國」，認爲上天將「中國」交付了他。這就反映出一種政治上的認同。值得注意的是，在周人的觀念當中所謂「中國」的涵義也經由政治中心的標誌演變爲指代地理上的中心位置，而據有這種地理之中恰又成爲他們在政治上取得「正統」的一種重要象徵。如《逸周書‧作雒》敘述周成王時周公興建成周的事迹，便提到：

> 周公敬念於後，曰：「予畏周室不延，俾中天下。」及將致政，
> 乃作大邑成周於土中，……以爲天下之大湊。

成周的建立是周人用以控制東方的據點，有著特殊的重要地位，因其位置在周人的觀念當中恰好居於「土中」，所以也被稱爲「中國」。《作雒》裏說的「土中」意即大地之中心的意思。《周禮‧大司徒》記載有用儀器土圭測量日影以確定天下之中的方法：

> 日至之景，尺有五寸，謂之地中，天地之所合也，四時之所交
> 也，風雨這所會也，陰陽之所和也。然則百物阜安，乃建王國焉，
> 制其畿方千里而封樹之。凡建邦國，以土圭土其地而制其域。

「建王國」的地點是要在經過尺圭的測量後選定的天下地理位置之中，按照鄭玄的注解，所謂地中乃「今潁川陽城地爲然。」所謂「地中」和「土中」，應在古代的陽城，即今登封告成鎮〔註24〕。

應該指出以本國爲大地中心的觀念，並非中國所特有。如《瑞應經》記如來所降生之天竺「迦維羅衛者，天地之中央」。不過《作雒》和《大司徒》的記載，更反映出我國上古思想當中「中國」作爲地理觀念和政治觀念的一種融合，即王國的都城，應居於地理之中的位置。《大司徒》所說的雖然只是

〔註22〕 參見張政烺《何尊銘文解釋補遺》，《文物》，1976年第1期。

〔註23〕 見段玉裁《說文解字注》，第277頁。

〔註24〕 參見李學勤《天下之中》，見氏著《走出疑古時代》，瀋陽：遼寧大學出版社，
1997年版，第69～72頁。

一種理想的設計，但從較爲廣闊的區域來看，以洛陽爲中心的三河一帶的地區，恰是三代王者所更居之地。《史記‧貨殖列傳》說：

> 昔唐人都河東，殷人都河內，周人都河南。夫三河在天下之中，若鼎足，王者所更居也，建國各數百千歲，土地小狹，民人眾，都國諸侯所聚會，故其俗纖儉習事。

這其中固然有出於「道里均勻」，「四方輻輳」等實際因素的考慮，但同時也有著信仰上的特殊意義。如《尙書‧召誥》就有「其作大邑，其自時配皇天」之語，意爲要周人營建要洛邑，從此配享皇天。《史記‧周本紀》也記載：「成王在豐，使召公復營洛邑，如武王之意。周公復卜申視，卒營築，居九鼎焉。」可見建國土中與膺受天命在周人的觀念當中確有著一種密切的聯繫。這種觀念在歷史上也產生了不小的影響，後來的周邊少數民族政權在入主中原之後，每每以佔有三河之地爲居「正統」之據，究其思想淵源，於此不無關係。

在周人的觀念當中，周王室與四土、四國諸侯的之間在政治、經濟、軍事等方面的權力與義務關係還表現在所謂的「畿服」之制當中。對此，對此《尙書》、《周禮》等文獻不乏描述，而以《國語》的記載最爲詳細：

> 夫先王之制，邦內甸服，邦外侯服，侯、衛賓服，蠻、夷要服，戎、狄荒服。甸服者祭，侯服者祀，賓服者享，要服者貢，荒服者王。日祭、月祀、時享、歲貢、終王，先王之訓也。有不祭則修意，有不祀則修言，有不享則修文，有不貢則修名，有不王則修德，序成而有不至則修刑。於是乎有刑不祭，伐不祀，征不享，讓不貢，告不王。於是乎有刑罰之辟，有攻伐之兵，有征討之備，有威讓之令，有文告之辭。布令陳辭而又不至，則增修於德而無勤民於遠，是以近無不聽，遠無不服。〔註25〕

關於「畿服」制度的一些具體細節，歷來諸家解釋之說分錯不同〔註26〕。但可以肯定的是，這套制度不但根據各諸侯國以及「夷蠻」、「戎狄」和周王室在宗法血緣上的親疏遠近關係，規定了不同的義務；而且也描繪出根據王畿距離遠近不同所展現出的一種政治地理的格局。雖然文獻對這種制度的描述難免會摻雜一些理想和增飾的內容，在現實中也很難出現那樣「攤煎餅」式的構造，但從這種關於政治地理的觀念當中，仍可看到人們的統一意識是在逐步發展著的。

〔註25〕《國語‧周語上》。
〔註26〕參見徐元誥《國語集解》，北京：中華書局，2002年版，第6~8頁。

　　從更爲廣闊的方面來看，先秦時期統一意識又和當時人們的「天下」觀念有密切的聯繫。例如，《尚書・禹貢》就按照自然地理把當時的疆域劃分成爲九個州，分別記錄了各自的山川、土壤、物產等項〔註27〕。對於這裡所說的「九州」不能僅僅視作一個地理概念，而是同樣具有政治和文化上的意義。如文中說到經過禹的治水，「九州攸同，四隩既宅，九山刊旅，九川滌源，九澤既陂，四海會同」，這其中就反映出一種要求統一的意識〔註28〕。在《尚書》其他篇章中也不乏類似的描述，如《堯典》有「九族既睦，平章百姓。百姓昭明，協和萬邦」的記載，《大禹謨》也說堯「皇天眷命，奄有四海爲天下君」等，它們都講到了統一的問題。《大戴禮記・五帝德》更是記載孔子讚頌夏禹說：「據四海，平九州，戴九天，明耳目，治天下。舉皋陶與益，以贊其身，舉干戈以征不享、不庭、無道之民；四海之內，舟車所至，莫不賓服。」堯和禹都是傳說時代的人物，所以這些說法未必符合歷史實際，但透過這些記載卻可以看出，所謂的「九州攸同」、「四海會同」，實際上就是明確強調天下只能有一個共主的統一思想。

　　到了戰國時代，人們對地理的認識範圍進一步擴大了。特別是戰國末期陰陽家鄒衍提出的大小九州說，更是爲人們展現出一幅廣大無垠的世界圖景。鄒衍的著作早已亡佚，但他的學說尚見於《史記》、《鹽鐵論》的記載當中〔註29〕。由這些記載可以知道，鄒衍認爲中國名爲赤縣神州，神州內有九州，即「小九州」。至於他所說的「大九州」，赤縣神州僅爲其中之一，其外皆有四海環之，名曰「裨海」；如此的「大九州」天下共有九個，其外更有「大瀛海」環繞。這樣，傳統觀念中的「九州」便不是天下的全部，而只是其中

〔註27〕雖然《禹貢》最終的成書可能晚至戰國時期，但比對其他文獻和出土材料，其寫成所據的資料應該是很早的，反映出當時人們對於自然地理的認識和人文地理區系的觀念。

〔註28〕白壽彝指出：《禹貢》「作者的興趣是結合地理條件講政治體制，它講地域劃分，爲的是講政治權力的地域劃分」，「把政治體制跟地理條件結合起來，這是《禹貢》很大的特點」，其中就有「趨向統一的表現。」氏著《中國史學史》第一冊，第254～255頁。

〔註29〕《史記・孟子荀卿列傳》載鄒衍大小九州之說云：「中國名曰赤縣神州。赤縣神州內自有九州，禹之序九州是也，不得爲州數。中國外如赤縣神州者九，乃所謂九州也。於是有裨海環之，人民禽獸莫能相通者，如一區中者，乃爲一州。如此者九，乃有大瀛海環其外，天地之際焉。」《鹽鐵論・論鄒》亦載：「所謂中國者，天下八十一分之一，名曰赤縣神州，而分爲九州。絕陵陸不通，乃爲一州，有大瀛海圜其外。此所謂八極，而天地際焉。」

的一小部分而已。鄒衍大九州之說荒誕不經，前人早目其爲「詭異」之說〔註30〕，但這種理論在當時確實也起到了擴大人們眼界，豐富人們的想像力的作用，從而打破了原有的那種狹隘的地理觀念的局限。

　　與人們地理視野不斷擴大相一致的是統一意識的繼續發展。從先秦諸子的爭鳴與論戰中可以看到，統一是他們針對那個動蕩時代所提出的共同要求。如孟子、荀子都曾有過天下「定於一」〔註31〕和「一天下」〔註32〕的主張，而與「大小九州」說相聯繫，鄒衍更是提出一套五德終始的歷史觀點。他認爲：「五德從所不勝，虞土、夏木、殷金，周火」〔註33〕。又認爲「代火者必將水」〔註34〕，即取代周的必然是以「水德」而王的朝代。這種理論雖不乏其荒誕與怪異，但卻論證了戰國的分裂割據局面必然要歸於統一的歷史趨勢。鄒衍不但因此「以顯諸侯」〔註35〕，他的理論也爲秦始皇所採納，對於秦一統事業的實現和制度的建立起到了很大的影響作用〔註36〕。

第二節　《春秋》與「大一統」

一、「大一統」思想之由來

　　以上我們對先秦時期統一意識的萌芽和發展作了一番大致的描述，這種要求統一的思想在《春秋》經傳裏，更是發展爲系統的「大一統」學說。

　　「大一統」一詞最早見諸於《公羊傳》，《春秋》卷首隱公元年云「春，王正月。」《公羊傳》釋此句曰：

> 元年者何？君之始年也。春者何？歲之始也。王者孰謂？謂文王也。曷爲先言王而後言正月？王正月也。何言乎王正月？大一統也。

這段文字主要說明《春秋》在記載國君即位時，爲何要先書寫「王正月」三字，在《公羊傳》看來，《春秋》「大一統」之義正體現於此三字當中。在這三個字中，《公羊傳》認爲「王」是指周文王，但實際上它卻象徵了一統的天

〔註30〕王充《論衡‧談天》云：「此言詭異，聞者驚駭。」
〔註31〕《孟子‧梁惠王上》。
〔註32〕《荀子‧強國》。
〔註33〕《文選‧齊故安陸昭王碑文》李善注引《鄒子》。
〔註34〕《呂氏春秋‧應同》。
〔註35〕《史記‧孟子荀卿列傳》。
〔註36〕參見《史記‧秦始皇本紀》。

子。「正月」是一個曆法概念，即指周正。由於春秋時期各諸侯國所實行的曆法並不一致，《春秋》原本爲魯史，魯國採用的周正，所以《春秋》也用周正稱「王正月」。《公羊傳》據此發揮，以爲諸侯既以周爲天子，在國內必須遵用周王所頒曆法，而不能夠自行其是。所以說，「正月」在《春秋》中雖是一個曆法概念，但在《公羊傳》看來，它卻是政令、制度的象徵。書「王正月」就是要強調政令、制度統一於周天子的重要性。

應該指出，《公羊傳》「大一統」中的「大」字，並不是一個形容詞，而是作爲動詞來使用，即有擁護、主張、表彰、張大、尊大等義。在《公羊傳》中「大」字的這種用法甚多，總之表示的是對某種事物的肯定態度〔註37〕。對於「大一統」，後來的公羊學家都有不同程度的解釋和發揮，例如董仲舒說：

> 《春秋》大一統者，天地之經常，古今之通誼也。今師異道，
> 人異論，百家殊方，指意不同，是以上亡以持一統；法制數變，下
> 不知所守。臣愚以爲諸不在六藝之科、孔子之術者，皆絕其道，勿
> 使並進。邪辟之說滅息，然後統紀可一而法度可明，民知所從矣。
> 〔註38〕

又說：

> 何以謂之王正月？曰：王者必受命而後王。王者必改正朔、易
> 服色、制禮樂，一統於天下，所以明易姓非繼人，通以己受之於天
> 也。

何休也說：

> 統者，始也。總繫之辭。天王者始受命改制，布政施教於天下，
> 自公侯至於庶人，自山川至於草木，莫不一一系於正月，故云政教
> 之始。〔註39〕

董、何之說都是在《公羊傳》「大一統」的基礎上有所發揮，同時又都融入了他們各自的政治理念和宇宙觀，這也使得後來的學者們對於「大一統」的概念和內涵有著許多不同的理解〔註40〕。針對這個問題，楊向奎曾指出公羊學

〔註37〕 參見劉家和《論漢代公羊學的大一統思想》（見氏著《史學經學與思想》，第
370頁）；趙伯雄《春秋學史》，第42頁。

〔註38〕 《漢書·董仲舒傳》。

〔註39〕 見阮元校刻《十三經注疏》，第2196頁。

〔註40〕 相關的研究，可參見孫開泰《試論〈公羊傳〉的大一統思想》（《中國史研究》，
1993年第2期），高兵《大一統再認識》（《山東師大學報》（社科版），1999

的「大一統」,「有廣狹義,最廣義爲天人之一統,其次爲夷狄進於爵,夷夏之一統,再次爲諸侯奉正朔,形式上之一統」〔註41〕。這種解釋便於我們理解和區分《公羊傳》以及以後公羊學中的「大一統」思想的內涵。董仲舒、何休所說的「大一統」,即楊先生所說的廣義上的「大一統」,而「形式上的一統」和「夷夏之一統」,則是《公羊傳》「大一統」思想的主要內容。所以從《公羊傳》本身來看,「一統」就是指政令制度的高度統一,「大一統」就是對「一統」的肯定與張揚。

值得注意的是,在「三傳」當中惟有《公羊傳》提及了「大一統」,並作了細緻的解說,《左傳》和《穀梁傳》對此卻都未述及。比如針對《春秋》傳首「春,王正月」一句,《左傳》云:「元年,春,王周正月。」只是說明了「王正月」就是周王朝所採用的曆法的正月。《穀梁傳》云:「雖無事,必舉正月,謹始也。」說明書「正月」是表示對第一年開始的愼重,這就連經「正月」前面的「王」字都未作解釋。如此看來,「大一統」這個概念難道是爲《公羊傳》所特有的嗎?要明確《公羊傳》的「大一統」學說的由來及其在史學史和思想史上的地位,有必要解釋這個問題。

首先應該說明,雖然「大一統」之義在《春秋》中並沒有很明確的表述,但不能說這種思想就和《春秋》沒有淵源關係。孔子心目中「天下有道」的政治理想,正是要實現「禮樂征伐」出自天子的一統秩序〔註42〕。而《春秋》中確實也表達了這種思想,如「故吳楚之君自稱王,而《春秋》貶之曰『子』;踐土之會實召周天子,而《春秋》諱之曰『天王狩於河陽。』」〔註43〕等等。可以說,《公羊傳》「大一統」思想雖然未必就可以等同於《春秋》的同類思想,但它總是《春秋》中統一思想的發展〔註44〕。

其次,關於「大一統」,還有一條材料需要特別重視。《漢書·王吉傳》記載:

年第 6 期),黃開國《公羊學的大一統》(《人文雜誌》,2004 年第 1 期),劉家和《論漢代公羊學的大一統思想》(見氏著《史學經學與思想》),葛志毅《〈公羊傳〉大一統釋義發微》(《管子學刊》,1998 年第 4 期),唐眉江《漢代公羊學「大一統」概念辨析》(《學術研究》,2006 年第 1 期)等論文以及以及楊向奎《大一統與儒家思想》,蔣慶《公羊學引論》,陳其泰《清代公羊學》,王葆玹《今古文經學新論》,黃樸民《何休評傳》,趙伯雄《春秋學史》等專著。

〔註41〕楊向奎《儒家思想和大一統》,第 122 頁。
〔註42〕《論語·季氏》。
〔註43〕《史記·孔子世家》。
〔註44〕參見劉家和《論漢代公羊學的大一統思想》,見氏著《史學經學與思想》。

《春秋》所以大一統者，六合同風，九州同貫也。

由於這裡明確地提到了「大一統」，所以人們在使用這條材料的時候，往往把它當作了公羊學說來看待。對此王葆玹提出過一種不同的看法，他根據《漢書》同傳中關於王吉「兼通五經，能爲《鄒氏春秋》，以《詩》、《論語》教授，好梁丘賀說《易》」的記載，判定王吉修習的是《鄒氏春秋》。所以他認爲上引材料中所說的「大一統」很可能是以《鄒氏傳》，而不是《公羊傳》爲依據的〔註45〕。考慮到西漢代學者嚴守家法師說這一事實，這種觀點確有其理，它對於探討《公羊傳》「大一統」思想的來源有很大的啓發。

據《漢書‧藝文志》記載，傳《春秋》者本有五家，其中《左傳》、《公羊傳》、《穀梁傳》都保存至今，《夾氏傳》和《鄒氏傳》卻早已亡佚，所以後人對其不甚瞭解〔註46〕。不過關於《鄒氏傳》的作者，清代學者做過一些考證，這裡有必要說明一下。《漢書‧古今人表》有軋子、聚子，品列於中中。錢大昕據「軋」、「夾」以及「鄒」、「聚」發音相近（「聚」即「聚」字），遂判定他們就是治《春秋》之夾氏和鄒氏〔註47〕。姚振宗《漢書藝文志條理》也指出：「《人表》第五等此二子（即軋子、聚子）之後以沈子、北宮子、魯子、公扈子、尸子皆《春秋》家，爲《公》、《穀》二傳所引者」，所以他也贊同錢大昕的說法〔註48〕。至於《古今人表》中所提到的鄒氏究竟是誰，沈欽韓《漢書疏證》指出：「《藝文志》有《春秋鄒氏傳》，蓋《孟荀列傳》所稱三鄒子之一。」〔註49〕《史記‧孟子荀卿列傳》記載：

齊有三鄒子。其前鄒忌，以鼓琴干威王，因及國政，封爲成侯而受相印，先孟子。其次鄒衍，後孟子。……鄒奭者，齊諸鄒子，亦頗採鄒衍之術以紀文。……鄒衍之術迂大而閎辯；奭也文具難施；

〔註45〕 參見王葆玹《今古文經學新論》，1997 年版，第 236～237 頁。

〔註46〕 《漢書‧藝文志》曰：「《春秋》分爲五」。韋昭曰：「左氏、公羊、穀梁、鄒氏、夾氏也。」又曰：「及末世口說流行，故有公羊、穀梁、鄒、夾之傳。四家之中公羊、穀梁立於學官，鄒氏無師，夾氏未有書。」《隋書‧經籍志》：「漢初公羊、穀梁、鄒氏、夾氏四家並行，王莽之亂，鄒氏無師，夾氏亡。」又徐彥《春秋公羊傳注疏》曰：「五家之傳，鄒氏、夾氏口說無文，師既不傳道亦尋廢。」

〔註47〕 錢大昕《三史拾遺》，見《嘉定錢大昕全集》，第 56 頁。

〔註48〕 姚振宗《漢書藝文志條理》，見《二十五史補編》，第二冊，北京：中華書局，1955 年版，第 1559 頁。

〔註49〕 沈欽韓《漢書疏證》，卷九，上海，上海古籍出版社，2006 年版，第 298 頁。

淳于髡久與處，時有得善言。故齊人頌曰：談天衍，雕龍奭。

可見沈氏所說的「三鄒子」當是鄒忌、鄒衍和鄒奭。在這三人中，鄒忌是政治家，不大可能著書立說，鄒衍和鄒奭都兼有遊士和學者的身份，且有被追隨者和追隨者的關係，所以《鄒氏春秋》很可能出自他們。至於具體說是他們當中的哪一位，並不是最關鍵的問題〔註50〕，重要的是這些線索對探究《公羊傳》同《鄒氏傳》的關係提供了必要依據。錢穆曾經指出：

> 凡漢儒治《公羊春秋》，言通三統，改質文諸說，其實源自陰陽
> 與鄒衍說合。今所謂《春秋鄒氏傳》，雖不知於三鄒子中當何屬，又
> 不只其所論者何若，要之或亦與公羊家相近，淵源自鄒衍。〔註51〕

鄒衍雖是陰陽家，但《鹽鐵論・論儒》卻有「鄒子以儒術干世主，不用，即以變化終始之論，卒以顯名」的記載。因此我們在注意漢代的公羊學受陰陽家理論影響的同時，也應當看到鄒衍本人確曾由儒而入陰陽。所以在他的理論當中，也存在著儒家思想的因素。既然《公羊傳》、《鄒氏傳》中都出現了「大一統」的說法，而它們又都源於齊地，那就不難推斷「大一統」說法的來源了。前人的一些研究也多少曾給予一些這方面的提示，即《公羊傳》的大一統思想同齊國稷下之學之間有著有某些關聯。如孫開泰就曾認為，稷下先生們的大一統思想對《公羊傳》大一統思想的形成和發展有極大的促進作用〔註52〕。饒宗頤在論述中國史學上之正統說時，也指出其理論根據主要有兩個：一為採用鄒衍之五德運轉說，計其年次，以定正閏；二是依據《公羊傳》加以推衍〔註53〕。從統一意識的角度來看，五德終始說同「大一統」思想確實有接近之處。例如，從歷史上說鄒衍「五德終始」的歷史觀對於秦漢大一統的實現，就曾起到過重要的影響作用。從思想特徵的某些方面來看，鄒衍的學說也和漢代公羊學有著非常密切的關係。

翻檢代表齊地稷下學術的《管子》一書，其中確有不少關於統一的論述。比較典型一例是：

〔註50〕王葆玹認為在這三人當中，鄒奭是鄒衍的追隨者，兩人的區別在於鄒衍善於游說，鄒奭善於著書。鄒衍以前的鄒忌是齊國著名的政治家，不以學術著稱，所以《鄒氏春秋》的作者很可能就是鄒忌以後的兩位鄒子之一。他進而又考證「《漢書》所記載的那部提到「大一統」的《鄒氏春秋》，應當是鄒奭的作品，並記載著鄒衍的學說。」見氏著《今古文經學新論》，第237～238頁。
〔註51〕錢穆《先秦諸子繫年》，第509頁。
〔註52〕孫開泰《試論〈公羊傳〉的大一統思想》，《中國史研究》，1993年第2期。
〔註53〕饒宗頤《中國史學上之正統論》，第74～75頁。

> 天子出令於天下，諸侯受令於天子，大夫受令於君，子受令於
> 父母，下聽其上，弟聽其兄，此至順矣。衡石一稱，斗斛一量，丈
> 尺一緯制，戈兵一度，書同名，車同軌，此至正也。〔註54〕

這種描寫，展現出的已經是後來秦漢一統皇朝的風範了。值得注意的是，在
同書的《五行》篇當中，竟也出現了同《公羊傳》一樣的「一統」的說法了：

> 一者本也，二者器也，三者充也，治者四也，教者五也，守者
> 六也，立者七也，前者八也，終者九也，十者然後具五官於六府也，
> 五聲於六律也。六月日至，是故人有六（多），六（多）所以御天地
> 也。天道以九制，地理以八制，人道以六制。以天爲父，以地爲母，
> 以開乎萬物，以總一統。通乎九制、六府、三充，而爲明天子〔註55〕。

如上文所說，《公羊傳》「大一統」的「大」字是作爲動詞使用的，「大一統」
則是由「大」和「一統」所組成的動賓結構。所以，《公羊傳》的「大一統」
和《管子》的「總一統」，分別強調的是對於「一統」的重視和總領。它們不
但在意思上十分接近，而且在先秦文獻當中，關於「一統」的記載大約僅此
兩例〔註56〕，由此可見二者間關係的密切。如果再從思想上作進一步的分析
的話，可以看出上引《五行》篇中的這段文字貫穿著天人相與的思想，其主
旨大體是講天子要遵從天地的作用，以一元化支配人世的秩序。這裡「一統」
與「明天子」是緊密結合的：「明天子」的要務就是借助天地的力量，不斷化
育萬物，同時一統天下。《五行》中這些說法在很多地方上與董仲舒對《公羊
傳》「大一統」所作的闡發非常接近。可以說無論是從文中出現的詞語還就其
思想主旨而言，《五行》和《公羊傳》所說的「一統」都十分一致。《五行》
篇當爲戰國末期陰陽家所作〔註57〕，由此也可以證明《公羊傳》「大一統」說
應當直接來源於齊國的稷下之學。

戰國時代的百家爭鳴，其高潮是在齊國的稷下學宮。公元前 4 世紀中葉，
齊國於都城臨淄的稷門外建立館社，招引天下賢才，講學、授徒、著書、論
政，遂形成稷下學宮。田齊政權從當時的政治需要出發，在稷下學宮實行的
是一種兼容並包的學術政策，即以黃老之學爲主，同時容納各家各派的思想，

〔註54〕《管子・君臣上》。

〔註55〕《管子・五行》。

〔註56〕此外，在《史記・李斯列傳》記載李斯的言語中也出現過「一統」一詞，對
　　　　這個問題本書的「餘論」部分有專門的討論。

〔註57〕羅根澤《管子探源》，見《羅根澤說諸子》，第 339 頁。

目的是為了齊國實現統一六國的政治理想來製造思想和輿論的基礎。齊威王在當時所提口號，非單要「高祖黃帝」，而且要「邁嗣桓文，朝問諸侯」〔註58〕，實際上就是想實現一統的事業。齊宣王更是將「闢土地，朝秦楚，蒞中國而撫四夷」〔註59〕作為其最大的政治願望。雖然齊國「王天下」的理想，在後來閔王時期遭遇失敗，但是稷下之學的學術思想，卻反映了當時要求統一的潮流。拿與《公羊傳》關係密切的孟子和荀子來說，他們都曾在齊國遊學多年，深受稷下之學的影響，荀子還曾三度擔任祭酒之職。在他們的思想當中也不同程度地反映著統一的理想，如他們都曾有過「定於一」〔註60〕、「一天下」〔註61〕的主張。在這種政治和文化背景下就不難理解，為什麼「大一統」會出現在《公羊傳》之中了。

綜合以上的論述，我們不妨這樣理解《公羊傳》「大一統」的由來，即萌芽於殷周時期的統一意識和孔子「禮樂征伐自天子出」的政治理想是其學說的思想淵源，而戰國時期由分裂走向統一的歷史趨勢以及齊地稷下之學的學術特點則是促成這種學說形成的現實基礎和直接原因。

二、「大一統」思想中「名」與「實」的矛盾

再回到對《公羊傳》文的討論中來。

在前文中，已經指出《公羊傳》提出的「大一統」是據《春秋》經首書「王正月」三字所作的闡發。而對於《春秋》結尾處「西狩獲麟」的經文，《公羊傳》也表述道：

> 何以書？記異也。何異爾？非中國之獸也。……麟者，仁獸也。
> 有王者則至，無王者則不至。有以告者曰：「有麛而角者。」孔子曰：
> 「孰為來哉！孰為來哉！」反袂拭面涕沾袍。〔註62〕

在《公羊傳》看來，正是因為在春秋的現實中沒有真正的王者，所以才使孔子慨歎不已。這段記載正與傳首的「大一統」相互呼應，貫穿了《公羊傳》對於王者之世在現實中重現的願望。

〔註58〕《陳侯因齊敦》，參見郭沫若《兩周金文辭大系》，下冊，上海：上海書店出版社，1999 年版，第 220 頁。
〔註59〕《孟子・梁惠王上》。
〔註60〕《孟子・梁惠王上》。
〔註61〕《荀子・強國》。
〔註62〕《公羊傳》哀公十四年。

　　這種思想在《公羊傳》論述歷史事件的時候也必然會有所表現。具體來說，「大一統」在《公羊傳》中與其「尊王」思想緊密相聯，也可以視作「尊王」思想的一種特殊表達方式〔註63〕。關於《公羊傳》的尊王思想，本書第三章中已有論述，此不贅言。這裡我們僅就《公羊傳》文中「實與文不與」的問題，再作一些闡發。

　　《公羊傳》強調「大一統」，就要尊奉作為天下共主的周王，而要講「尊王」，就要反對諸侯國自行其事的現象，這就不能不對諸侯獨斷專行的行為加以批評。於是在《公羊傳》文中就有了諸如「不與諸侯專封」〔註64〕、「諸侯之義不得專討」〔註65〕、「諸侯不得專地」〔註66〕之類的說法。關於「不與諸侯專封」，《春秋》僖公元年記曰：「齊師、宋師、曹師次於聶北，救邢。」《公羊傳》據此而發論：

> 救邢救不言次，此其言次何？不及事也。不及事者何？邢已亡矣。孰亡之？蓋狄滅之。曷為不言狄滅之？為桓公諱也。曷為為桓公諱？上無天子，下無方伯，天下諸侯有相滅亡者，桓公不能救，則桓公恥之。曷為先言次而後言救？君也。君則其稱師何？不與諸侯專封也。曷為不與？實與，而文不與。文曷為不與？諸侯之義不得專封也。諸侯之義不得專封，則其曰實與之何？上無天子，下無方伯，天下諸侯有相滅亡者，力能救之，則救之可也。

類似的說法在下一年的傳文中又有出現。《春秋》僖公二年記曰：「春，王正月，城楚丘」。《公羊傳》云：

> 孰城？城衛也。曷為不言城衛？滅也。孰滅之？蓋狄滅之。曷為不言狄滅之？為桓公諱也。曷為為桓公諱？上無天子，下無方伯，天下諸侯有相滅亡者，桓公不能救，則桓公恥之也。然則孰城之？桓公城之。曷為不言桓公城之？不與諸侯專封也。曷為不與？實與而文不與。文曷為不與？諸侯之義，不得專封。諸侯之義，不得專封，則其曰實與之何？上無天子，下無方伯，天下諸侯有相滅亡者，

〔註63〕如蔣伯潛就曾指出：「『大一統』，即尊崇一統，此『尊王之義也。』」見氏著《十三經概論》，上海：上海古籍出版社，1983年版，第454頁。

〔註64〕分別見《公羊傳》僖公元年、二年、十四年，襄公元年，昭公四年、十三年。

〔註65〕《公羊傳》宣公十一年。

〔註66〕《公羊傳》桓公元年。

力能救之，則救之可也〔註67〕。

為了便於理解，有必要先交待一下以上兩件事的背景和經過。魯莊公三十二年（前 622 年）狄人南侵，進攻邢國，齊桓公聽從管仲的意見發兵救邢。此後，狄人又進攻衛國，衛懿公戰死，衛國被滅。至魯僖公元年（前 659 年）狄人再度伐邢，齊桓公帥領齊、宋、曹三國之兵救邢，到了聶北，邢人已潰，逃奔諸侯聯軍。齊桓公逐走狄人，將邢國遷到陳儀〔註68〕，並為之築城。次年（前 658 年）齊桓公又率領軍隊築城楚丘，將衛國的遺民們遷往那裡，衛也由此得以復國〔註69〕。齊桓公逐狄、救邢、存衛的行動，無疑大大提高了他在華夏各國中的地位，為其霸業增添了光彩。所以《左傳》曾評價：「凡侯伯救患分災討罪，禮也。」〔註70〕對此表示了充分的肯定。

但對比上面所引《公羊傳》的兩段文字，其態度卻比較複雜。一方面，對於齊桓公攘夷的行動，《公羊傳》表示了讚賞，甚至認為對齊桓公之恥，即救邢的「不及事」，也要有所隱諱。但另一方面，對於齊桓公幫助邢、衛築城復國，即「封」的行為，《公羊傳》卻加以反對。這是因為在《公羊傳》所提倡的「大一統」局面中，諸侯是上統於天子的，不能自行其是。在它看來，「封」是天子才具有的權力，諸侯則沒有這種權力，齊桓公作為諸侯而封邢和衛，是代行天子之事，這就違反了「大一統」的原則。所以為了維護「大一統」，《公羊傳》就要對這種「專封」加以反對。但春秋畢竟是一個王綱解紐，群雄爭霸的時代，對於各諸侯國的事務，周天子早已經無力過問。對此，《公羊傳》不是沒有認識，如其所謂「上無天子，下無方伯，天下諸侯有相滅亡者，力能救之，則救之可也。」可見，它也認為，就當時的現實情況而言，齊桓公逐狄人，救邢存衛的行為是應該許可的。這樣，在對待諸侯「專封」的態度上，《公羊傳》一面要加以反對，一面卻又承認齊桓公救邢存衛的合理，這就不免陷入了一種邏輯上的「悖論」。為了自圓其說，它不得不採用一套所謂「實與文不與」的說法來調和其間。「實與而文不與」，就是說實際上是贊許諸侯「專封」的，但在文辭上卻不能贊許，這反映出《公羊傳》歷史思想當中的一個矛盾。

〔註67〕 《公羊傳》僖公二年。
〔註68〕 《左傳》、《穀梁傳》均作夷儀，在今山東聊城西。
〔註69〕 以上參見《左傳》莊公三十二年、僖公元年、二年記載。
〔註70〕 《左傳》僖公元年。

　　再進一步推敲，這種「實與而文不與」的說法當中，還存在著一個更深層的矛盾。《公羊傳》主要是憑藉對《春秋》經文的依託和發揮來表達其思想的，亦即「借事明義」〔註71〕的方法。在上文中我們已經指出：《公羊傳》「大一統」學說是戰國時期由分裂走向統一的歷史趨勢在觀念上的反映，但在具體的表述上，這種思想在《公羊傳》當中卻不得不借尊奉春秋時期的周天子才能夠實現。以當時歷史的發展趨勢，周天子代表的是舊勢力，尊奉周天子實際上就是維護了諸侯割據的舊制度；而諸侯的「專封」卻是走向統一的一個過程，肯定了諸侯的「專封」也就是肯定了統一。可以說，就《公羊傳》所要明的「義」來講，表達的是一種提倡統一的進步歷史觀點，而就其所借的「事」而言，它又不免顯出保守的態度了。《公羊傳》中的這種「名」與「實」的不統一是造成其思想矛盾的一個重要原因，也是它在方法論上存在的一個不可彌合的缺陷。同時，正如楊向奎指出的那樣，「社會的發展，在當時是趨向統一，新興的地主階級要建立大一統的天下以取代諸侯割據稱雄的局面，《公羊》代表了這種新興的理想，也充分肯定了這種理想，但它又沒有忘掉那些舊的封建領主和舊的封建秩序，這歷史的傳統還在發生影響。」〔註72〕《公羊傳》思想中的這種名實不符的矛盾，也正是戰國時期社會矛盾在意識形態上的一種反映。

　　我們還可以對比《穀梁傳》的相關記載。在《穀梁傳》中雖然沒有出現「大一統」的說法，但從思想傾向上看，它同《公羊傳》提倡的「大一統」也有近似之處。例如，對於上文中提到的齊桓公「城楚丘」一事，它這樣評價道：

　　　　城楚丘。楚丘者何？衛邑也。國而曰城，此邑也，其曰城何也？封衛也。則其不言城衛何也？衛未遷也。其不言衛之遷焉何也？不與齊侯專封也。其言城之者，專辭也。故非天子不得專封諸侯。諸侯不得專封諸侯，雖通其仁以義而不與也。故曰仁不勝道。〔註73〕

在《穀梁傳》看來齊桓公城衛的行為是仁義之舉，但是按照天子與諸侯之間的關係來說「非天子不得專封諸侯」，所以它也認為齊桓公的仁愛儘管是值得

〔註71〕參見本書第四章第二節。
〔註72〕楊向奎《〈公羊傳〉中的歷史學說》，見氏著《繹史齋學術論文集》，87～88頁。
〔註73〕《穀梁傳》僖公二年。

贊許的，但從君臣之間的道義來講卻是不能認可的。這樣的議論比較接近《公羊傳》，但《穀梁傳》並沒有採用「實與而文不與」之類的說法來試圖進行調和，而是更為直接地提出了一個「仁不勝道」的觀點。對於它所說的「仁」和「道」，范注云：「仁謂存亡國，道謂上下之禮」〔註74〕。桓公的行為是合乎了「仁」，卻又違背了上下尊卑之禮。這樣的言辭，不禁會讓人想起孔子在評價管仲時所說的那些話：他既批評了管仲的不知禮〔註75〕，又說道「桓公九合諸侯，不以兵車，管仲之力也！如其仁，如其仁」〔註76〕。管仲雖然不知「禮」但卻做到了「仁」。顯然，在孔子的評價標準中「仁」是高於「禮」的，而《穀梁》所謂的「仁不勝道」更強調了「禮」，即「道」的一方面，「禮」是高過「仁」的。

又如，僖公五年（前655年）的首戴之會，《春秋》記曰：「秋，八月，諸侯盟於首戴。」對此，《穀梁傳》這樣說道：

> 無中事而復舉諸侯何也？尊王世子而不敢與盟也。尊則其不敢與盟何也？盟者不相信也，故謹信也，不敢以所不信而加之尊者。桓，諸侯也，不能朝天子，是不臣也。王世子，子也，塊然受諸侯之尊己而立乎其位，是不子也。桓不臣，王世子不子，則其所善焉何也？是則變之正也。天子微，諸侯不享覲。桓控大國，扶小國，統諸侯，不能以朝天子，亦不敢致天王。尊王世子於首戴，乃所以尊天王之命也。世子含王命會齊桓，亦所以尊天王之命也。世子受之可乎？是亦變之正也。天子微，諸侯不享覲。世子受諸侯之尊己，而天王尊矣，世子受之可也。

齊桓公是諸侯，卻不朝覲天子，是為「不臣」；王世子是天子的兒子，卻公然接受諸侯的尊敬，是為「不子」。雖然《穀梁傳》認為「桓不臣，王世子不子」，但對首戴之會卻給予了嘉許，因為這是一種「變之正」的權變之舉。對此范注云：「雖非禮之正，而合當時之宜」〔註77〕。可見《穀梁傳》已經體會到春

〔註74〕范甯《春秋穀梁傳集解》，見《十三經注疏》，第2391頁。
〔註75〕《論語‧八佾》載：子曰：「管仲之器小哉！」或曰：「管仲儉乎？」曰：「管氏有三歸，官事不攝，焉得儉？」「然則管仲知禮乎？」曰：「邦君樹塞門，管氏亦樹塞門；邦群為兩君之好，有反坫，管氏亦有反坫。管氏而知禮，孰不知禮？」
〔註76〕《論語‧憲問》。
〔註77〕范甯《春秋穀梁傳集解》，見《十三經注疏》，第2393頁。

秋時代天子的衰微，諸侯不享覲天子，所以提出這種合時宜的權宜措施。在它看來，齊桓公雖不朝天子，卻也不敢致天子，尊王世子於首戴，就已經表現出尊奉周天子之心；王世子秉天子之命而受諸侯的尊崇，也如同諸侯尊周天子一樣。所以齊桓公與王世子的作爲，雖於正道不合，卻合時宜，同樣達到了尊周天子的目的。《穀梁傳》所說的「變之正」，正是尊天子的象徵。

雖然《穀梁傳》同《公羊傳》一樣，都是借尊周天子之事來表達其主張「統一」的思想，但它的政治觀點顯然要更爲保守一些。借用白壽彝曾經說過的一個形象的比喻，就是《公羊傳》的思想「傾向於用舊瓶裝新酒，而《穀梁傳》對瓶的新舊，可以放鬆一些，瓶子裏的酒卻總是要舊的」〔註78〕。

第三節　華夷之辨及其文化含義

一、「諸夏」與「夷狄」

《春秋》經傳當中蘊含的另一種重要思想就是夷夏間可以轉變的觀點。《公羊傳》和《穀梁傳》都講到了夷夏之別的問題，也都講到了夷夏之間的轉化，這些都與《春秋》「大一統」思想緊密相聯，也可說是「大一統」學說的一個重要內容。對於《春秋》中的夷夏觀，韓愈曾說過：

> 孔子之作《春秋》也，諸侯用夷禮則夷之；進於中國，則中國之。〔註79〕

胡安國也提到：

> 中國之爲中國，以其有父子、君臣之大倫也。一失則爲夷狄矣。〔註80〕

他們的論述確實把握了《春秋》所體現的華夷族群界限的特殊性格。在《春秋》當中，所謂「中國」與「夷狄」的區別，主要不由血緣來判斷的，而是要靠文化和政治上的因素來決定的。「夷狄」可以進入「華夏」，變成「華夏」，同樣，「華夏」也可以退爲「夷狄」，這種「夷狄」、「華夏」可以相互轉變的觀念在中國古代民族思想當中是十分可貴的。爲了對這個問題能有一個比較

〔註78〕白壽彝《中國史學史》，第一冊，第 220 頁。
〔註79〕韓愈《原道》，見《韓昌黎全集》，北京：中國書店，1991 年版，第 174 頁。
〔註80〕胡安國《春秋胡氏傳》卷 11，杭州：浙江古籍出版社，2010 年版。

全面而深刻的認識，我們不妨先從先秦時期民族關係的發展以及與之相關的
觀念形態的形成談起。

從人類自身發展的過程來看，以血緣爲紐帶的氏族和部落是其最初形成
的共同體，這種原始的共同體，天然地具有牢固的內聚力和排他性。隨著歷
史的發展，當氏族和部落發展成爲有公共共同地域、共同語言、共同經濟生
活和共同文化的古代民族時，即使血緣關係不再成爲聯結共同體的紐帶，共
同體的內聚力和排他性作爲心理狀態的一種沉澱，也會不同程度地繼承下來
〔註81〕。這可以說是種族意識和民族觀念之所以能夠形成的一個重要原因。
就中國古代社會歷史發展的進程而言，其特點正在於進入文明階段后氏族制
的血緣關係繼續存在。它不是從原始社會的、史前的氏族制度經過革命性的
變革，變成以地緣關係爲基礎的國家，而是在這個進程中保存了氏族社會血
緣關係的大量特點〔註82〕。正因爲如此，使得先秦時期民族關係中的這種內
聚力和排他性在觀念形態上具有了獨特的特點。所謂「神不歆非類，民不祀
非族」〔註83〕、「非我族類，其心必異」〔註84〕之類說法，是這種特點的突出
的表現。

隨著歷史的發展，至晚從春秋時期開始，這種意識逐漸發展成爲以華夏
爲尊，而貶斥夷狄的強調「華夷之別」和「夷夏之防」的觀念上。所謂「裔
不謀夏，夷不亂華」〔註85〕，就明顯地表達了這種意識。對《左傳》所載孔
子的這句話，孔穎達《疏》曰：「中國有禮義之大，故稱夏，有服章之美，謂
之華。」〔註86〕「華」、「夏」二字古音接近，可以互假。「華」字本義爲花，
引申爲文彩、文明；而「夏」原指地名，進而爲族名，國名，又有大的意思。
《說文》：「夏，中國之人也。」段注曰：「以別於北方狄，東方貉，南方蠻閩，
西方羌，西南焦僥，東方夷也」〔註87〕。由於華夏族的先民主要分佈在黃河
流域，也自稱「諸華」、「諸夏」或「中國」，在其周圍，還有一些其他族稱的

〔註81〕參見林甘泉《夷夏之辨與文化認同》，見氏著《中國古代政治文化論稿》，合
　　　　肥：安徽教育出版社，2004年版，第312頁。
〔註82〕參見侯外廬《中國古代社會史論》，第一章，石家莊：河北教育出版社，2003
　　　　年版。
〔註83〕《左傳》僖公十年。
〔註84〕《左傳》成公四年。
〔註85〕《左傳》定公十年。
〔註86〕孔穎達《春秋左傳注疏》，見阮元校刻《十三經注疏》，第2148頁。
〔註87〕段玉裁《說文解字注》，第233頁。

氏族部落，即被統稱爲「四夷」的蠻夷戎狄。

造成「華夷之別」意識產生的原因固然有多種，其中一個最主要的因素，就是華夏族的社會發展領先於「四夷」。由於這種差異的存在，使得他們在政治和文化上都表現出一種特殊的優越感。所謂「耳不聽五聲之和爲聾，目不別五色之章爲昧，心不則德義之經爲頑，口不道忠信之言爲嚚，狄皆則之，四奸具矣」〔註88〕。「夫戎、狄，冒沒輕儳，貪而不讓。其血氣不治，若禽獸焉」〔註89〕。這些言論反映出華夏族對於夷狄所帶著一種文化上的輕蔑和鄙視的態度。另一方面，就經濟生活而言，華夏族是以農耕爲主的民族，周邊的戎狄則多爲游牧薦處的部落。游牧民族定期地對農耕民族進行侵擾和掠奪，這種現象在世界古代歷史當中屢見不鮮。因此，華夏族也會對夷狄採取一種戒備和仇恨的態度，從而產生了「戎狄豺狼」〔註90〕、「戎狄若禽獸」〔註91〕、「戎狄無親而貪」〔註92〕等敵對意識。特別是自西周中葉以來，周王朝同南北民族的戰爭更是接連不斷。周昭王死於南征，周宣王敗績於姜氏之戎，周幽王更是被犬戎所殺。進入春秋後，南方楚的崛起和向北向東的擴張以及北方的戎狄對中原地區的不斷侵擾，又是當時歷史的一大變故。《公羊傳》說：「南夷與北狄交，中國不絕如線」〔註93〕。正反映出華夏族面對這種社會現實所產生的危機感。

以上所列舉的這些民族差異和民族矛盾是歷史發展中的客觀存在，反映了春秋時期民族關係發展的一個側面。但從更爲主要方面來看，隨著夷夏間交往活動的日益擴大和頻繁，融合和同化的不斷進行，又有一種凝聚力把他們聯繫起來，從而使得他們的關係越來越密切，越來越不可分離。

從民族融合的自然過程來看，華夏族本身就是民族融合的產物。夏、商、周三代王朝創始者的祖先與「東夷」和「西戎」都有著密切的關係。《史記》中有「禹興於西羌」的記載〔註94〕。傅斯年指出：「商人雖非夷，然曾有撫有夷方之人，並用其文化，憑其人民以伐夏而滅之，實際上亦可夷人

〔註88〕《左傳》僖公二十四年載周大夫富辰語。
〔註89〕《國語‧周語中》載周定王語。
〔註90〕《左傳》閔公元年。
〔註91〕《國語‧周語中》。
〔註92〕《左傳》襄公四年。
〔註93〕《公羊傳》僖公四年。
〔註94〕《史記‧六國年表》序。

勝夏」〔註95〕。周人則原本興起於陝西中部，與氐羌有密切的關係。周武王伐紂時所帶領的軍隊就是由周人和庸、蜀、羌、髳、微、盧、彭、濮人所組成的多部族的聯軍〔註96〕。而周大夫祭公更是說過「我先王不窋自竄於戎狄之間」的話〔註97〕，可見周人也承認自己的民族曾是戎狄。商人征服夏，周人征服商，都是周邊的部族進入中原，他們建立王朝後，就以正統自居，稱爲「華夏」。至晚到春秋時期，曾經構成夏、商、周的各個部落的子孫之國，已經超越了各自族群的差異，從而形成了稱爲「諸夏」或「諸華」的同一個民族共同體了。

　　進入春秋後，華夏族和周邊蠻夷戎狄的交往和融合得到了進一步的加強，從而把民族融合推進到更高的階段〔註98〕。春秋期間，「諸夏」各諸侯國貴族與戎狄通婚的現象並不少見。晉獻公就曾「娶二女於戎，大戎狐姬生重耳，小戎子生夷吾」。又伐驪戎，「獲驪姬以歸，立爲夫人」〔註99〕。晉文公重耳和和晉大夫趙衰則分別娶了狄女叔隗、季隗，後來晉景公之姐更是嫁給赤狄潞子嬰兒爲妻。類似的婚姻關係在其他的諸侯國中也屢有發生，如魯僖公之母成風是東方的夷族，就連周襄王也曾以狄女爲后〔註100〕。《睡虎地秦墓竹簡・法律答問》更是記載：

　　　　可（何）謂夏子？臣邦父、秦母謂殹（也）。〔註101〕

按這條秦律的的規定，父親是臣屬於秦的少數民族，母親是秦人，其子稱爲「夏子」。「夏子」就是華夏人，秦簡的時代雖晚至戰國末期，但這條律令顯然是春秋以來夷夏間民族融合進程最爲具體的反映。

　　在相互通婚的同時，華夏各諸侯國同夷狄等族的盟會也很頻繁。《春秋》中就有「會戎於潛」、「衛人及狄盟」、「白狄及晉平」、諸侯與淮夷「會與申」等諸多的記載。這些盟會的舉行不但促進了各族間的交往和融合，有的也具有深遠的政治意義。其中晉大夫魏絳和戎就是具有典型意義的事例。魯襄公

〔註95〕傅斯年《夷夏東西說》，見氏著《民族與古代中國史》，石家莊：河北教育出版社，2002年版，第39頁。

〔註96〕《尚書・牧誓》。

〔註97〕《國語・周語上》。

〔註98〕參見瞿林東《論春秋時期各族的融合》，《學習與探索》，1981年第1期。

〔註99〕《左傳》莊公二十八年。

〔註100〕參見《左傳》僖公二十一年、《國語・周語中》。

〔註101〕睡虎地秦墓竹簡整理小組《睡虎地秦墓竹簡》，北京：文物出版社，1978年版，第277頁。

四年（前 569 年），作爲山戎首領的無終子嘉父「使孟樂如晉，因魏莊子納虎豹之皮，以請和諸戎。」晉悼公認爲「戎狄無親而貪」，主張對於山戎應該採取「伐」的策略，而晉大夫魏絳卻根據當時內外形勢極力主張「和戎」的方針，並且向悼公講述了「和戎」會給晉國帶來的「五利」：

> 戎狄薦居，貴貨易土，土可賈焉，一也。邊鄙不聳，民狎其野，稼人成功，二也。戎狄事晉，四鄰振動，諸侯威懷，三也。以德綏戎，師徒不勤，甲兵不頓，四也。鑒於后羿，而用德度，遠至邇安，五也。〔註 102〕

魏絳「和戎」的主張雖然是從利害得失考慮，並沒有擺脫對諸戎的民族偏見，但這種策略在客觀上確實也起到了促進了民族之間交往和融合的作用，不但使得「公譽達於戎」〔註 103〕，而且對晉國的政治也產生了深遠的影響。《國語》在記述晉國歷史時曾總結道：「諸戎來請服，使魏莊子盟之，於是乎始復霸」〔註 104〕。就把「和戎」作爲晉悼公復興霸業的一個重要原因來看待。

除了以上所說民族融合的自然歷史進程和政治因素之外，在先秦時期還有一個影響民族關係發展的重要因素，即各民族之間的文化影響和認同意識。爲華夏族所創造的高度發達的禮樂文明對於四周的夷狄產生了很大的影響作用，從而也促進了非華夏各族的華化。魯襄公十四年，晉國執政范宣子同姜戎駒支發生爭執，駒支雖然認爲「我諸戎飲食衣服，不與華同，贄幣不通，言語不達。」〔註 105〕但他能賦《詩經·青蠅》以明其志，說明他對中原文化的熟悉〔註 106〕。吳國公子季札在訪問中原各國觀禮聽樂時所表現出的對於華夏文化的素養也曾爲中原人士所驚歎而自愧不如。而當時更是有所謂「天子失官，學在四夷」〔註 107〕的說法。這些事例，都反映了華夏族文化的廣泛傳播和影響。

隨著華夏族文化的影響面不斷擴大的同時，華夏文化也在不斷吸收、融會周邊文化於自己的肌體之中，從而又不斷豐富了華夏族文化。《左傳》中記載平王之東遷之時，周大夫辛有適伊川，「見被髮而祭於野者」，就曾發出「不

〔註 102〕《左傳》襄公四年。
〔註 103〕《國語·晉語七》。
〔註 104〕《國語·晉語七》。
〔註 105〕《左傳》襄公十四年。
〔註 106〕《左傳》襄公二十九年。
〔註 107〕《左傳》昭公十七年。

及百年，此其戎乎！其禮先亡矣」〔註108〕的感歎。伊川本爲周地，可見那裡的人們已經受在受戎狄風俗的影響了。春秋時期魯國也曾將「昩」與「任」兩種音樂吸收入太廟的祭樂當中。「昩」是東夷的音樂，「任」是南蠻的音樂，這種納蠻夷之樂於太廟的做法，對於恪守宗周禮樂傳統的魯國來說，也是不尋常的〔註109〕。此外，比較典型的例證還有《史記·秦本紀》中關於由余的記載：

> （戎王）聞繆公賢，故使由余觀秦。秦繆公示以宮室、積聚。由余曰：「使鬼爲之，則勞神矣。使人爲之，亦苦民矣。」繆公怪之，問曰：「中國以詩書禮樂法度爲政，然尚時亂，今戎夷無此，何以爲治，不亦難乎？」由余笑曰：「此乃中國所以亂也。夫自上聖黃帝作爲禮樂法度，身以先之，僅以小治。及其後世，日以驕淫。阻法度之威，以責督於下，下罷極則以仁義怨望於上，上下交爭怨而相篡弒，至於滅宗，皆以此類也。夫戎夷不然。上含淳德以遇其下，下懷忠信以事其上，一國之政猶一身之治，不知所以治，此眞聖人之治也。

雖然《史記》的這段記載很可能是採自戰國以來的傳說，未必就能作爲信史看待。但這個故事卻能夠反映出當時人們對中原禮樂文化存在弊端的反思和對戎夷文化也有優點的認識。由余本人大概就是一個戎狄化的華夏族，史載「其先晉人也，亡入戎，能晉言。」〔註110〕秦穆公正是採納了他的計謀而得以獨霸西戎。

民族觀的發展是伴隨著民族本身以及民族關係的發展不斷變化著的，春秋以來，在這種民族融合與文化交流的不斷進行當中，使得夷夏各族之間民族意識有了新的發展，這造成了先秦時期民族觀念當中「華夷之別」的族群區分界限往往表現的不甚明顯的特點。其重點並不單純著眼於種族或地域的不同，更加反映在生產、生活方式以及以此爲基礎的行動方式和價值觀等文化水平上。這種思想在以孔孟荀爲代表的先秦儒家學派當中表現的至爲突出，對於後世民族觀的發展也產生了深遠的影響。

〔註108〕《左傳》僖公二十二年。
〔註109〕《禮記·明堂位》：「昩，東夷之樂也。任，南蠻之樂也。納夷蠻之樂於大廟，言廣魯於天下也。」
〔註110〕以上均見《史記·秦本紀》。

　　孔子本就是殷人之後，但在他的生平當中很難看到有所謂商、周間的民族界限的觀念與意識。相反地，對於「監於二代」的周禮，他卻推崇備至，主張「郁郁乎文哉！吾從周」〔註111〕。對待管仲，孔子一方面批評他不知禮，另一方面卻對他相輔齊桓公的功績評價道：「管仲相桓公，霸諸侯，一匡天下，民到於今受其賜。微管仲，吾其被髮左衽矣」。〔註112〕雖然孔子對於齊桓、管仲的「尊王攘夷」大爲讚賞，但這並不是說在他對於夷狄是一概地加以排斥和歧視。「被髮左衽」是夷狄的風俗，說的是中原文化滅亡而淪落爲夷狄的習俗。所以孔子的這種感歎也主要是本於文化立場而發，所襃揚「攘夷」是指文化之夷，並非種族之夷。可見夷夏間的差別，在孔子那裡與其說是一個種族上的問題，毋寧說是一種文化和政治的差別。

　　開創私學是孔子重要的歷史功績之一，他對於狄夷的態度也體現在這種實踐當中。孔子興辦私學主張「有教無類」〔註113〕，所謂「無類」，既可以解釋爲沒有社會等級的差別，也可以理解爲不受種族和地域的約束。因爲孔子的弟子當中除了出身貧賤者的之外，也有來自於楚、秦、吳等被視爲夷狄之國的子弟〔註114〕。孔門高足子夏更是說過：「君子敬而無生，與人恭而有禮，四海之內，皆兄弟也。」〔註115〕《爾雅・釋地》曰：「九夷、八狄、七戎、六蠻，謂之四海。」郭璞注：「九夷在東，八狄在西，六蠻在南」〔註116〕。可見這裡並沒有排斥蠻夷戎狄的存在，而是將他們作爲構成「天下」的一個不可缺少的部分來看待。

　　在政治上，孔子提倡「爲政以德」〔註117〕。在他看來，這種德政的原則同樣也施用於民族問題的處理。例如對於「遠人」即周邊的夷狄，孔子認爲要採用「不服，則修文德以來之。既來之，則安之」〔註118〕的懷柔政策，這與一些人主張「德以柔中國，邢以威四夷」〔註119〕是有所不同的。此後《中庸》也講到爲政有所謂的「修身」、「尊賢」、「親親」、「敬大臣」、「體群臣」、

〔註111〕《論語・八佾》。
〔註112〕《論語・憲問》。
〔註113〕《論語・衛靈公》。
〔註114〕參見李啓謙《孔門弟子研究》，濟南，齊魯書社，1987年版。
〔註115〕《論語・顏淵》。
〔註116〕郭璞《爾雅注》，見阮元校刻《十三經注疏》，第2616頁。
〔註117〕《論語・爲政》。
〔註118〕《論語・季氏》。
〔註119〕《左傳》僖公二十五年。

「子庶民」、「來百工」、「柔遠人」、「懷諸侯」的「九經」之道。「柔遠人」作為治理國家的一個重要方面被提了出來，是對孔子思想的進一步發展。

在對待夷狄的文化上，孔子也有一種虛心的態度。《左傳》魯昭公十七年：

> 郯子來朝，公與之宴。昭子問焉，曰：「少皞氏鳥名官，何故也？」
> 郯子曰：「吾祖也，我知之。……仲尼聞之，見於郯子而學之。既而
> 告人曰：「吾聞之：『天子失官，學在四夷』，猶信。」

作為東夷的郯子卻掌握華夏文化，孔子就向他學習。弟子樊遲問仁。孔子答曰：「居處恭，執事敬，與人忠。雖之夷狄，不可棄也」〔註120〕。弟子子張問行，孔子又說：「言忠信，行篤敬，雖蠻貊之邦行矣。言不忠信，行不篤敬，雖州里行乎哉？」〔註121〕可見孔子在對待夷狄的態度上不存在那種狹隘的民族觀念，而是認為他們與諸夏之間存在著共同的道德標準。對於夷狄的長處，他更是予以贊許：

> 夷狄之有君，不如諸夏之無也。〔註122〕

歷代注家對此句的注釋多有異議，而以朱熹《論語集注》中引程子曰：「夷狄且有君長，不如諸夏之僭亂，反無上下之分也」〔註123〕之說為宜。因為當時各諸侯國都有僭越行為，夷狄卻有君長，便為孔子所肯定。孔子甚至也有要到「九夷」去的願望，《論語·子罕》載：

> 子欲居九夷。或曰：「陋，如之何？」子曰：「君子居之，何陋
> 之有？

皇侃《義疏》引孫綽云：「九夷所以為陋者，以無禮義也。君子所居則化，則陋有泰也」〔註124〕。夷狄地區雖然粗陋，但孔子堅信君子去了定能影響民眾，使其有所改觀。

荀子也曾說過：

> 體恭敬而心忠信，術禮義而情愛人，橫行天下，雖困四夷，人
> 莫不貴。〔註125〕

即便是居住於「四夷」之地，只要不失其「禮」，就能得到人們的尊敬和信任。

〔註120〕《論語·子路》。
〔註121〕《論語·衛靈公》。
〔註122〕《論語·八佾》。
〔註123〕見朱熹《四書章句集注》，北京：中華書局，1983年版，第62頁。
〔註124〕見程樹德《論語集釋》，北京：中華書局，1990年版。
〔註125〕《荀子·修身》。

這句話反過來的意思，即是華夏族即使居住的地方不變，但如果失去了「禮」，也就會變成「夷狄」了。對於作為「夏餘」〔註126〕的杞國，《春秋》一貶再貶，自侯而伯，自伯而子，視其為夷狄，原因就是在於其統治者捨棄了華夏文化的「禮」，而接受了東夷的習俗〔註127〕。

孟子也多次提到狄夷向華夏的轉化，他曾舉陳良的例子說：

> 吾聞用夏變夷者，未聞變於夷者也。陳良，楚產也，悅周公、仲尼之道，北學於中國。北方之學者，未能或之先也。彼所謂豪傑之士也。〔註128〕

陳良是楚國人，本為「南蠻」，卻喜好「華夏」的文化，在孟子看來這正是「用夏變夷」的結果。雖然孟子只強調了「用夏變夷」，而不承認夏也能夠「變於夷」，不免有其狹隘之處。但在他的思想當中，民族的界限確實是一種文化標準，而不是由種族或地域來劃分，即使是「蠻夷戎狄」只要學習到了「中國」的文化，就可以變為「華夏」。孟子又曾說過：

> 舜生於諸馮，遷於負夏，卒於鳴條，東夷之人也。文王生於岐周卒於畢郢，西夷之人也。地之相去也，千有餘里；世之相後也，千有餘歲。得志行乎中國，若合符節，先聖後聖，其揆一也。

舜和周文王都是被儒家所尊奉的先聖，但在孟子口中他們卻一是東夷、一為西夷，這更是夷可以變為夏的典範了。

在先秦儒家思想當中，「華夏」和「夷狄」的差別主要是根據文化和政治而言的，在談到這種差別的同時，他們也認識到一種民族性的形成與其所處的自然和社會環境息息相關。孔子就有「素夷狄，行乎夷狄」〔註129〕的話，此後荀子更是指出：

> 居楚而楚，居越而越，居夏而夏，是非天性也，積靡使然也。故人知謹注錯，慎習俗，大積靡，則為君子矣。縱情性而不足問學，則為小人矣；為君子則常安榮矣，為小人則常危辱矣。〔註130〕

認為體現在一個人身上的民族特性，並不是與生俱來的，而是要受到其所處

〔註126〕《左傳》襄公二十九年。
〔註127〕《左傳》僖公二十三年：「十一月，杞成公卒。書曰「子」，杞，夷也。不書名，未同盟也。同書二十七年「二十七年春，杞桓公來朝，用夷禮，故曰子。」
〔註128〕《孟子·滕文公上》。
〔註129〕《禮記·大學》。
〔註130〕《荀子·儒效》。

的社會文化環境的影響和制約。在《勸學》篇中，荀子也說道：

> 於越戎貉之子，生而同聲，長而異俗，教使之然也。〔註131〕

這裡，作為民族區別上的自然血緣屬性顯然被忽略了，強調的是通過後天的學習和教化來完成風俗習慣和生活方式的養成。在《禮記‧王制》中對此更有詳細的說明：

> 中國戎夷，五方之民，皆有性也，不可推移。東方曰夷，被髮文皮，有不火食者矣。南方曰蠻，雕題交趾，有不火食者矣。西方曰戎被髮衣皮，有不粒食者矣。北方曰狄，衣羽毛穴居，有不粒食者矣。中國、夷、蠻、戎、狄，皆有安居、和味、宜服、利用、備器，五方之民，言語不通，嗜欲不同。

雖然《王制》出於漢初儒生之手，這段文字卻頗能反映先秦儒家對於民族的構成分佈及其風俗一些基本的觀念。「五方之民」的生活、生產與習俗的差異，都是因為地理環境不同，因地制宜，適應環境所形成，非人力可以推移，因此《王制》提出來對四方各族統一和管轄的方式也是「修其教而不易其俗，齊其政而不易其宜。」後世對於邊疆民族各種「因俗而治」的制度和策略，都是從這個總原則出發制定的。

二、華夷之別與文化認同

以上我們對先秦時期民族關係的發展和與之相關的觀念形態的形成作了一番概略的陳述，並且特別考察了以孔子為代表的先秦儒家學派對夷夏關係所作的思考，這種思想在此後的《公羊傳》和《穀梁傳》中更是得到了比較系統和全面的闡發。

在《公羊傳》和《穀梁傳》裏，春秋時期的民族構成主要被分為「夷狄」和「諸夏」兩個集團，其中的狄夷除了東夷、戎、戎蠻氏、白狄等明顯帶有「戎」、「狄」的字眼的民族外，還有秦、楚、吳等國。「《春秋》內諸夏而外夷狄」〔註132〕，二傳對於民族界限的劃分是非常明確的，特別突出了民族差別存在。

《春秋》莊公十八年記：「夏，公追戎於濟西。」《公羊傳》云：

> 此未有言伐者，其言追何？大其為中國追也。此未有伐中國者，

〔註131〕《大戴禮記‧勸學》。
〔註132〕《公羊傳》成公十五年。

則其言爲中國追何？大其未至而豫御之也。其言於濟西何？大之也。

在這段文字當中，《公羊傳》一連用了三個「大」字，以此來表示對「追戎」這件事的特別重視和肯定。它更是誇讚魯莊公能爲「中國」追逐戎人，強調「追戎」並非是爲魯國而已，而是恩及到整個「中國」。其實對於戎人的這次來犯，魯國起先並不知曉，只是在其離開後才進行了追擊，所以《春秋》經文只書「追戎」而未記載戎人的來犯﹝註133﹞。對這次並不及時的「逐戎」，《公羊傳》顯然作了誇大了的描述，不過是藉此來宣揚其攘夷的主張罷了。《春秋》僖公四年曰：「楚屈完來盟於師，盟於召陵。」《公羊傳》云：

> 屈完者何？楚大夫也。何以不稱使？尊屈完也。曷爲尊屈完？以當桓公也。其言盟於師、盟於召陵何？師在召陵也。師在召陵，則曷爲再言盟？喜服楚也。何言乎喜服楚？楚有王者則後服，無王者則先叛。夷狄也。而亟病中國，南夷與北狄交。中國不絕若線，桓公救中國，而攘夷狄，卒怗荊，以此爲王者之事也。

春秋初期，民族矛盾和衝突日趨激烈，「南夷北狄交相侵擾，中國不絕若線」。在此時，齊桓公適時地打出了「尊王攘夷」的旗號，扼阻了楚狄的侵犯，終於使叛服無常、亟病中原的楚屈服。《公羊傳》對於齊桓公這種「救中國而攘夷狄」的行爲，不但大加讚賞，更是推許其爲「王者之事」。可見，執守攘夷的主張，突出夷夏之別，是《公羊傳》所強調的一個觀點。

在強調夷夏之別的立場上，《穀梁傳》並不遜於《公羊傳》，但在表達方式上二者卻各有側重。大體說來，《穀梁傳》主要是從《春秋》「屬辭比事」﹝註134﹞的角度來對「夷狄」和「諸夏」加以區分的。例如，它發揮「日月時例」，認爲《春秋》在記事上遵循「中國謹日，卑國月，夷狄不日」﹝註135﹞、「中國日，卑國月，夷狄時」﹝註136﹞的原則。這就是說，按《春秋》對與夷狄相關的史事是不予記載日期的，以此來表示「夷狄」與「中國」的區別。對待夷狄之君，《穀梁傳》也認爲《春秋》不應記載他們的名字。《春秋》隱公七年「滕侯卒。」《穀梁傳》說：「滕侯無名。少曰世子，長曰君，狄道也。」《穀

﹝註133﹞《左傳》莊公十八年：「公追戎於濟西。不言其來，譏之也。」杜注曰：「戎來侵魯，魯人不知，去乃追之，故譏不言其來。」按照這种解釋，《春秋》之所以沒有記載戎人的來犯，是因爲譏言魯國防禦上的失誤。

﹝註134﹞《禮記・經解》。

﹝註135﹞《穀梁傳》宣公十五年。

﹝註136﹞《穀梁傳》襄公六年。

梁傳》所說的這種義例，很難和《春秋》中的記載完全符合，實際上也是藉此來表達它將「諸夏」與「夷狄」區分的一種態度。《穀梁傳》還認為，對於諸侯與夷狄的盟會，《春秋》也採用了不同的記載方式。如《春秋》宣公十一年：「秋，晉侯會狄於欑函。不言及，外狄。」關於《春秋》中的「及」字，《穀梁傳》認為有「書尊及卑」或「以尊及卑」的意思〔註137〕，所以，《春秋》之所以不書「晉侯及狄會於欑函」，就是要將狄人排除於「諸夏」之外。又如，《春秋》於成公十五年和襄公十年，分別記載了中原諸侯國與吳的兩次盟會：

冬，十有一月，叔孫僑如會晉士燮、齊高無咎、宋華元、衛孫林父、鄭公子鰍、邾人，會吳於鍾離。

十年春，公會晉侯、宋公、衛侯、曹伯、莒子、邾子、滕子、薛伯、杞伯、小邾子、齊世子光，會吳於柤。

對於這兩次盟會，雖然都是吳王夫差主會，但《春秋》在記載卻都分別用了兩次「會」字，使得盟會看似中原諸侯先會後，再與吳相會。《穀梁傳》解釋說：「會又會，外之也」，說明要將「夷狄」排斥於「諸夏」之外。在襄公十五年諸侯「會吳於柤」後，《春秋》緊接著又記載「夏，五月甲午，遂滅傅陽。」《穀梁傳》對此又發論道：「遂，直遂也。其曰遂何？不以中國從夷狄也。」實際上是諸侯從吳以滅傅陽，但《穀梁傳》認為「中國」之君不能從於「夷狄」，所以強調經文使用「遂」字來表示如同諸侯自行滅亡傅陽，並沒有跟從於吳國的意思。

既然《公羊傳》和《穀梁傳》都主張夷夏之別，並以中國為尊，夷狄為卑，所以本著為尊者、親者諱的原則，對於諸夏與夷狄的戰爭中的失敗，它們都主張應該予以諱言。如在《公羊傳》中就有「不與夷狄之執中國也」〔註138〕、「不與中國之獲中國也」〔註139〕的說法，而《穀梁傳》更是認為在同夷狄的戰爭中「中國不言敗」〔註140〕，即對中國的失敗不予記載。這種為中國諱敗的觀點自然也是與它們堅持「攘夷」的立場相一致的了。

雖然在《公》、《穀》二傳當中對「夷狄」始終抱著一種排斥與蔑視的態度，於「夷夏之防」、「夷夏之別」則特別的強調。不過正如前文中提到的那

〔註137〕分別見《穀梁傳》桓公二年、莊公十二年、僖公十年、僖公三十年、定公十一年。
〔註138〕分別見《公羊傳》隱公七年、僖公二十一年。
〔註139〕《公羊傳》莊公十年。
〔註140〕《穀梁傳》莊公十年、昭公二十三年。

樣，「《春秋》諸侯用夷禮則夷之；進於中國，則中國之」。對於《春秋》中的這種思想，《公羊傳》、《穀梁傳》都予以了明確的闡發，從而極大地發展了自孔子以來的這種夷夏之間可以相互轉化的民族觀念。

在《公羊傳》中對夷狄有七等尊卑不同的書法，即「州不若國，國不若氏，氏不若人，人不若名，名不若字，字不若子」〔註141〕。其中稱州名爲最卑，稱爵位爲最尊。《公羊傳》常以這種方法來表達對夷狄的進退褒貶。如對楚國，《公羊傳》莊公十年記曰：

> 秋九月，荊敗蔡師於莘，以蔡侯獻舞歸。荊者何？州名也。

在這裡作爲夷狄的楚是以「州」名即「荊」出現的，顯然處於七等中的最低的一等。《春秋》莊公二十三年：「荊人來聘」。《公羊傳》云：「荊何以稱人？始能聘也。」何休《解詁》曰：「因其始來聘，明夷狄能慕王化，修聘禮，受正朔者，當進之，故使稱人也。稱人當繫國，而繫荊者，許夷狄者，不一而足」〔註142〕。楚作爲夷狄，願意與中國交好，修習聘禮，這是由夷向夏轉化的一個進步，所以也就由「州」進稱爲「人」了。到了文公九年，《春秋》記載「冬，楚子使椒來聘。」《公羊傳》曰：「楚無大夫？此何以書？始有大夫也。始有大夫，則何以不氏？許夷狄者不一而足也。」在這裡，楚不僅稱「子」，進到了七等的最高一等，而且也有了大夫，禮制完備。雖然《公羊傳》認爲「許夷狄不一而足也」，故對夷狄的大夫不記以氏，但夷夏間的差別卻不很明顯了。應該指出，《公羊傳》的這些解釋不乏牽強附會和自相矛盾之處，但也說明了「夷狄」向「華夏」轉化這樣一個漸進的過程，從而反映出夷夏文化逐漸融合的一種歷史趨勢。

在《穀梁傳》中也有「州不如國，國不如名，名不如字」〔註143〕的說法，雖然在一些具體細節上和《公羊傳》略有差異，但表達的基本思想卻很一致。在「夷狄」向「華夏」轉化的這個過程中，《穀梁傳》更是明確說明，夷狄的進至是「累善而後進之」。《春秋》僖公十八年記：「冬，邢人、狄人伐衛。」狄伐衛，是「夷狄」伐「中國」的行爲，《春秋》卻爲何要在這裡稱其爲「人」呢？《穀梁傳》解釋說：「狄其稱人何也？善累而後進之。伐衛，所以救齊也，功近而德遠矣。」原來在本年春，宋、曹、衛、邾四國伐齊，魯國和狄都發

〔註141〕《公羊傳》庄公十年。
〔註142〕見阮元校刻《十三經注疏》，第2237頁。
〔註143〕《穀梁傳》庄公十四年。

兵救齊，被《穀梁傳》所稱譽〔註144〕。所以，在《穀梁傳》看來，狄人在本
年冬季的伐衛仍然是救齊的善舉，兩善相累，就被進之爲「人」了。

　　當然，《公羊傳》和《穀梁傳》所講的「夷狄」進於「中國」並不是一個
簡單的直線過程，在期間也會發生許多的反覆。如果「夷狄」有不合於禮義
的行爲，那麼即使他們已經漸進於「華夏」的行列，也仍然會把他們再貶回
「夷狄」當中。如《春秋》襄公二十九年：「吳子使札來聘。」《公羊傳》曰：

　　　　吳無君無大夫，此何以有君有大夫？賢季子也。何賢乎季子？
　　讓國也。……賢季子則吳何以有君有大夫？以季子爲臣，則宜有君
　　者也。

《穀梁傳》曰：

　　　　吳子使札來聘。吳其稱子何也？善使延陵季子，故進之也。身
　　賢，賢也，使賢，亦賢也。延陵季子之賢，尊君也。其名，成尊於
　　上也。

吳本是「無君無大夫」的「夷狄」，《春秋》在此則稱其君爲「吳子」。《公羊
傳》和《穀梁傳》都認爲由於來訪者是吳國的公子季札，爲了表示出對這位
賢者的尊敬，所以要進稱吳君爲「子」〔註145〕。

　　《春秋》定公四年：「冬十有一月庚午，蔡侯以吳子及楚人戰於柏舉〔註
146〕，楚師敗績」。《公羊傳》云：

　　　　吳何以稱子？夷狄也，而憂中國。

《穀梁傳》云：

　　　　吳其稱子何也？以蔡侯之以之，舉其貴者也。蔡侯之以之，則
　　其舉貴者何也？吳信中國而攘夷狄，吳進矣。

吳楚的柏舉之戰，《公羊傳》和《穀梁傳》對吳都表示了贊許。它們都認爲《春
秋》爲了嘉勉吳國的「憂中國」、「信中國而攘夷狄」的行爲，所以進吳君而
稱其爲「子」，使它等同「中國」之君。可是當吳國擊敗楚國並攻入郢都之後，
《春秋》卻再沒有使用「吳子」一詞，而是直接記載「庚辰，吳入楚。」《公
羊傳》遂據此發論道：

〔註144〕《穀梁傳》僖公十八年：「五月戊寅，宋師及齊師戰於甗。齊師敗績。戰不言
　　　　伐，客不言及；言及，惡宋也。狄救齊。善救齊也。」
〔註145〕《穀梁傳》襄公二十九年。
〔註146〕《左傳》作「柏舉」，《公羊傳》作「伯莒」，《穀梁傳》作「伯舉」，蓋同音相
　　　　假。

> 吳何以不稱子？反夷狄也。其反夷狄奈何？君舍於君室，大夫
> 舍於大夫室，蓋妻楚王之母也

《穀梁傳》也說：

> 何以謂之吳也？狄之也。何謂狄之也？君居其君之寢，而妻其
> 君之妻；大夫居其大夫之寢，而妻其大夫之妻。蓋有欲妻楚王之母
> 者。不正乘敗人之績而深爲利，居人之國，故反其狄道也。

可見對於吳在佔領楚國的都城郢都後居人之室，淫人妻女的貪暴的行爲，《公
羊傳》和《穀梁傳》都加以無情地貶斥，將已經進爲「中國」的「吳」，復貶
退爲「夷狄」。但到哀公十三年，《春秋》的記載當中卻再次出現了「吳子」：

> 夏，許男成卒。公會晉侯及吳子於黃池。

對此《穀梁傳》更發揮說：

> 黃池之會，吳子進乎哉！遂子矣。吳，夷狄之國也，祝髮文身，
> 欲因魯之禮，因晉之權，而請冠、端而襲其藉於成周，以尊天王。
> 吳進矣！吳，東方之大國也，累累致小國以會諸侯，以合乎中國。
> 吳能爲之，則不臣乎？吳進矣！王，尊稱也。子，卑稱也。辭尊稱
> 而居卑稱，以會乎諸侯，以尊天王。吳王夫差曰：「好冠來！」孔子
> 曰：「大矣哉！夫差未能言冠而欲冠也。」

按照《穀梁傳》的說法，吳君在黃池之會上依據魯國的禮儀，穿著玄端章甫
的朝服，不但改變了原來的蠻夷習俗，而且拋棄了「王」的稱號，自稱爲「子」，
以表示願意歸順爲周王的臣下，因此《春秋》就又進其於「中國」之列，而
要改稱「吳子」了。

由此可見，《公羊傳》《穀梁傳》對「夷狄」的判斷顯然不是純粹地從民
族本位主義上出發，一味地加以排斥，而是要以行爲的文明或野蠻，亦即文
化的角度，來作爲華夷判斷的標準，這個文化的標準，就是以周禮爲核心的
行爲準則。因此，即便原本屬於華夏族的「中國」，如果所行非禮，同樣也會
被貶入「夷狄」之列。《春秋》昭公二十三年記載：「戊辰，吳敗頓、胡、沈、
蔡、陳、許之師於雞父」。《公羊傳》言道：

> 鬍子髡、沈子楹滅，獲陳夏齧。此偏戰也，曷爲以詐戰之辭言
> 之？不與夷狄之主中國也。然則曷爲不使中國主之？中國亦新夷狄
> 也。

吳國在雞父打敗了頓、胡、沈、蔡、陳、許六國的聯軍，這是「夷狄」敗「中

國」，按照《公羊傳》「不與夷狄之主中國」的說法，應該先記載中原諸國再記載吳國，但爲什麼《春秋》沒有這樣寫呢？《公羊傳》解釋道：「中國亦新夷狄也。」何休《解詁》云：「中國所以異乎夷狄者，以其能尊尊也。王室亂，莫肯救，君臣上下壞敗，亦新有夷狄之行，故不使主之」〔註147〕。因爲當時周敬王因子朝之亂而居於狄泉，作爲「中國」的頓、胡、沈、蔡、陳、許非但沒有救助，反而跟從楚國同吳交戰，所以《公羊傳》就把它們當作「夷狄」來對待了。

在「中國」可以退爲「夷狄」的立場上，《穀梁傳》的表達比《公羊傳》還要明確一些。如《春秋》昭公十二年：「晉伐鮮虞。」《穀梁傳》曰：

> 其曰晉，狄之也。其狄之何也？不正其與夷狄交伐中國，故狄稱之也。

范甯注曰：「鮮虞，姬姓，白狄也，地居中山，故曰中國。夷狄謂楚也」〔註148〕。可見鮮虞本爲夷狄，《穀梁傳》在這裡是將它錯當成「中國」來看待了。按照它的說法，晉伐鮮虞時，楚也伐陳，在相同的時間內晉楚兩國交伐中國，所以要將晉貶爲「夷狄」。

又如《春秋》襄公三十年記：「夏，四月，蔡世子般弑其君固。」《穀梁傳》說：

> 其不日，子奪父政，是謂夷之。

蔡世子般弑其君固是以臣弑君、子奪父政的非禮行爲。在《穀梁傳》看來，《春秋》沒有對此事記載日期，也是要將其貶稱爲「夷狄」。

綜上所述，《公羊傳》《穀梁傳》雖然強調夷夏之別並始終堅持著「攘夷」的主張，但這種立場並非是基於狹隘的民族主義，而是有著廣泛的文化內涵。在二傳當中「中國」與「夷狄」的差別不是一種按照血緣和種族規定的固定不變的概念，而是要靠政治和文化來決定。爲它們所重視和強調的是「夷狄」向「華夏」轉化，「夷狄」可以進爲中國，「中國」也可以貶爲夷狄，這種轉化是以文化、禮制、風俗上的轉變爲根據，主要是以其是否願意接受華夏文化爲標準，表達出的是對於中原禮樂文化的強烈認同。

中國古代的歷史上來看，雖然少周邊數民族曾經不止一次地進入中原，但華夏文化非但沒有因此消亡或中斷，反而以其強大的生命力和凝聚力同化

〔註147〕見阮元校刻《十三經注疏》，第 2327 頁。
〔註148〕見阮元校刻《十三經注疏》，第 2436 頁。

了這些民族，使他們也融入到中華民族的肌體當中。之所以會產生如此的現象，為儒家思想所提倡的這種開放性的民族觀念無疑曾起到過極為重要的影響作用。可以說，發端於《春秋》經傳的「大一統」思想及其建立在文化發展程度上的夷夏觀，是解釋中國統一多民族國家的傳統之所以形成、發展並且能夠一直延續至今的一個重要因素。

餘　論
《春秋》經傳歷史觀的歷史地位和影響

　　早在戰國中葉，中國的文化典籍中就已形成了所謂《詩》、《書》、《禮》、《樂》、《易》、《春秋》的「六經」，它們都是關於上古三代文明成果的彙集與總結，包含了豐富的內容。特別是其中的《春秋》以及此後的「三傳」，因其與歷史的緊密結合，對於中國傳統史學的形成與發展更是產生了極大的影響。這種影響不僅作用於歷史編纂學、歷史文學等領域，更體現在歷史思想方面。對於前者，學界已有過廣泛而深入的研究，在本章當中，我們主要針對後一個問題，略述《春秋》經傳歷史觀在中國古代歷史思想當中的地位及其所產生的影響。

一

　　《春秋》自問世以來，在戰國秦漢之際就已經得到了廣泛的傳播，不但衍生出許多相關的著述，而且對諸子的學術也產生了不小的影響。《史記・十二諸侯年表》序記載：

　　　　是以孔子明王道，干七十餘君，莫能用，故西觀周室，論史記舊聞，興於魯而次春秋，上記隱，下至哀之獲麟，約其辭文，去其煩重，以制義法，王道備，人事浹。七十子之徒口受其傳指，爲有所刺譏褒諱挹損之文辭不可以書見也。魯君子左丘明懼弟子人人異端，各安其意，失其眞，故因孔子史記具論其語，成《左氏春秋》。鐸椒爲楚威王傅，爲王不能盡觀《春秋》，採取成敗，卒四十章，爲

> 《鐸氏微》。趙孝成王時，其相虞卿上採《春秋》，下觀近勢，亦著
> 八篇，爲《虞氏春秋》。呂不韋者，秦莊襄王相，亦上觀尚古，刪拾
> 《春秋》，集六國時事，以爲八覽、六論、十二紀，爲《呂氏春秋》。
> 及如荀卿、孟子、公孫固、韓非之徒，各往往捃摭《春秋》之文以
> 著書，不同勝紀。

從司馬遷的敘述中可以看到，戰國諸子捃摭《春秋》之文以爲著述，在當時確已成爲一種風氣。之所以會產生這種現象，主要是他們把《春秋》記載的有關成敗興衰的史事當作了可供資政的歷史教訓而加以闡述和發揮。如《管子》中就曾說過《春秋》「所以記成敗也，行者道民之利害也」〔註1〕。韓非也經常引用《春秋》（《左傳》）中君權下替之例，以宣傳法家的專制王權思想〔註2〕。《春秋》之所以能在一個攻伐劇烈的亂世盛行，其原因正在於此。

歷史上的經驗教訓，可作爲現實和未來的借鑒，這是中國先民在周初便已明確了的認識。《周書》和《詩經》中的「殷鑒」即是其最早表述。隨著時代發展，這種認識又有進一步發展而有了不同的取向。《楚語下》記載：

> 昔齊騶馬繻以胡公入於貝水，邴歜、閻職戕懿公於圃竹，晉長
> 魚矯殺三郤於樹，魯圉人犖殺子般於次，夫是誰之故也，非唯舊怨
> 乎？是皆子之所聞也。人求多聞善敗，以監戒也。今子聞而棄之，
> 猶蒙耳也。吾語子何益，吾知逃也已。

《楚語上》：

> 教之《春秋》，而爲之聳善抑惡焉。

《晉語七》：

> 悼公與司馬侯升臺而望曰：「樂夫！」對曰：「臨下之樂則樂矣，
> 德義之樂則未也。」公曰：「何謂德義？」對曰：「諸侯之爲，日在
> 君側，以其善行，以其惡戒，可謂德義矣。」公曰：「孰能？」對曰：
> 「羊舌肸習於《春秋》。」乃召叔向使傅太子彪。

以上引述《國語》的三段文字都涉及到當時人們對於歷史功用的看法，從中不難看出這些認識已經明顯地有了兩個方向：一是注重歷史上的得失成敗，

〔註1〕 《管子·山權》。
〔註2〕 如《備內》引《桃左春秋》，《外儲說右上》、《奸劫弒臣》等都提到了「春秋之記」。沈欽韓《漢書疏證》指出：「然戰國諸子又嘗睹《春秋傳》而成書，如韓非《奸劫弒臣篇》：『春秋之記曰楚王子圍將聘於鄭，未出境，聞王病而反，云云。此全依《左氏傳》也。」

強調於對歷史作「善敗」方面的考察——所謂「人求多聞善敗，以監戒也」，就是要從歷史中吸取得失成敗的經驗教訓。另一種則注重倫理教化方面的意義，強調歷史對人們「德義」修養方面的教誨和約束，主張從歷史中辯明善惡之別，行善戒惡，聳善抑惡。

歷史知識這兩種功用，在孔子所作的《春秋》中都有所體現，上文所引《史記‧十二諸侯年表序》就《春秋》「善敗」方面的作用，已作了充分的說明。陸賈在《新語‧術本》更是指出：

> 《春秋》上不及五帝，下不及三王，述齊桓。晉文之小善，魯之十二公，至今之爲政，足以知成敗之效，何必於三王。

《春秋》記事始於魯隱公而終於魯哀公，歷十二公，二百二十餘年。從孔子生活的時代來看，這段歷史恰屬於現代歷史學科分類中近現代史的範圍。孔子未曾遠求於上古之史，而是取魯國晚近之史事以爲《春秋》，可以說正是藉此以資取其成敗之效。此後司馬遷創作《史記》便受到這種觀念的影響，如他說：「戰國之權變，亦有可頗採者，何必上古？秦取天下多暴，然世變異，成功大。《傳》曰：『法後王』，何也，以其近己而俗變相類，議卑而易行也」〔註3〕。《史記》雖爲通史，但從其著力所在與精彩之筆來看，卻主要集中於秦漢時段，這和孔子作《春秋》述近世的主旨是一路貫通的。

《春秋》在述「德義」方面的作用，對後世史學的影響可能更爲直接。孟子就曾說：「「世衰道微，邪說暴行有作，臣弒其君者有之，子弒其父者有之。孔子懼，作《春秋》。《春秋》，天子之事也；是故孔子曰：『知我者其惟《春秋》乎！罪我者其惟《春秋》乎！』」〔註4〕又說：「王者之迹熄而《詩》亡，《詩》亡然後《春秋》作。晉之《乘》，楚之《檮杌》，魯之《春秋》，一也；其事則齊桓、晉文，其文則史。孔子曰：『其義則丘竊取之矣』」〔註5〕。可見《春秋》不只是爲了記載歷史，而是要通過對歷史的評判和褒貶來作用於現實的社會政治。這種將歷史研究的最根本的目的與職責當作是爲現實而服務，是爲了後世的人倫、道德、政治秩序的鞏固與完善而服務的觀點，對中國傳統史學中經世致用傳統的形成產生了極爲深遠的影響。

此後司馬遷在《太史公自序》就曾說：「先人有言：『自周公卒五百歲而

〔註3〕 《史記‧六國年表》。
〔註4〕 《孟子‧滕文公下》。
〔註5〕 《孟子‧離婁下》。

有孔子。孔子卒後至於今五百歲，有能紹明世，正《易傳》，繼《春秋》，本《詩》《書》禮樂之際？』意在斯乎！意在斯乎！小子何敢讓焉。」說明他著《史記》正是秉承其父司馬談「繼《春秋》」的遺願而爲之。在思想上，司馬遷又是受到其師董仲舒春秋公羊學說的很大影響。對於《春秋》的作用，司馬遷指出：「《春秋》，上明三王之道，下辨人事之紀，別嫌疑，明是非，定猶豫，善善惡惡，賢賢賤不肖，存亡國，繼絕世，補敝起廢，王道之大者也。」特別強調了《春秋》具有的「王道」與「人事」的意義，他認爲《春秋》既是治國的大道、「王道之大者」，同時又是針對「人事」的綱紀。「《春秋》辯是非，故長於治人」〔註6〕，這就是說《春秋》所蘊含的思想大義與社會的治亂、國家的興亡是息息相關的。

當然《春秋》對中國古代歷史思想的影響和作用遠不止上述這些，我們還可以從更廣闊的方面來加以論述。

二

中國古代的歷史思想當中有一個突出的特點，就是它在很早的時候就形成了一種以人爲中心來思考歷史的人本主義傳統。這種傳統萌蘗於殷周之際，確立於司馬遷的《史記》〔註7〕，在此其間，孔子和《春秋》的作用當是承上啓下的。《論語·子路》曾記載孔子與魯定公的對話：

> 定公問：「一言而可以興邦，有諸？」孔子對曰：「言不可以若是其幾也。人之言曰：『爲君難，爲臣不易。』如知爲君之難也，不幾乎一言而興邦乎？」曰：「一言而喪邦，有諸？」孔子對曰：「言不可以若是其幾也。人之言曰：『予無樂乎爲君，唯其言而莫予違也。』如其善而莫之違也，不亦善乎？如不善而莫之違也，不幾乎一言而喪邦乎？〔註8〕

〔註6〕 以上均見《史記·太史公自序》。
〔註7〕 如梁啓超指出：《史記》「最異於前史者一事，曰以人物爲本位」（《中國歷史研究法》，第15～16頁）。錢穆指出：「歷史上一切動力發生在人，人是歷史的中心，歷史的主腦，這一觀念應該說是從太史公《史記》開始」（《中國史學名著》，北京：三聯書店，2000年版，第70頁）。瞿林東先生也認爲：「一部史書，不僅在觀念上，而且在內容上和形式上，眞正確立了人在歷史發展中所佔有的主要地位，則自《史記》開始」（《簡明中國史學史》，第237頁）。
〔註8〕 《論語·子路》。

定公問孔子是否有一句話就可以振興國家或喪失國家的，孔子回答說主要是要知道「爲君難，爲臣不易」的道理。朱熹《集注》援引謝氏釋此句爲「知爲君之難，則必敬謹以持之。惟其言而莫予違，則讒諂面諛之人至矣。邦未必遽興喪也，而興喪至源分於此。」〔註9〕可見，孔子是把人事行爲上的恰當與否當作影響邦國興喪這類歷史進程的根本因素來看待了，這就是一種以人爲中心來對待歷史的思考。雖然孔子也承認人力以外的其他力量，自然的或超自然的，都可能會在歷史過程中產生影響，但他卻主張必須時刻將主要注意力放在人的而不是其他因素之上。比如在對待天與人關係的問題上，孔子從未放棄過傳統的「天命」觀點，但卻強調盡人事的作用。他主張「不怨天，不尤人，下學而上達」〔註10〕，就是主張要盡力於人事。當時有人評價孔子是「知其不可爲者而爲之者」〔註11〕，正是對孔子這種盡天命以應人事態度的最好說明。在論及歷史的時候，孔子更是舉堯舜的事例說：「堯曰：『咨！爾舜！天之曆數在爾躬。允執厥中。四海困窮，天祿永終。』」〔註12〕他一面承認堯讓位給舜是「天之曆數」決定的，但又要舜「允執其中」地去盡人事，否則造成「四海困窮」，那麼「天祿」也就要終止了。可見孔子並沒有否定那個超自然的「天」，而是強調了享有「天命」是以能否盡力於人事作爲衡量的標準。

這種注重人事的思想在《春秋》中當然也有所體現。與《詩經》、《尚書》以及周、齊、宋、燕等諸侯國史相比，它沒有前者那樣宣傳天命的神秘氣氛，也不同於後者那樣地記載了大量的神怪〔註13〕。它雖然也記錄了許多天象和災害，但都是作爲與人事有關的自然現象來看待的，並未認爲那些是天的懲罰或預示凶吉，這同孔子「不語怪、力、亂、神」〔註14〕的思想是一致的。因此說《春秋》是中國史學史上最早的一部重視人事的著作，大概並非是過譽之辭。

此後的《左傳》雖然並未完全割捨有關災異、神鬼的記載，但無論從全書的文字比例還是敘述的重心所在來看，突出的都是社會的「人」的存

〔註 9〕 朱熹《四書章句集注》，第 145 頁。
〔註10〕 《論語・憲問》。
〔註11〕 《論語・憲問》。
〔註12〕 《論語・堯曰》。
〔註13〕 《墨子・明鬼上》。
〔註14〕 《論語・述而》。

在而不是神鬼的內容。作爲一部「囊括古今，表裏人物」〔註15〕的史書，《左傳》中出現的人物上至天子諸侯下至阜隸僕役，許多都有著鮮明的個性、獨特的面貌，這種成就早已被文學研究者所重視。從思想上看，相對於書中神鬼的記載，《左傳》更是著力表現了人力、人事在社會歷史發展進程中的作用。清代學者姜炳章早已注意到《左傳》中關於神鬼的記載，卻論「其所詳者往往在於君卿大夫言語動作威儀之間，及人事之治亂敬怠」〔註16〕。汪中更是指出《左傳》言天道、神鬼、災祥、卜筮、夢「皆未嘗廢人事也」〔註17〕。他們都看到《左傳》在記載天道神鬼的同時，也強調了人事的重要。在對待天人關係上，《左傳》就通過歷史人物言語和作者本人的評價表達出對天道和神鬼的懷疑，其中最突出的是關於鄭國執政子產的一例。魯昭公十七年（前 525 年）冬，彗星出現，魯國的申須和鄭國的梓慎都預言次年將有火災，鄭國的裨竈請求子產用玉器進行祭祀祈禳，以防止鄭國的火災，遭到了子產的拒絕。第二年五月，宋、衛、陳、鄭四國果然發生火災，《左傳》繼而寫道：

> 裨竈曰：「不用吾言，鄭又將火。」鄭人請用之，子產不可。子
> 大叔曰：「寶，以保民也。若有火，國幾亡。可以救亡，子何愛焉？」
> 子產曰：「天道遠，人道邇，非所及也，何以知之？竈焉知天道？是
> 亦多言矣，豈不或信？」遂不與，亦不復火。〔註18〕

對於裨竈要求，子產不但仍不同意，而且他還對子大叔講了一番「天道遠，人道邇」的深刻見解。在這裡，子產雖沒有直接否定「天道」的存在，但卻從側面否定了它的作用。最終鄭國並沒有像裨竈預言的那樣發生災害，《左傳》記載下鄭國「亦不復火」的結果，自也表達了對子產的明智之舉的贊許。

當然，限於時代條件和認識上的局限，《左傳》在對待天命、鬼神等問題上，只是抱有一定的懷疑，不能也不可能採取完全否定的態度。但可貴的是，它在言及天命、鬼神的同時，更加強調的是「人事」的因素，特別突出了「人力」在社會中的作用。這種看似有點矛盾的態度，正說明《左傳》對歷史動因問題所作的思考上，存在著一個不斷認識的複雜過程。而這種矛盾恰也反

〔註15〕盧植語，見朱彝尊《經義考》卷 169，第 875 頁。
〔註16〕姜炳章《讀左補義・綱領下》。
〔註17〕汪中《述學・內篇》卷 2「左氏春秋釋疑」條。
〔註18〕《左傳》昭公十八年。

映出先秦時期人們對歷史的思考由重視「天命」和「神意」轉而向重視「人事」邁進的一種曲折的過程。可以說，《春秋》經傳所體現的正是先秦史學當中歷史思想從重視天命到重視人事這樣一個重要的轉折。這種思想也爲後來包括司馬遷在內的史學家所繼承，從而對中國史學上人本主義精神的形成產生了極大推動作用。

三

與這種注重人事思想相關的是《春秋》中所體現出的褒貶與懲勸意識。在中國傳統史學中，歷史撰述不僅只是一種記事的行爲，更涉及到對歷史與現實的評判和社會倫理道德的維護。雖然這種褒貶原則並不首創於《春秋》，而是有其久遠的淵源〔註19〕，但將這種源自史官記錄的職責加以發揮從而使史學得以具有一種重要的社會功能，卻是來自於孔子及其後學的努力。《禮記·經解》曾記載孔子的話說：「屬辭比事，《春秋》教也。」「屬辭」是連綴文辭，「比事」是排比史事，這涉及到歷史記述中「文」與「事」兩方面的要素。但《春秋》畢竟只是一部記載簡略的書，按照「文」與「事」的要求來看待它，很難說有什麼特別之處。孔子作《春秋》的目的絕不止是要記述歷史，而是要通過「文」和「事」來表達其中蘊含著的「義」。對此，孟子曾有過恰當的說明：

> 王者之迹熄而《詩》亡，《詩》亡然後《春秋》作。晉之《乘》，
> 楚之《檮杌》，魯之《春秋》，一也；其事則齊桓、晉文，其文則史。
> 孔子曰：「其義則丘竊取之矣。」〔註20〕

可見在事、文、義這三者之間孔子顯然更是重視「義」的重要。《莊子·天下》說「《春秋》以道名分」，司馬遷也說「《春秋》者，禮義之大宗也」〔註21〕。這是對《春秋》之「義」比較集中的概括。所謂《春秋》中的「義」就是指「名分」和「禮義」而言的。「仁者人也，親親爲大；義者宜也，尊賢爲大。

〔註19〕例如《漢書·藝文志》說「古之王者世有史官，君舉必書，所以慎言行，昭法式也。」1980 年陝西長安縣出土西周晚期彝器史惠鼎中也有「惠其日就月將，察化惡臧」的銘文，其意爲史惠日有所成，月有所興，能知以善惡教人，可見周代的史官早有褒貶懲勸的職責。此外《左傳》所記載春秋時期齊太史、晉董狐的事迹也可以證明這一點。

〔註20〕《孟子·離婁下》。

〔註21〕《史記·太史公自序》。

親親之殺，尊賢之等，禮所生也」〔註22〕。仁是愛親，義是尊賢，但這兩個標準落實到具體社會中時就要分出差別和等級，也就是要有「殺」和「等」，這樣「禮」就出現了。所以「名分」、「禮義」與「尊賢之等」一樣，都是要突出一種社會的等級秩序，這其中就寄託了孔子維護傳統禮制的政治理想。他也曾經說過：「我欲載之空言，不如見之於行事之深切著明也」〔註23〕。「空言」就是「義」，而這種空言只有結合具體歷史才能深切著明，所以孔子作《春秋》是要通過對歷史的褒貶和評判來作用於現實的社會政治。

當然這種講究微言大義，對歷史人物作褒貶的《春秋》筆法，也給中國傳統史學蒙上了一層濃厚的倫理色彩，頗為近代史家所詬病。認為正是這種講道德多於講歷史的傾向，使得中國傳統史學淪為儒家教條的工具，而缺乏其所應有的獨立性意識與客觀性。這樣的評價自是基於西方近代以來形成的史學標準，用此來反觀和評判中國傳統史學，難免有以今苛古的之嫌。

首先要看到的是，主張褒貶作用的《春秋》筆法對以後中國歷代史書撰寫的影響並不是絕對的，因為中國史家對於是否能用春秋筆法撰寫歷史，本有不同的看法。如唐代史學理論家劉知幾就曾批評《春秋》的「未諭」與「虛美」〔註24〕，清代史家如王鳴盛和趙翼等人更直接指出寫史不益倣傚《春秋》筆法。就實際的撰史來說，中國史學傳統從司馬遷開始，也很少採用純粹的《春秋》筆法，大概只有宋代如歐陽修、朱熹一些史家屬於例外，這是當時盛行的理學思想對史學作用後的產物。

其次，就史學要求的真實記錄（求真）與《春秋》的褒貶懲勸（致用）而言，二者之間的確會存在一些矛盾。按照《公羊傳》的說法《春秋》確有「為尊者諱，為親者諱，為賢者諱」〔註25〕的記載。如「天王狩於河陽」，以天子巡狩，實際則諱其為晉文公所召。以求真的要求來看，這些記載的確掩蓋了歷史的真相。但《春秋》畢竟只是一部簡單的編年史，離開了「三傳」的輔翼，很難看明其中的道理。這類隱晦的筆法，畢竟在《公羊傳》《穀梁傳》中得以揭示出不少，而「以史解經」的《左傳》更是用豐富的史事記載了當時的歷史。因此作為一個整體，《春秋》經傳並未掩蓋歷史的真相，而是在保存歷史真相的前

〔註22〕《禮記・中庸》。
〔註23〕《史記・太史公自序》。
〔註24〕劉知幾《史通・惑經》。
〔註25〕《公羊傳》閔公元年。

提下，作為道德與治亂的教訓，維護了儒家倫理。追尋歷史之純客觀，只是近代西方歷史學的提法，而近代以來的西方分析歷史哲學早已闡明，歷史撰述所能反應的事實之真本來就有其界限，史家在撰述歷史的時候絕不可能像自然科學那樣不帶任何主觀的色彩，關於政治的、道德的諸因素也不可能完全擯除於史學之外。因此從今人的角度來看，《春秋》筆法中最具價值的正是其強烈政治批判意識。《左傳》曾稱讚《春秋》道：「微而顯，志而晦，婉而成章，盡而不污，懲惡而勸善」〔註26〕。可以說，蘊含於《春秋》書法中的這種原則不但涉及到對於社會歷史中「人」之實在性的探討，更是開啓了中國史學批判意識的先河。孟子就曾說過：「孔子作《春秋》亂臣賊子懼」〔註27〕，司馬遷在闡述孔子作《春秋》的意旨時更是引其師董仲舒的話說：

> 孔子知言之不用，道之不行也，是非二百四十二年之中，以為天下儀表，貶天子，退諸侯，討大夫，以達王事而已矣。子曰：「我欲載之空言，不如見之於行事之深切著明也。」〔註28〕

這段話不但說明了《春秋》的思想，也反映出司馬遷《史記》的撰述旨趣。因為和《春秋》一樣，《史記》也是一部具有強烈評判意識的史書。在書中，司馬遷不但運用了各種技巧評判了古今人物，甚至對於自劉邦以來的西漢天子，特別是漢武帝本人也加以針砭。正因為如此，它在後世也背負了所謂「謗書」〔註29〕的指責。

對於這種批判意識，《禮記·經解》有一句很好的評論：「《春秋》之失，亂。」對此「亂」字的歷代注家解釋分錯不同，而以陳澔《禮記集說》引方氏「屬辭比事而做法，則失於犯上矣」〔註30〕之說最為恰當。《春筆》法中所具有的褒貶原則如果發揮得過了頭，就容易遭致犯上之禍，這在專制統治的社會中當然就是極為危險的了。在中國古代史學史上不難看到，史家所遭受的迫害，如春秋齊太史兄弟的被殺、西漢司馬遷的腐刑、東漢蔡邕的被誅、北魏崔浩國史案，以及清初的文字獄等等，許多都是因為涉及到對於現實政治的批判，因「亂」而蒙受其難。對此，韓愈早已有過「夫為史者，不有人

〔註26〕《左傳》成公十四年。
〔註27〕《孟子》滕文公下。
〔註28〕《史記·太史公自序》。
〔註29〕《後漢書·蔡邕列傳》載王允語曰：「昔武帝不殺司馬遷，使為謗書，流於後世。」
〔註30〕陳澔《禮記集說》，北京，中國書店，1994年版，第421頁。

禍，則有天刑，豈可不畏懼而輕爲之哉！」〔註31〕的感歎。不過即便是在這樣的情況下，中國的史家作爲一個知識群體而言，其爲史的堅定信念卻並未有所動搖。如針對韓愈所說的話，柳宗元就曾有過激烈的回應，他在致韓愈的信中明顯地表達出這種信念：「退之以爲紀錄有刑禍，避不肯就，尤非也。又言不有人禍，必有天刑。若以罪夫前古之爲史者，然亦甚惑。凡局其位，思直其道。道苟直，雖死不可回也；如回之，莫如亟去其位。」〔註32〕可以說，即使是在不利和危險的情況下，中國歷代史家一直都在遵循著這種源自《春秋》的批判精神，這種「思直其道，雖死不可回」的爲史信念，正是爲中國傳統史家所特有的一種寶貴精神。

四

　　對社會歷史變化及其內在之理的的探索，也是中國古代歷史思想當中的一個重要部分。從思想淵源上看，《周易》與《春秋》是中國古代歷史通變思想的兩個重要來源，不過二者在表達形式上又有不同：《周易》對歷史之「變」主要重在哲理上的抽象與思辨，而《春秋》之「變」則貫穿於對世事變遷的記載與議論當中。清人唐晏曾經指出：

　　　　夫《春秋》，孔子所以紀世變之書也。春秋以前，堯、舜、殷、
　　周，大異乎春秋也。春秋以後，七雄爭王，亦異乎春秋也。而其致
　　變之樞，則在春秋之代。故孔子作《春秋》，上起自隱，下逮乎哀。
　　即一部《春秋》，而已守末不同矣。故世無《春秋》，則後世不解三
　　王之何由以成爲戰國也。此孔子作《春秋》之本義也。〔註33〕

這段話是否眞的能夠說明孔子作《春秋》的本義，是另一個問題，不過從一定意義上說，《春秋》確是一部「紀世變」之書。通過對各諸侯國史事的記載，反映的恰是春秋時期禮樂征伐從自天子出到自諸侯出，再到政歸大夫、陪臣持國命這樣的一個歷史變化過程。而此後的《左傳》更是通過大量的史料，詳盡、深刻且生動地記述了春秋時期二百多年來社會的變遷，它所宣揚的「社稷無常奉，君臣無常位」〔註34〕的歷史變易思想，鮮明地體現出這一變革時

〔註31〕韓愈《答劉秀才論史書》，見《韓昌黎全集・外集》卷2，第487頁。
〔註32〕柳宗元《與韓愈論史官書》，見《柳宗元全集》，第三冊，第808頁。
〔註33〕唐晏《兩漢三國學案》卷8《春秋》，北京：中華書局，1986年版，第404頁。
〔註34〕《左傳》昭公二十八年。

代所具有的特殊時代精神。

　　《春秋》的歷史變易思想在《公羊傳》和其後的公羊學中又有獨特的發展。在《公羊傳》中三次提到了《春秋》「所見異辭，所聞異辭，所傳聞異辭」〔註35〕。已經揭示出《春秋》的文辭會隨著時代的不同而有所變化的道理。此後經過董仲舒和何休等人的不斷發揮，這種思想最終發展成爲一套由「衰亂世」至「昇平世」再至「太平世」的三世遞進的歷史學說〔註36〕，從而形成了中國古代最具特色的歷史哲學。雖然公羊學自何休以後，研究者甚少，幾近於湮沒無聞。但在沉寂了近一千五百年之後，於清代乾嘉時期開始，經常州今文學派莊存與、劉逢祿祖孫的闡發與提倡，又經龔自珍、魏源等人發揚光大，至康有爲而達於極盛，成爲維新變法中有力的思想武器。公羊學之所以能夠自晚清以來在思想、文化、政治領域發揮出巨大的影響，究其原因，與它求變、求新的歷史變易思想是分不開的。

　　在《穀梁傳》中，對於社會和歷史的發展也提出了「貴時」與「順勢」的獨到看法。《春秋‧僖公二十二年》記載宋楚泓之戰，對於宋襄公貽誤戰機導致慘敗的行爲，《穀梁傳》評價說：「倍則攻，敵則戰，少則守。人之所以爲人者，言也。人而不能言，何以爲人？言之所以爲言者，信也。言而不信，何以爲言？信之所以爲信者，道也。信而不道，何以爲道？道之貴者時，其行勢也。」宋襄公「不攻人厄」、「不鼓不成列」的做法似乎是恪守信義的表現，但卻背離了「道」的要求，所以這種「信」並不是眞正意義上的「信」。至於「道」，遵循的是一種「道之貴者時，其行勢也」的原則。范甯注引范凱曰：「道有時，事有勢，何貴於道？貴何於時。何貴於時？貴順於勢」〔註37〕。這就是說「道」最終是要歸結到「貴於時」和「順於勢」的要求上，也就是要順應時勢變化的發展。春秋時期，戰爭的規模和殘酷程度都遠遠超過了早先的時代，宋襄公在戰爭中還遵循那種遊戲式的戰爭規則，自然不符合時代發展的要求。

　　「勢」作爲哲學上的一個範疇，在先秦古籍中早已有之，主要是作爲法家的政治術語和兵家的軍事術語而使用，而《穀梁傳》提出的「貴時」與「順勢」的思想，多少已經包含了對客觀歷史發展趨勢的認識〔註38〕。在此後的

〔註35〕分別見隱公元年、桓公二年和哀公十八年。
〔註36〕參見董仲舒《春秋繁露‧楚莊王》，何休《春秋公羊傳解詁‧隱公元年》。
〔註37〕范甯《春秋穀梁傳集解》，見阮元校刻《十三經注疏》，第2400頁。
〔註38〕除此之外《商君書‧畫策》中講到聖人「必爲之時勢」，也包含有類似的意思。

《史記》中，司馬遷便將「時」與「勢」運用在歷史撰述當中，用以說明歷史的發展。唐代思想家柳宗元則明確地用「勢」來說明歷史變化的動因。清初學者王夫之又進一步對「勢」作了闡述，提出「勢」與「理」的對應關係，從而對歷史變化原因作了更高層次的概括〔註39〕。此後章學誠也在《原道》一文中也用「勢」來解釋「道」的歷史演化〔註40〕。可以說，從司馬遷到章學誠，中國古代的史家關於「勢」的觀念經歷了漫長而有意義的發展過程。如果沿著這一過程向上追溯，對於「時勢」的認識與把握，在《穀梁傳》中就已露出了萌芽，這在中國古代歷史思想的發展中是值得注意的。

五

從政治文化的角度來看，《春秋》經傳歷史觀對後世影響最大的還要算是它們所宣揚的「大一統」思想了。戰國及秦漢之際，爭鳴的各個學派雖在統一的方式和內容上有不同的看法，但在必須走一統之路上，卻殊途同歸。在這樣一個特定的時代環境中，《公羊傳》提出「大一統」學說，無疑是順應了歷史的要求，代表了時代的希望。對於以後秦漢大一統皇朝的實現，這種思想起到了非常重要的作用。關於公羊「大一統」學說對漢代社會和政治的作用以及其對此後「正統論」形成的影響，前人多有論述，茲不贅言。這裡我們主要來談「大一統」思想與秦實現統一之間的一些關聯。

在秦始皇統一六國的過程中，李斯無疑是一個起到關鍵作用的人物。其尚為郎官時，就曾向秦王嬴政進言：

> 昔者秦穆公之霸，終不東並六國者，何也？諸侯尚眾，周德未衰，故五伯迭興，更尊周室。自秦孝公以來，周室卑微，諸侯相兼，關東為六國，秦之乘勝役諸侯，蓋六世矣。今諸侯服秦，譬若郡縣。夫以秦之彊，大王之賢，由竈上騷除，足以滅諸侯，成帝業，為天下一統，此萬世之一時也。〔註41〕

這裡，李斯向秦王指明一個替代周王朝實現天下一統帝業的大好時機已經到來。聯繫《公羊傳》中的「大一統」和李斯所說的「一統」，他的這番言論倒是很像是受到了《公羊傳》義的影響。這樣說，並不是僅憑藉字面上的異同

〔註39〕參見瞿林東《中國古代史學批評縱橫》，第68～70頁。

〔註40〕參見《文史通義・原道》。

〔註41〕《史記・李斯列傳》。

所作的假設，而且也可以從李斯的學術淵源中找到相應的根據。李斯曾與韓非一起受業於荀子，習學「帝王之術」〔註42〕，其政治思想受荀子影響頗深。荀子與《春秋》的流傳本有非常密切的關係，所以李斯亦有可能是通過荀子而接觸了《春秋》「大一統」的主張，從而成爲其游說秦王統一天下的思想依據。在秦統一天下後，李斯等又曾上言建議採用「秦皇」稱號：

> 昔者五帝地方千里，其外侯服夷服諸侯或朝或否，天子不能制。
> 今陛下興義兵，誅殘賊，平定天下，海內爲郡縣，法令由一統，自
> 上古以來未嘗有，五帝所不及。〔註43〕

在李斯看來秦始皇的「一統」事業與此前的王者所爲有著截然不同的性質，聯繫《公羊傳》末尾對現世當中沒有眞正王者的實現而所發出的慨歎，可以說推進《春秋》「大一統」理想成爲現實的，正是秦的統一。我們這麼說，絕非是要將《公羊傳》同法家思想等同起來〔註44〕，但不可否認的是，《公羊傳》所提倡的「大一統」，確是在秦始皇和李斯那裡才得到了眞正的實現。而且這種「一統」不僅體現在軍事、政治、經濟等方面，在文化政策的制定上也是如此。比如李斯就曾爲此提出過屢遭後世唾罵的「焚書」建議：

> 古者天下散亂，莫之能一，是以諸侯並作，語皆道古以害今，
> 飾虛言以亂實，人善其所私學，以非上之所建立。今皇帝並有天下，
> 別黑白而定一尊。私學而相與非法教，人聞令下，則各以其學議之，
> 入則心非，出則巷議，誇主以爲名，異取以爲高，率群下以造謗。
> 如此弗禁，則主勢降乎上，黨與成乎下。禁之便。臣請史官非秦記
> 皆燒之。非博士官所職，天下敢有藏詩、書、百家語者，悉詣守、
> 尉雜燒之。有敢偶語詩書者棄市。〔註45〕

李斯建議的「焚書」，是爲了達到天下「一統」目的的政策之一，因此，不能把「焚書」僅僅看作是其基於法家立場而對儒家開展的壓制和迫害。因爲在後來，公羊學家董仲舒提倡「大一統」，也曾建議實行儒家一尊的政策：

> 《春秋》大一統者，天地之常經，古今之通誼也。今師異道，

〔註42〕 《史記・李斯列傳》。

〔註43〕 《史記・秦始皇本紀》。

〔註44〕 從政治觀點上看，法家主張君主的絕對集權，而在《公羊傳》和公羊學中卻包含著許多限制君權的思想，這是它們在政治思想上的本質差別。參見本書第三章的討論。

〔註45〕 《史記・秦始皇本紀》。

人異論，百家殊方，指意不同，是以上亡以持一統；法制數變，下不知所守。臣愚以爲諸不在六藝之科孔子之術者，皆絕其道，勿使並進。邪辟之說滅息，然後統紀可一而法度可明，民知所從矣。〔註46〕

對比以上兩段記載，李斯爲達到思想的「一統」而建議「焚書」與董仲舒主張的「罷黜百家，獨尊儒術」，兩者的理由幾近相似，由此也可以看到，他們在思想上的一些必然聯繫。當然這種文化專制主義的做法，在歷史上造成的消極影響要遠遠超出其所起到的積極作用，這是我們在論及《春秋》經傳的歷史影響時所不應諱言的。

就「大一統」之「統」字的字義言之，《說文》云：「統，紀也。從系充聲。」段玉裁注曰：「《淮南·泰族訓》曰：『繭之性爲絲，然非得女工煮以熱湯而抽其統紀，則不能成絲。』按此其本義也，引申爲凡綱紀之稱。」〔註47〕《說文》亦訓「紀，別絲也。」段注：「別絲者，一絲必有其首，別之是爲紀，眾絲皆得其首，是爲統。」〔註48〕故就其爲「絲首」的意義來說，「統」和「紀」可以無別，但析而言之「紀」只是纏絲時抽出的一絲之首，「統」卻是眾絲之首。故所謂「一統」，「不是化多（多不復存在）爲一，而是合多（多仍舊在）爲一；它可以作爲動詞（相當於英文之 to unite），也可以作爲名詞（相當於英文之 Unity）。」〔註49〕

從統字的這種意義推衍開來，或許我們可以對「大一統」思想再加以重新的理解與認識。如同「紀」與「統」的區別一樣，所謂的「一統」也並不是純粹的單一，在「一」中更寄寓著「多」，「多」中更體現著「一」。因此「一統」也應當被理解爲多樣性的統一，而不是絕對的同一。事物只有在多樣的統一中方能發展和保持長久，這是史伯、晏嬰、孔子所說的「和而不同」的道理，也是中國傳統文化當中最可寶貴的智慧結晶。無論是從國家政策的制定、經濟建設的規劃還是從文化本身的發展來講，都要本著這種的原則。那種將「大一統」作政治、經濟與思想絕對統一和集中的理解，無疑是狹隘和偏執的，最終也只能成爲滋生專制主義的溫床。在兩千多年的時間長河中，「大

〔註46〕《漢書·董仲舒傳》。
〔註47〕段玉裁《說文解字注》，第 645 頁。
〔註48〕段玉裁《說文解字注》，第 645 頁。
〔註49〕劉家和《漢代公羊學的大一統思想》，見氏著《史學經學與思想》，第 371 頁。

一統」思想一直影響並作用於中國的歷史進程，浸潤著人們的思想和感情。如果在當前和以後的歷史發展當中，這種思想還要繼續發揮它積極的影響與作用的話，那麼以上這些閒言碎語也許並非是太過多餘的。

參考文獻

基本書獻（含今人點校、譯注本）

1. 阮元校刻《十三經注疏》，北京：中華書局，1980 年版。

2. 中華書局編輯部編《清人注疏十三經》，北京：中華書局，1998 年版。

3. 杜預《春秋經傳集解》，上海：上海古籍出版社，1997 年版。

4. 陸淳《〈春秋〉啖趙集傳纂例》，北京：中華書局，1985 年版。

5. 胡安國《春秋胡氏傳》，杭州：浙江古籍出版社，2010 年版。

6. 呂祖謙《東萊左氏博議》，叢書集成初編本，北京：中華書局，1985 年版。

7. 呂祖謙《春秋左氏續說》，文淵閣四庫全書本。

8. 郝敬《春秋非左》，叢書集成初編本，北京：中華書局，1991 年版。

9. 凌稚隆《春秋左傳注評測義》，萬曆十五年（1587）刻本。

10. 萬斯大《學春秋隨筆》，學海堂《皇清經解》本。

11. 姜炳章《讀左補義》，乾隆三十七年（1772 年）尊行堂刻本。

12. 焦循《春秋左傳補疏》，學海堂《皇清經解》本。

13. 顧棟高《春秋大事表》，北京：中華書局，1993 年版，第 41～42 頁。

14. 馮李驊、陸浩評輯《左繡》，常州日新書莊（1926 年）刻本。

15. 高士奇《左傳紀事本末》，北京：中華書局，1979 年版。

16. 沈欽韓《左傳補注》，叢書集成初編本，北京：中華書局，1985 年版。

17. 洪亮吉《春秋左傳詁》，北京：中華書局，1987 年版。

18. 劉逢祿《春秋左傳考證》，光緒二十三年（1987）廣州太清摟刻本。

19. 劉文淇《左傳舊注疏證》，北京：科學出版社，1959 年版。

20. 吳闓生《左傳微》，北京，中國書店，1990 年版。

21. 楊伯峻《春秋左傳注》，北京：中華書局，1990 年版。

22. 孔廣森《公羊通義》，學海堂《皇清經解》本。

23. 鍾文烝《春秋穀梁經傳補注》，北京：中華書局，1996 年版。

24. 廖平《重訂穀梁春秋經傳古義疏》，渭南嚴氏刻本。

25. 上海師範大學古籍整理研究所校點《國語》，上海：上海古籍出版社，1998 年版。

26. 董增齡《國語正義》，成都：巴蜀書社，1985 年版。

27. 徐元誥《國語集解》，北京：中華書局，2002 年版。

28. 許維遹《韓詩外傳校釋》，北京：中華書局，1980 年版。

29. 孫星衍《尚書今古文注疏》，北京：中華書局，1986 年版。

30. 顧頡剛、劉起釪《尚書校釋譯論》，北京：中華書局，2005 年版。

31. 黃懷信等《逸周書彙校集注》，上海：上海古籍出版社，1995 年版。

32. 陳澔《禮記集說》，北京：中國書店，1994 年版。

33. 孫希旦《禮記集解》，北京：中華書局，1989 年版。

34. 朱彬《禮記訓纂》，北京：中華書局，1996 年版。

35. 孫詒讓《周禮正義》，北京：中華書局，1987 年版。

36. 王聘珍《大戴禮記解詁》，北京：中華書局，1983 年版。

37. 劉寶楠《論語正義》，北京：中華書局，1990 年版。

38. 程樹德《論語集釋》，北京：中華書局，1990 年版。

39. 戴望《戴氏注論語》，同治十年（1871）刻本。

40. 楊伯峻《論語譯注》，北京：中華書局，1980 年版。

41. 焦循《孟子正義》，北京：中華書局，1987 年版。

42. 楊伯峻《孟子譯注》，北京：中華書局，1960 年版。

43. 朱熹《四書章句集注》，北京：中華書局，1983 年版。

44. 王引之《經義述聞》，南京：江蘇古籍出版社，2000 年版。

45. 段玉裁《經韻樓叢書》，北師大圖書館古籍部藏刻本。

46. 朱彝尊《經義考》，北京：中華書局，1998 年版。

47. 皮錫瑞《經學通論》，北京：中華書局，1954 年版。

48. 許慎《說文解字》，南京：江蘇古籍出版社，2001 年版。

49. 段玉裁《說文解字注》，上海：上海古籍出版社，1988 年版。

50. 朱駿聲《說文通訓定聲》，北京：中華書局，1984 年版。

51. 阮元編《經籍纂詁》，成都：成都古籍書店影印本，1982 年版。

52. 劉向集錄《戰國策》，上海：上海古籍出版社，1978 年版。

53. 司馬遷《史記》，北京：中華書局，1959 年版。

54. 班固《漢書》，北京：中華書局，1962 年版。

55. 陳壽《三國志》，北京：中華書局，1959 年版。

56. 范曄《後漢書》，北京：中華書局，1965 年版。

57. 房玄齡等《晉書》，北京：中華書局，1974 年版。

58. 魏徵等《隋書》，北京：中華書局，1973 年版。

59. 劉昫等《舊唐書》，北京：中華書局，1975 年版。

60. 二十五史補編編纂委員會《二十五史補編》，第二冊，北京：中華書局，1955 年版。

61. 沈欽韓《漢書疏證》，上海：上海古籍出版社，2006 年版。

62. 司馬光等《資治通鑒》，北京：中華書局，1956 年版。

63. 王夫之《讀通鑒論》，北京：中華書局，1975 年版。

64. 王樹民《廿二史札記校證》，北京：中華書局，1984 年版。

65. 王鳴盛《十七史商榷》，上海：上海書店，2005 年版。

66. 浦起龍《史通通釋》，上海：上海古籍出版社，1978 年版。

67. 章學誠《章學誠遺書》，北京：文物出版社，1985 年版。

68. 葉瑛《文史通義校注》，北京：中華書局，1994 年版。

69. 唐晏《兩漢三國學案》，北京：中華書局 1986 年版。

70.《諸子集成》，北京，中華書局：1954 年版。

71. 陳鼓應《老子注譯及評介》，北京：中華書局，1984 年版。

72. 孫詒讓《墨子間詁》，北京：中華書局，2001 年版。

73. 陳鼓應《莊子今注今譯》，北京：中華書局，1983 年版。

74. 王先謙《荀子集解》，北京：中華書局，1988 年版。

75. 陳奇猷《韓非子新校注》，上海：上海古籍出版社，2000 年版。

76. 陳奇猷《呂氏春秋新校釋》，上海：上海古籍出版社，2002 年版。

77. 閻振益、鍾夏《新書校注》，北京：中華書局，2000 年版。

78. 蘇輿《春秋繁露義證》，北京：中華書局，1992 年版。

79. 王明《太平經合校》，北京：中華書局，1960 年版。

80. 黎靖德編《朱子語類》，北京：中華書局，1986 年版。

81. 蕭統《文選》，北京：中華書局，1977 年版。

82. 韓愈《韓昌黎全集》：北京，中國書店，1991 年版。

83. 柳宗元《柳宗元全集》，北京：中華書局，1979 年版。

84. 黃汝成《日知錄集釋》，上海：上海古籍出版社，1985 年版。

85. 孫猛《郡齋讀書志校證》，上海：上海古籍出版社，1990 年版。

86. 洪邁《容齋隨筆》，上海：上海古籍出版社，1978 年版。

87. 汪中《述學》，問禮堂刻本。

88. 錢大昕《嘉定錢大昕全集》，南京：江蘇古籍出版社，1997 年版。

89. 陳澧《東塾讀書記》，北京：三聯書店，1998 年版。

90. 馬國翰《玉函山房輯佚書》，北京：中華書局，2004 年版。

91. 永瑢、紀昀等主編《四庫全書總目》，北京：中華書局，1965 年版。

92. 陳夢家《殷虛卜辭綜述》，北京：中華書局，1988 年版。

93. 郭沫若《兩周金文辭大系》，上海：上海書店出版社，1999 年版。

94. 睡虎地秦墓竹簡整理小組《睡虎地秦墓竹簡》，北京：文物出版社，1978 年版。

95. 馬王堆漢墓帛書整理小組《馬王堆漢墓帛書》（三），北京：文物出版社，1978 年版。

96. 荊門市博物館《郭店楚墓竹簡》，北京：文物出版社，1998 年版。

97. 鄧球柏《帛書周易校釋》，長沙：湖南人民出版社，2002 年第 3 版。

98. 韓自強《阜陽漢簡〈周易〉研究》，上海：上海古籍出版社，2004 年版。

近人及今人研究著作

1. 孫德謙《孫隘堪所著書四種》，1925 年四益宦刊。

2. 陳柱《公羊家哲學》，上海：中華書局，1929 年版。

3. 馬宗霍《中國經學史》，北京：商務印書館，1937 年版。

4. 范文瀾《中國通史簡編》，第一編（修訂本），北京：人民出版社，1949 年版。

5. 侯外廬、趙紀彬、杜國庠《中國思想通史》（第一卷），北京：人民出版社，1957 年版。

6. 羅根澤《諸子考索》，北京：人民出版社，1958 年版。

7. 郭沫若《甲骨文字研究》，北京：科學出版社，1962 年版。

8. 郭沫若《奴隸制時代》，北京：人民出版社，1973 年版。

9. 楊榮國《中國古代思想史》，北京：人民出版社，1973 年版。

10. 李宗侗《中國史學史》，臺北：華岡出版有限公司，1979 年版。

11. 吳澤主編《中國史學史論集》（一），上海：上海人民出版社，1980 年版。

12. 趙紀彬《困知二錄》，北京：中華書局，1981 年版。

13. 洪業《洪業論學集》，北京：中華書局，1981 年版。

14. 李民《〈尚書〉與古史研究》，鄭州：中州書畫社，1981 年版。

15. 柴德賡《史學叢考》，北京：中華書局，1982 年版。

16. 蔡尚思《孔子思想體系》，上海：上海人民出版社，1982 年版。

17. 鄭良樹《竹簡帛書論文集》，北京：中華書局，1982 年版。

18. 顧頡剛等編著《古史辨》，上海：上海古籍出版社，1982 年版。

19. 蔣伯潛《十三經概論》，上海：上海古籍出版社，1983 年版。

20. 楊向奎《繹史齋學術文集》，上海：上海人民出版社，1983 年版。

21. 王國維《觀堂集林》，北京：中華書局，1984 年版。

22. 倉修良《章學誠和文史通義》，北京：中華書局，1984 年版。

23. 匡亞明《孔子評傳》，濟南：齊魯書社，1985 年版。

24. 尹達主編《中國史學發展史》，鄭州：中州古籍出版社，1985 年版。

25. 白壽彝《中國史學史》第一冊，上海：上海人民出版社 1986 年版。

26. 張亞初、劉雨《西周金文官制研究》，北京：中華書局，1986 年版。

27. 崔適《史記探源》，北京：中華書局，1986 年版。

28. 趙光賢《古史考辨》，北京：北京師範大學出版社，1987 年版。

29. 梁啓超《飲冰室合集》，北京：中華書局，1989 年版。

30. 白壽彝主編《中國通史》第一卷《導論》，上海：上海人民出版社，1989 年版。

31. 楊向奎《大一統與儒家思想》，中國友誼出版公司，1989 年版。

32. 李學勤《新出青銅器研究》，北京：文物出版社，1990 年版。

33. 張以仁《春秋史論集》，臺北：聯經出版事業公司，1990 年版。

34. 鍾肇鵬《讖緯論略》，瀋陽：遼寧教育出版社，1991 年版。

35. 沈玉成、劉寧《春秋左傳史稿》，南京：江蘇古籍出版社，1992 年版。

36. 白壽彝《白壽彝史學論集》，北京：北京師範大學出版社，1994 年版。

37. 浦衛忠《春秋三傳綜合研究》，臺北：文津出版社 1994 年版。

38. 瞿林東《中國古代史學批評縱橫》，北京：中華書局，1994 年版。

39. 蔣慶《公羊學引論》，瀋陽：遼寧教育出版社，1995 年版。

40. 張立文《中國哲學範疇史》（人道篇），北京：中國人民大學出版社，1995 年版。

41. 劉家和《古代中國與世界》，武漢：武漢出版社，1995 年版。

42. 章太炎《章太炎全集》，上海：上海人民出版社，1984 年版。

43. 何懷宏《世襲社會及其解體》，北京：三聯書店，1996 年版。

44. 吳懷祺《中國史學思想史》，合肥：安徽人民出版社，1996 年版。

45. 饒宗頤《中國史學上之正統論》，上海：上海遠東出版社，1996 年版。

46. 陳其泰《清代公羊學》，北京：東方出版社，1997 年版。

47. 王葆玹《今古文經學新論》，北京：中國社會科學出版社，1997 年版。

48. 李學勤《走出疑古時代》，瀋陽：遼寧大學出版社，1997 年版。

49. 梁啓超《中國歷史研究法》，上海：上海古籍出版社，1998 年版。

50. 劉師培《劉師培辛亥前文選》，北京：三聯書店，1998 年版。

51. 呂大吉《宗教學通論新編》，北京：中國社會科學出版社，1998 年版。

52. 黃樸民《何休評傳》，南京：南京大學出版社，1998 年版。

53. 金毓黻《中國史學史》；北京：商務印書館 1999 年版。

54. 瞿林東《中國史學史綱》，北京：北京出版社，1999 年版。

55. 龐樸《當代學者自選集文庫‧龐樸卷》，合肥：安徽教育出版社，1999 年版。

56. 白壽彝《中國史學史論集》，北京：中華書局，1999 年版。

57. 張光直《青銅時代》，北京：三聯書店，1999 年版。

58. 陳其泰《史學與中國文化傳統》，北京：學苑出版社，1999 年版。

59. 陳其泰《史學與民族精神》，北京：學苑出版社，1999 年版。

60. 李澤厚《乙卯五説》，北京：中國電影出版社，1999 年版。

61. 楊寬《西周史》，上海：上海人民出版社，1999 年版。

62. 馮友蘭《中國哲學史》，上海：華東師範大學出版社，2000 年版。

63. 劉文英《中國古代時空觀念》（修訂本），天津：南開大學出版社，2000 年版。

64. 錢穆《中國史學名著》，北京：三聯書店，2000 年版。

65. 劉麗文《春秋的回聲》，北京：燕山出版社，2000 年版。

66. 桂勝《周秦勢論研究》，武漢：武漢大學出版社，2000 年版。

67. 郭沫若《中國古代社會研究》，石家莊：河北教育出版社，2000 年版。

68. 侯外廬《中國古代社會史論》，石家莊：河北教育出版社，2000 年版。

69. 許倬雲《西周史》，北京：三聯書店 2001 年版。

70. 陳蘇鎮《漢代政治與〈春秋〉學》，北京：中國廣播電視出版社，2001 年版。

71. 錢穆《兩漢經學古今文平議》，北京：商務印書館，2001 年版。

72. 錢鍾書《談藝錄》，北京：三聯書店，2001 年版。

73. 徐復觀《中國人性論史》（先秦篇），上海：上海三聯書店，2001 年版。

74. 羅根澤《羅根澤說諸子》，上海：上海古籍出版社，2001 年版。

75. 胡厚宣《甲骨學商史論從初集》，石家莊：河北教育出版社 2002 年版。

76. 段熙仲《春秋公羊學講疏》，南京：南京師範大學出版社，2002 年版。

77. 葛榮晉《中國哲學範疇通論》，北京：首都師範大學出版社，2002 年版。

78. 傅斯年《民族與古代中國史》，石家莊：河北教育出版社，2002 年版。

79. 陳來《古代思想文化的世界》，北京：三聯書店，2002 年版。

80. 余英時《士與中國文化》，上海：上海人民出版社，2003 年版。

81. 侯外廬《中國古代社會史論》，石家莊：河北教育出版社，2003 年版。

82. 胡厚宣、胡振寧《殷商史》，上海：上海人民出版社，2003 年版。

83. 胡寶國《漢唐間史學的發展》，北京：商務印書館，2003 年版。

84. 林義正《春秋公羊傳倫理思想與特質》，臺北：臺灣大學出版社，2003 年版。

85. 趙伯雄《春秋學史》，濟南：山東教育出版社，2004 年版。

86. 李零《簡帛古書與學術源流》，北京：三聯書店 2004 年版。

87. 林甘泉《中國古代政治文化論稿》，合肥：安徽教育出版社，2004 年版。

88. 徐復觀《中國思想史論集》，上海：上海書店出版社，2004 年版。

89. 瞿林東《中國史學的理論遺產》，北京：北京師範大學出版社，2005 年版。

90. 劉家和《史學經學與思想》，北京：北京師範大學出版社，2005 年版。

91. 丁山《古代神話與民族》，北京：商務印書館，2005 年版。

92. 張高評《春秋書法與左傳學史》，上海：上海古籍出版社，2005 年版。

93. 瞿林東《中國簡明史學史》，上海：上海人民出版社，2005 年版。

94. 勞思光《新編中國哲學史》，桂林：廣西師範大學出版社，2005 年版。

95. 李學勤《周易溯源》，成都：巴蜀書社，2006 年版。

96. 童書業著，童教英校訂《春秋左傳研究》，北京：中華書局，2006 年版。

97. 逯耀東《魏晉史學的思想與社會基礎》，北京：中華書局，2006 年版。

98. 牟潤孫《注史宅叢稿》，北京：中華書局，2009 年版。

譯　著

1. 〔古希臘〕希羅多德著，王以鑄譯《希羅多德歷史》，北京：商務印書館，1959 年版。

2. 〔古希臘〕修昔底德著，謝德風譯《伯羅奔尼撒戰爭史》，北京：商務印書館，1960 年版。

3. 〔法〕列維・布留爾著，丁由譯《原始思維》，北京：商務印書館，1981年版。

4. 江俠庵編著《先秦經籍考》，上海：上海文藝文藝出版社，1990年版。

5. 〔德〕康德著，何兆武譯《歷史理性批判文集》，北京：商務印書館，1990年版。

6. 〔日〕安居香山著，田人隆譯《緯書集成》，河北人民出版社，1991年版。

7. 劉俊文主編，許洋主等譯《日本學者研究中國史論著選譯》，第七卷，北京：中華書局，1993年版。

8. 〔英〕弗雷澤著，徐育新譯《金枝》，北京：大眾文藝出版社，1998年版。

9. 〔美〕艾爾曼著，趙剛譯《經學、政治和宗教——中華帝國晚期常州今文學派研究》，南京：江蘇人民出版社，1998年3月第1版。

10. 〔德〕黑格爾著，王時造譯《歷史哲學》，上海：上海書店，1999年版。

11. 〔日〕本田成之著，孫俍工譯《中國經學史》，上海：上海書店出版社，2001年版。

12. 〔美〕本傑明・史華茲著，程鋼譯《古代中國的思想世界》，南京：江蘇人民出版社，2004年版。

13. 〔日〕山口久和著，王標譯《章學誠的知識論》，上海：上海古籍出版社，2006年版。

14. 〔古羅馬〕奧古斯丁著，王曉朝譯《上帝之城》，北京：人民出版社，2006年版。

15. 〔日〕川勝義雄著，徐谷芃等譯《六朝貴族制社會研究》，上海：上海古籍出版社，2007年版。

16. 〔日〕吉川忠夫著，王啓發譯《六朝精神史研究》，南京：江蘇人民出版社，2010年版。

主要論文

1. 馮友蘭《秦漢歷史哲學》，《哲學評論》6卷，第23期。

2. 江慎中《春秋穀梁傳條指》卷下，《國粹學報》，第73期。

3. 于省吾《歲時起源初考》，《歷史研究》，1961年第4期。

4. 張政烺《何尊銘文解釋補遺》，《文物》，1976年第1期。

5. 張政烺《春秋事語題解》，《文物》，1977年第1期。

6. 周原考古隊《陝西岐山鳳雛村發現周初甲骨文》，《文物》，1979年第10期。

7. 劉起釪《洪範成書時代考》，《中國社會科學》，1980年第3期。

8. 瞿林東《論春秋時期各族的融合》，《學習與探索》，1981年第1期。

9. 周原考古隊《扶風縣齊家村西周甲骨發掘》,《文物》,1981 年第 9 期。

10. 鄭君華《論〈左傳〉的民本思想》,《中國哲學》第十輯,北京:三聯書店,1983 年版。

11. 木日整理《關於中國哲學史上的歷史觀——本刊第六次夏季學術討論會紀要》,《中國哲學史研究》,1986 年第 1 期。

12. 呂紹剛《何休公羊『三科九旨』淺議》,《人文雜誌》,1986 年第 2 期。

13. 邵勤《釋「民」——兼談「民」在概念上的模糊性》,《歷史教學問題》,1986 年第 5 期。

14. 李學勤《春秋事語與左傳流傳》,《古籍整理與研究學刊》,1989 年第 4 期。

15. 浦衛忠《論〈左傳〉「君子曰」的思想》,《中國史研究》,1990 年第 2 期。

16. 王貴民《春秋「弒君」考》,載《紀念顧頡剛學術論文集》,成都:巴蜀書社,1990 年版。

17. 金景芳《孔子的這一份珍貴的遺產——六經(續完)》,《吉林大學社會科學學報》,1991 年第 2 期。

18. 孫開泰《試論〈公羊傳〉的大一統思想》,《中國史研究》,1993 年第 2 期。

19. 劉家和《論漢代公羊學的大一統思想》,《史學理論研究》,1995 年第 2 期。

20. 陳其泰《左傳為古代史學樹立的範例》,《浙江學刊》,1995 年第 3 期。

21. 陳其泰《左傳在古代史學上的地位》,《人文雜誌》,1995 年第 3 期。

22. 徐難于《試論春秋時期的信觀念》,《中國史研究》,1995 年第 4 期。

23. 汪受寬《左傳史學理論初探》,《蘭州大學學報》(社科版),1996 年 1 期。

24. 浦衛忠《論黃老思想對〈穀梁傳〉的影響》,《中國社會科學院研究生院學報》,1996 年第 2 期。

25. 湯仁澤《日本的公羊學研究》,《史林》,1997 年第 2 期。

26. 陳其泰《今文公羊學說的獨具風格和歷史命運》,《北京大學學報》(哲學社會科學版),1997 年第 6 期。

27. 于省吾《釋中國》,載王元化主編《釋中國》,第三卷,上海:上海文藝出版社,1998 年版。

28. 劉澤華《先秦禮論初探》,《中國文化研究集刊》,上海:復旦大學出版社,1987 年版。

29. 孫開泰《從左傳的史學思想看其作者》,《史學理論研究》,1999 年第 4 期。

30. 趙緄《姜太公首封地新考——論營丘之營即榮亦即榮》,《管子研究》,2002年第4期。

31. 陳其泰《春秋公羊學說體系的形成及其特徵》,《山東大學學報》(哲學社會科學版),2002年第6期。

32. 田河、趙彥昌《「六經皆史」源流考論》,《社會科學戰線》,2004年第1期。

33. 趙生群《論孔子作春秋》,《文史》,第47輯。

34. 瞿林東《略論中國古代歷史理論的特點》,《學術研究》,2004年第1期。

35. 瞿林東《天人關係與歷史運動》,《史學月刊》,2004年第9期。

36. 趙緄《略論東周時期的民本與法制思潮》,《管子學刊》,2005年第4期。

37. 黃開國《公羊學的歷史哲學》,《孔子研究》,2005年第6期。

38. 陳蘇鎮《兩漢之際的讖緯與公羊學》,《文史》,2006年第3輯。

39. 劉家和《從「三代」反思看歷史意識的覺醒》,《史學史研究》,2007年第1期。

後　記

一年一年復一年，
於經與史兩因緣。〔註1〕
雖嗜太官終未了，
又道賣餅膚淺言。〔註2〕
彷徨輾轉殫精慮，
戰兢惶恐少安眠。〔註3〕
云何未達狷者意，
沒身而已豈謂難。〔註4〕

〔註1〕 自2004年9月入北京師範大學史學研究所隨瞿師林東先生攻讀博士學位，至2007年6月畢業，前後共歷三年，本書即當時所作博士論文。
〔註2〕 《三國志》卷23《魏書·裴潛傳》裴松之注載：「司隸鍾繇不好《公羊》而好《左氏》，謂《左氏》為太官，而謂《公羊》為賣餅家，故數與幹共辯析長短。」《晉書》卷75《荀崧傳》載：元帝詔曰：「《穀梁》膚淺，不足置博士。」
〔註3〕 於北師大求學期間，嘗染抑鬱之疾，內心輾轉惶恐而夜不能寐，故此誌之。
〔註4〕 范甯《春秋穀梁傳序》云：「君子之於《春秋》，沒身而已矣。」